Chronologie eines Gangsterlebens

Fikret Ćatić

Chronologie eines Gangsterlebens

Erfahrungen

Bibliografische Information der Deutschen Nationalbibliothek

Die Deutsche Nationalbibliothek verzeichnet diese Publikation in der Deutschen Nationalbibliografie; detaillierte bibliografische Daten sind im Internet über http://dnb.d-nb.de abrufbar.

Eine Marke der Frieling & Huffmann GmbH & Co. KG

Tel. + 49 – 30 – 766 999 – 0

www.frieling.de

Umschlaggestaltung: Michael Beautemps

1. Auflage 2021

ISBN 978-3-8280-3518-8

Printed in Germany

Inhalt

Chronologie Eines Gangsterlebens

Das Leben schreibt bekanntlich die aufregendsten und unglaublichsten Geschichten … diese hier ist meine …

Als ich noch ein kleiner Junge war, erzählte mir meine Mutter einmal davon, dass das Allererste, was mein Vater bei meiner Geburt über mich gesagt haben soll, nachdem ich soeben erst auf die Welt geplumpst war und er mich etwas genauer unter Augenschein genommen hatte, war: „Der sieht aus wie ein Bandit!!!"

Prolog

Ein bekanntes Sprichwort besagt, dass wenn man etwas nicht gekannt hat, man es auch nicht vermissen kann. Und obwohl das Leben mich zu dem Menschen gemacht hat, der ich heute bin, wünsche ich mir manchmal, ich hätte dieses Leben nie kennengelernt. Ich musste beinahe 40 Jahre alt werden, bevor der Groschen endlich fiel und ich zur Besinnung kam.

Knapp ein Vierteljahrhundert sabotierte ich mein eigenes Leben, indem ich irgendwann einmal bei null losging und seitdem nur noch rückwärtslief. Ständig mit Vollgas auf der Überholspur, ohne dabei wirklich irgendwo anzukommen. Für mich war das Leben nicht mehr als eine berauschende Party, und ich ein Typ, der nach keinerlei Regeln tanzte. Zeitlebens ein ewig währender Ritt auf der Rasierklinge, und das Eis, auf dem ich mich bewegte, war von jeher sehr dünn.

Auf einem schmalen Grat zwischen absoluter Glückseligkeit und totaler Selbstzerstörung bewegte ich mich immer auf Messers Schneide. So hätte ich es zu jener Zeit wohl auch für kaum möglich gehalten, dass als ich mich damals als Kind dazu entschloss, einen Einbruch zu begehen, dies der Startschuss zu einer über vier Jahrzehnte hinweg andauernden Laufbahn als Einbrecher sein würde und mein Leben so schon früh auf den Kopf stellen würde.

Seit meinem 13. Lebensjahr hatte ich es mir zur Aufgabe gemacht, mir meinen Lebensstandard überwiegend dadurch zu finanzieren, nachts loszuziehen, um in xbeliebige Geschäfte einzusteigen. Natürlich immer mit der vorherigen Absicht, fette Beute zu machen, was letztendlich zu mehreren Festnahmen führte und schließlich dazu, dass man mich ins Gefängnis steckte, ich dort in einer kahlen Zelle landete und die massive Stahltür hinter mir verriegelt wurde. So war ich zumindest vor mir selbst sicher. Denn nur auf diese rabiate Weise konnte ich keinen weiteren Schaden mehr anrichten.

Für einen Lebemann wie mich war es schlichtweg eine Katastrophe. Dennoch habe ich es jedes Mal darauf ankommen lassen. Und mit *jedes Mal* meine ich, dass ich mich nicht nur einmal in einer solch prekären Lage wiedergefunden habe.

Ganze fünf Male kam ich in den „Genuss", gesiebte Luft in zahlreichen Knästen Deutschlands zu schnuppern – eine mehr als entwürdigende Erfahrung, auf die ich getrost hätte verzichten können. Jedoch war sie bei dieser selbstzerstörerischen Lebensweise unausweichlich. Sie kostete mich über fünf Jahre meines Lebens. Mit Sicherheit wäre mir so einiges erspart geblieben, hätte ich mich als Jungspund nicht dazu entschlossen, krumme Dinger zu drehen. So aber begegnete mir LA DOLCE VITA mit allen seinen Vorzügen, und ich war seitdem nie wieder bereit, darauf zu verzichten.

Getrieben von ständiger Gier und dem Trachten nach den schönen Dingen dieser Welt, schlitterte ich mehr oder weniger durchs Leben. Und wie nicht anders zu erwarten, blieb ein solch brisanter Lifestyle nicht ohne Folgen und vor allem nicht ungestraft. Ich wurde zu einem hundertfachen Einbrecher, der sich in der gesamten Bundesrepublik wie ein Orkan austobte.

Doch sosehr ich dieses Leben auch liebte, bekam ich schon recht bald die Schattenseiten des kriminellen Daseins mit voller Wucht zu spüren. Daher wäre es nur allzu klug gewesen, die Rolle rückwärts zu machen und ganz schnell einen anständigen und vor allem rechtschaffenen Weg einzuschlagen. Ich aber hatte mich längst entschieden.

Wenn ich heute nach einer Erklärung für den bisherigen Verlauf der Geschehnisse suche, mich selbst hinterfrage und dabei mein Verhalten reflektiere, wird mir rückblickend immer mehr bewusst, dass des Übels Wurzel bereits in meiner frühen Kindheit lag und hier alles seinen Anfang nahm …

Kindheitserinnerungen

Ich war das typische Produkt meiner Umgebung. Ich wurde in Neumünster geboren, einer Stadt mit knapp 80.000 Einwohnern, gelegen im Herzen Schleswig-Holsteins. Früher einmal als Industrie-Hochburg verschrien, waren mit der Zeit viele ansässige Firmen in Konkurs gegangen. Sie schlossen ihre Pforten oder verlagerten Produktionen ins Ausland.

Hier war nicht wirklich was los. Gähnende Langeweile und graue Tristesse bestimmten damals das Geschehen. Die Arbeitslosenzahlen waren gleichbleibend auf Rekordniveau und viele Menschen, die hier lebten, hielten sich mit Sozialleistungen über Wasser. Laut Kriminalstatistiken belegte Neumünster regelmäßig einen der bundesweiten Spitzenplätze. Und dies noch vor Großstädten wie München, Berlin oder Hamburg. Auch ich sollte einen erheblichen Anteil daran haben, dass die Stadt ihrem Ruf gerecht wurde und sich über Jahre auf einem der oberen Treppchen der „most criminal cities" hielt.

Hier wuchs ich also auf. Dazu noch in einer Gegend, die zu den sozialen Brennpunkten zählte. Polizei und Rettungswagen zählten zum alltäglichen Anblick, da es in der Nachbarschaft immer heiß herging. Der Lärmpegel war dermaßen hoch, dass an einen gesunden Schlaf gar nicht zu denken war. Wir lebten in unmittelbarer Nähe zu einer viel befahrenen Eisenbahnbrücke. Jedes Mal, wenn ein Zug sie überquerte, was praktisch im Minutentakt passierte, wackelte mein Bett dermaßen, als würde ein Erdbeben stattfinden.

Unsere Fenster waren so undicht, dass man jedes Gespräch, das draußen auf der Straße geführt wurde, zwangsläufig mit anhören musste. Ganz zu schweigen von den zahlreichen ansässigen Gaststätten, deren Betreiber sich mit ohrenbetäubender Musik bis in die frühen Morgenstunden gegenseitig zu übertönen versuchten. Es war wirklich nervtötend.

Die rüstige ältere Dame, die mir noch gut in Erinnerung geblieben ist, tauchte jeden Morgen mit ihrer kläffenden Töle von Hund beim Bäcker nebenan auf, um sich mit frischen Brötchen einzudecken. Dabei band sie ihren Vierbeiner an der Leine vor dem Laden fest, während sie ihre Besorgungen machte. Und sobald die Oma auch nur einen Schritt in die Bäckerei tat, begann ihr Pelzknäuel sofort lauthals aus tiefster Kehle die gesamte Nachbarschaft wach zu bellen. Er gab keine Ruhe. Erst als sie wieder heraustrat, verstummte er.

Mein Vater sprang dann jedes Mal völlig entnervt aus seinem Bett, um sich vom Fenster aus bei der alten Dame zu beschweren. Die aber ließ ihn links liegen und zeigte ihm die kalte Schulter. Unbekümmert kam sie weiterhin jeden Morgen, um uns allen den Schlaf zu rauben.

Den Vogel aber schoss definitiv unser humpelnder Nachbar ab. Dieser schaffte es mit Bravour, uns alle aus dem Tiefschlaf zu reißen. Noch im Morgengrauen schob er sein antikes Moped vor die Haustür, startete den Motor und schlich dann im Anschluss zurück in den Hof, um das riesige Tor ordnungsgemäß wieder zu verschließen. Durch seine Behinderung bedingt benötigte er eine gefühlte Ewigkeit, während sein Mofa so unfassbar laut und penetrant vor sich hin knatterte, dass man hätte annehmen können, es stünde direkt neben dem eigenen Bett. Wenn er sich dann endlich auf den Weg machte, gab er zuvor noch einmal richtig schön viel Gas, damit auch ja jeder in der Nachbarschaft wusste, dass er die Biege machte.

Aufgrund des chronischen Schlafmangels hatte meine Mutter ihre Schwierigkeiten, uns Kinder für die Schule wach zu bekommen, da wir uns schlichtweg weigerten, nach der kurzen Nacht aufzustehen, und gleich wieder einschliefen. Doch auf Mutti war Verlass. So entwickelte sie mit der Zeit ihre ganz eigenen Methoden, um uns Kinder aus dem Bett zu jagen.

Nur zu gerne nahm sie den riesigen Wecker in die Hand, zog ihn auf und brachte ihn zum Klingeln. Und während man noch tief und fest vor sich hin schlummerte, drückte meine Mutter dir den Wecker gnadenlos mit voller Wucht gegen dein Ohr, sodass du vor lauter Schreck beinahe aus dem Bett gefallen wärst. Im Winter, wenn es draußen schneite und Minusgrade herrschten, besaß sie keine Skrupel, die Fenster sperrangelweit zu öffnen, um dir dann deine kuschelig warme Bettdecke zu entreißen. Der sofort einsetzende Schüttelfrost sorgte zwangsläufig dafür, wach zu bleiben.

Mein persönliches Highlight ihrer seelischen Folterskala war rückblickend jedoch die folgende Tortur: Während es noch stockduster war und meine Geschwister und ich noch im Land der Träume schwebten, holte meine Mutter ihren geliebten Staubsauger aus der Kammer hervor. Mit der Lautstärke eines kaputten Rasenmähers saugte sie gezielt um unsere Betten herum und stieß dabei – natürlich völlig unbeabsichtigt! – gleich mehrmals gegen dein Bett. Spätestens zu diesem Zeitpunkt gab man sich geschlagen und stand freiwillig auf.

Das Resultat ihrer gemeinen, aber durchaus effektiven Weckmethoden war, dass ich am frühen Morgen mit noch halb geschlossenen Augen auf der Couch saß. Lethargisch und fern von jeglicher Aufnahmefähigkeit versuchte ich krampfhaft, wach zu werden. So erging es uns allen. Meine jüngere Schwester war solch ein Morgenmuffel, dass sie die Fähigkeit besaß, sich in ein kleines grünes Monster mit Hörnern zu verwandeln, wenn du es auch nur wagtest, sie in der Frühe etwas zu fragen. Man ließ sie besser in Ruhe.

Und während wir uns zwischenzeitlich für die Schule fertig machten, war es für meine Eltern ein tägliches Ritual, gemeinsam am Tisch zu sitzen, sich zu unterhalten und aus kleinen flachen Mokkatassen ihren Kaffee zu sich zu nehmen, so wie es in ihrer Heimat Bosnien-Herzegowina Brauch war.

Wie gewohnt saß mein Vater mit einer Zigarette im Mundwinkel da, in seinem eingelaufenen Unterhemd und seiner viel zu großen Unterhose. Wir Kids mussten ihn ständig darauf aufmerksam machen, dass seine verschrumpelten Eier wieder einmal an den Seiten herausragten, worauf er sie sichtlich verlegen schnell wieder einzupacken versuchte, indem er hastig die Unterhose zurechtrückte. Wir amüsierten uns jedes Mal darüber.

Um überhaupt in den Tag starten zu können, trank ich als Kind einige Tassen von dem starken Kaffee meiner Eltern. Weil ich im Anschluss wie gewohnt mit leerem Magen zur Schule aufbrach, führte dies regelmäßig dazu, dass der Kaffee durchschlagende Kräfte bewirkte. Ich musste so dermaßen scheißen, dass ich glaubte, mein Darm würde platzen. Ich lief den Schulweg so zügig, als würde ich an einem Speedwalking-Marathon teilnehmen. Sobald ich die Schule erreicht hatte und noch bevor der Unterricht losging, suchte ich immer erst einmal eilig die Toiletten auf, um mich zu erleichtern.

Ich besuchte eine Schule, die dafür berüchtigt war, dass sie von einer ganze Menge Chaoten besucht wurde. Sie genoss nicht gerade den allerbesten Ruf. Die Lehrer quälten sich mehr oder weniger durch ihren Lehrplan. Da alle nur am Scheißemachen waren, ließ sich ein gesitteter Ablauf der Stunden oftmals gar nicht bewerkstelligen.

Durch den Koffeinschock am frühen Morgen war ich meist dermaßen überdreht, dass ich gar nicht fähig war, dem Unterricht aufmerksam zu folgen. Stattdessen alberte ich nur herum und mimte den Klassenclown. Ich hielt meine Mitschüler bei Laune, was bei denen sehr gut ankam. Oder aber man hörte keinen Mucks von mir. Dann nämlich wenn ich mich unsichtbar machte, indem ich während des laufenden Unterrichts den fehlenden Schlaf wieder ausglich.

Eigentlich war es die Regel, dass ich unvorbereitet und oftmals zu spät zum Unterricht kam. Vergessene Hausaufgaben wurden schnell noch während des laufenden Unterrichts erledigt. Mein Schulmaterial vergaß ich andauernd. Für Deutsch oder Mathematik hatte ich noch nie etwas übrig gehabt und ließ bei anstehenden Arbeiten meine Hefte von vornherein geschlossen. Gelernt hatte ich kaum. Kurz gesagt, ich mochte die Schule nicht besonders und empfand sie eher als notwendiges Übel.

Als ich bei der damals noch alljährlich stattfindenden schulärztlichen Untersuchung von einem Arzt auf meine Gesundheit abgecheckt wurde, markierte ich so sehr einen auf sterbenden Schwan, dass dieser mich sofort zu einer vierwöchigen All-inclusive-Erholungskur in die Berge nach Bayern schickte, und das, obwohl mir überhaupt nix fehlte. Während meine Mitschüler allesamt die Schulbank drückten, genoss ich bei strahlend blauem Himmel hoch oben auf einer Berghütte ein herrliches Alpenpanorama. Ich war wirklich ein Schlawiner.

Ich schrieb eigentlich nur in den Fächern gute Noten, in denen mich mein Direktor unterrichtete. In diesen Fächern war ich für meine Verhältnisse ein Musterschüler. Mein Direktor war ein über zwei Meter großer Hüne, der absoluten Wert auf Fleiß und Disziplin legte. Alles, was im Gegensatz dazu stand, duldete er nicht einmal ansatzweise, was er dann auch auf seine ganz unmissverständliche Art zeigte.

Er war ein durch und durch finsterer Typ. Er konnte dich vor allen anderen Mitschülern zur Sau machen, wenn man nur zwei Minuten zu spät zu seinem Unterricht erschien. Ich habe dann immer vorsichtshalber gleich die komplette Stunde ausfallen lassen, wenn ich wusste, dass mein Direktor im Raum war und ich mal wieder zu spät kam. Selbst die coolsten Mitschüler zollten ihm Respekt. Wenn man seinem Unterricht nicht die volle Aufmerksamkeit schenkte und es wagte, auch nur einen Hauch von Desinteresse zu zeigen, war es nur eine Frage der Zeit, bis er plötzlich wie von der Tarantel gestochen von seinem Stuhl aufsprang und mit hochrotem Kopf auf einen zumarschiert kam. Dabei trat er mit seinem Gesicht so nah an deines heran, dass seine Nasenspitze beinahe die deine berührte. Der darauf folgende Brüllanfall erschütterte dich bis ins Mark. Er schrie dich so laut an, dass man durchaus hätte annehmen können, dass ihm im nächsten Moment seine Mandeln aus dem Hals schießen könnten. Während man in sich gesunken nur dasaß und seine

Schimpftriaden über sich ergehen ließ, wurde es in der gesamten Klasse mucksmäuschenstill und alle saßen wie erstarrt da. Wenn er dann nach einer gefühlten Ewigkeit mit dir fertig war, konnte man noch froh sein, wenn man sich aus Angst nur in die Hose gemacht hatte. Mir kam er vor wie ein Psycho.

Zu den Glücklicheren zählten diejenigen, die er kurzerhand einfach aus dem Unterricht warf. Man kann sich ja nur zu gut vorstellen, wen dies des Öfteren traf. Ich war wohl sein Lieblingsopfer. Aber vollkommen zu Recht!

Als ich eines Tages während des Unterrichts mal wieder nur Blödsinn zum Besten gab, ertönte aus dem Lautsprecher plötzlich eine so was von aggressive Stimme, die mich erschaudern ließ. Nur zu gut war sie mir bekannt. In einem Militärton befahl mir der Direktor, mich unverzüglich in seinem Büro einzufinden.

Ich ahnte Böses, und auch alle meine Klassenkameraden sahen mich daraufhin so an, als müsste ich auf die Schlachtbank. Als mir dann auch noch mein Lehrer beim Verlassen der Klasse viel Glück wünschte, sank mein damals sehr geringes Selbstbewusstsein auf den Nullpunkt.

Als ich völlig eingeschüchtert das Büro meines Direktors betrat, begrüßte dieser mich in einem ungewohnt beinahe freundlichen Ton. Er bat mich, auf einem Stuhl vor ihm Platz zu nehmen. Für den Bruchteil einer Sekunde glaubte ich, mich in Sicherheit wiegen zu können, doch zu schnell verfinsterte sich seine Miene. Er kam direkt zur Sache, indem er plötzlich mein Mathematikheft aufschlug und von mir wissen wollte, wer die Zensur „Sechs" aus der letzten Mathematikarbeit unterschrieben habe. Ich warf einen flüchtigen Blick auf das Heft, um ihm dann scheinheilig die Unterschrift meines Vaters zu bestätigen, wohl wissend, dass ich selbst es gewesen war, der sie nur kurz zuvor in Kinderschrift reingekritzelt hatte.

Wortlos und mit versteinerter Miene musterte mich der Direktor, so als wolle er mir im nächsten Moment an die Gurgel. Seelenruhig stand er daraufhin von seinem Platz auf, um die Tür zum

Büro nebenan sperrangelweit zu öffnen. Nichts ahnend blieb mir beinahe das Herz stehen, als ich plötzlich meinen Vater im Raum nebenan erblickte. Gewohnt lässig mit einer Zigarette im Mund machte er nicht gerade den Eindruck, als würde er sich freuen, mich zu sehen. Der Direktor hatte ihn im Vorfeld telefonisch zu sich gebeten, um mir eine Falle zu stellen, in die ich Holzkopf dann auch voll hineingetappt war.

Während ich augenblicklich in eine Schockstarre verfiel, fand mein Direktor schnell zur üblichen alten Form zurück. In Anwesenheit meines Vaters beschimpfte er mich lauthals minutenlang und warf mir Betrug vor. Und während er mich wie gewohnt verbal zunichtemachte, nahm mein Vater schweigend mein Mathematikheft in die Hand, rollte es zusammen und gab mir damit eine peitschende Schelle auf meinen Hinterkopf, wozu ihn mein Direktor auch noch beglückwünschte, während ich nur dastand und wie ein Häufchen Elend mich nichts zu sagen traute.

Nachdem die beiden mir einen ordentlichen Einlauf verpasst hatten und endlich mit mir fertig waren, freuten sie sich ganz offensichtlich über diesen überaus gelungenen Coup. Lächelnd verabschiedeten sie sich voneinander, insgeheim amüsiert, dass ich aufgeflogen war. Mein Vater verließ daraufhin das Büro des Direktors, jedoch nicht ohne mich vorher noch wissen zu lassen, dass die Sache für mich ein Nachspiel haben würde. Ich war restlos bedient.

Nachdem sich der Direktor kurz darauf auf Normaltemperatur heruntergefahren hatte, forderte er mich auf, ihm doch bitte einmal zu erklären, wie es möglich sein könne, dass zwei meiner Geschwister, die ebenfalls diese Schule besuchten, sich absolut vorbildlich verhielten, am Schulgeschehen interessiert teilnahmen und gute Noten schrieben, während ich seiner Aussage nach, Magengeschwüre bei ihm auslösen würde. Ich konnte ihm keine plausible Erklärung nennen. Stattdessen grinste ich nur blöd und zuckte mit der Schulter, worauf er mich mal wieder aus seinem Büro warf.

Ich war als Kind schon ein Phänomen. Da meine Eltern kaum Geld für Spielzeug übrig hatten, spielte ich nicht wie andere Kinder in ihrer Freizeit Brettspiele oder Verstecken. Stattdessen zog ich es vor, mir gemeinsam mit meinem Bruder Nijo waschechte, messerscharfe Ninja-Wurfsterne zu besorgen, um uns damit gegenseitig wie die Irren zu bewerfen. Man kann von Glück reden, dass wir uns nicht gegenseitig trafen und schwer verletzten.

Ebenso wenig machten wir uns irgendwelche Gedanken, als wir mehrere Karategürtel zu einem langen Band zusammenknoteten und sie am Fenstersims des dritten Stockwerks festbanden, um uns im Anschluss gemeinsam vom Fenster aus die Fassade auf die Straße hinunterzuhangeln. Gott sei Dank rissen die Gürtel erst kurz vor dem Boden, sodass wir wie nasse Säcke auf den harten Asphalt plumpsten. Offensichtlich suchte ich schon immer die Gefahr.

Als ich als kleiner Steppke einmal gemeinsam mit meinen beiden Brüdern in einem abgelegenen Waldstück auf einem alten verrosteten Stahlgerüst in waghalsiger Höhe wie ein Affe herumturnte, wäre mir dies beinahe zum Verhängnis geworden. Ich balancierte auf einem der Stahlträger, als ich plötzlich den Halt verlor und in die Tiefe zu stürzen drohte. Im letzten Moment griff mein ältester Bruder Ziko reflexartig nach meiner Hand, während er sich selbst mit der anderen Hand am Gerüst festhielt.

Ich baumelte in schwindelerregender Höhe vor mich hin. Ein Blick nach unten verhieß nichts Gutes. Ich erkannte massive Stahlträger und Holzpaletten, die übereinandergestapelt waren. Panisch rief ich meinem Bruder zu, er solle mich jetzt bloß nicht loslassen, worauf dieser instinktiv anfing, mich wie ein Pendel in der Luft hin und her zu schwingen, bevor ihn die Kräfte verließen und er meine Hand loslassen musste. Laut schreiend stürzte ich wie ein Stein in die Tiefe. Doch ich muss wohl mehr als nur einen Schutzengel gehabt haben: Mein Fall wurde von dichtem Gestrüpp abgebremst.

Ich landete ziemlich unsanft breitbeinig auf einem von Brennnesseln umgebenen dicken Ast und verfehlte dabei die Stahlträger nur um Haaresbreite. Mit einem gequälten „Alles okay" gab ich meinen beiden von oben besorgt dreinschauenden Brüdern schließlich Entwarnung, während ich seitlich am Ast hinunterrutschte und wie erschossen liegen blieb, weil mir durch den Aufprall meine kleinen Nüsse ziemlich wehtaten.

Auch war ich immer derjenige, der den Ärger meiner Eltern abbekam. Ganz egal wer was ausgefressen hatte, der Schuldige war immer sofort ausgemacht. Wenn ich mal wieder mit meiner Schwester aneinandergeriet und ihr dabei mit Freude so richtig schön auf die Nerven ging, reichte es schon, meinen Namen laut zu rufen. Man konnte sicher davon ausgehen, dass nur wenige Augenblicke später mein Vater aus dem Zimmer gestürmt kommen würde und gezielt auf mich zumarschieren würde, um mir mal wieder die Ohren langzuziehen.

Die scharfen Rügen, die ich dann abbekam, waren jedoch zugegebenermaßen berechtigt. So probierte ich eines Tages gemeinsam mit meinem Bruder Ziko ein paar sportliche Sit-ups, indem ich meine Beine hinter seinen Kopf einhakte und meinen Oberkörper auf den Boden hinunterhängen ließ, während er aufrecht dastand. Mein Hintern war dabei direkt vor seinem Gesicht platziert.

Ich begann mich nun auf und ab zu bewegen und wiederholte diese Übung mehrere Male, während mein Bruder ganz seriös mitzählte, wie oft ich dies wiederholte. Da machte sich urplötzlich mein Darm bemerkbar. Ohne Vorwarnung furzte ich meinem Bruder volle Kanone eine sekundenlange, nach Knallfröschen klingende, ohrenbetäubende Pupsexplosion ins Gesicht, sodass dieser mich wie gelähmt einfach zu Boden fallen ließ. Während ich vor ihm auf dem Boden kauerte und mich vor Lachen nicht wieder einkriegen konnte, stand mein Bruder völlig perplex mit versteinertem Gesicht wie erstarrt einfach nur da. Er konnte wohl selbst nicht glauben, was da gerade geschehen war. Aus lauter Ärger trat er nach mir, was meinem nicht enden wollenden Lachanfall aber auch nichts anhaben konnte. Und als er sich empört bei unseren Eltern über mein freches Verhalten beschwerte, brachen diese ebenfalls in lautes Gelächter aus.

Mein Bruder Nijo wiederum brachte es fertig, mir in nur kürzester Zeit beide Arme zu brechen – und das wohlgemerkt beim Herumtoben. Beim ersten Mal verdrehte er mir beim Spielen den linken Arm so sehr, dass mein Knochen splitterte. Nur kurz darauf schlug mir mein Bruder beim Herumalbern mit solcher Wucht auf den rechten Arm, dass dieser ebenfalls brach. Unser Hausarzt war gerade dabei, mir den einen Gips vom Arm zu entfernen, als er im Anschluss direkt den anderen Arm eingipsen durfte. Er hat sicher geglaubt, dass ich zu Hause misshandelt würde.

Auch wenn solche Dinge nicht nach Spaß klingen, wurde dieser bei uns in der Familie immer großgeschrieben. Wir liebten es, herumzualbern und Späße zu machen. Meine Geschwister und auch meine Eltern waren immer für einen guten Lacher zu haben. Doch ich kannte nie meine Grenzen.

Als ich eines Tages wieder einmal mehr als über die Stränge geschlagen hatte, platzte meinem Vater der Kragen. Wütend befahl er mir, in den Hof hinunterzugehen, um dort lange, dünne, stabile Zweige vom Busch abzubrechen, die ich mit hinaufbringen sollte. Mir war sofort klar, dass ich den Arsch versohlt bekommen würde. Also lief ich zuvor noch schnell ins Bad, um mir meine Hose mit etlichen Handtüchern auszupolstern, die ich mit Gürteln an meinen Beinen festband.

Mit Dackelblick schlich im Anschluss zu meinem Vater, um ihm die eingesammelten Zweige zu übergeben. Durch die vielen Handtücher bedingt stand ich leicht breitbeinig vor ihm, ich muss wie ein Sumo-Ringer ausgesehen haben. Sichtlich verblüfft wunderte sich mein Vater über das Volumen meiner Hose. Um der Sache auf den Grund zu gehen, befahl er mir, diese herunterzulassen. Wie in Zeitlupe öffnete ich daraufhin meine Jeans und ließ diese nur sehr zögerlich zu Boden fallen. Als die vielen Handtücher zum Vorschein kamen, nahm ich an, nun noch mehr Ärger zu bekommen. Doch stattdessen konnte ich an dem Gesicht meines Vaters ablesen, wie seine Wut einem Lächeln wich. Lauthals fing er an zu lachen. Und ich lachte einfach mit, aus „Solidarität" und um die Situation weiter zu entspannen. Ganz offensichtlich hatte ich es geschafft, meinen Vater mit meiner Aktion milde zu stimmen. Amüsiert befahl er mir daraufhin, mich wieder anzuziehen.

Doch noch bevor ich meine Hose wieder hochziehen konnte, verpasste mir mein Vater ohne Vorwarnung mit einem der dünnen Zweige einen solch festen Hieb auf meine kleine blanke Arschbacke, dass es nur so knallte. Völlig erschrocken machte ich einen Riesensatz und flitzte wie Speedy Gonzalez – wobei ich beinahe über meine Hose gestolpert wäre, die mir aus Schreck in die Kniekehle gerutscht war – in mein Zimmer und verkrümelte mich dort.

Meinem Vater schien es für sinnvoll zu halten, uns Jungs in einem Boxverein anzumelden. Dort konnten wir uns so richtig auspowern. Viele unserer Freunde waren ebenfalls hier und das mehrmals wöchentlich stattfindende Training machte uns dreien riesigen Spaß.

Wir gingen sehr gerne zum Sport. Schon bald hatten wir richtige Kämpfe zu absolvieren, die im Rahmen von Turnieren stattfanden. Während meine beiden Brüder recht ansehnliche Fights lieferten, war ich wohl mehr als Showeinlage gedacht.

Mit gerade einmal zehn Jahren kämpfte ich in der leichtesten Gewichtsklasse. Die Turnhose, die ich im Ring tragen musste, war halb so groß wie ich selbst. Ich war echt ein Winzling im Gegensatz zu den anderen Boxern. Wenn mein Gegner und ich in den Ring traten, lachte sich das anwesende Publikum schon allein beim Anblick von uns zwei Piefkes halb tot.

Ich machte immer einen auf dicken Macker und versuchte im Vorfeld meine Gegner einzuschüchtern, hatte aber vom Boxen keine Ahnung. Schon mein allererster Kampf endete für mich in einem peinlichen Desaster.

Beim ersten Gongschlag rannte mein völlig übermotivierter Gegner wie ein wilder Stier auf mich zu, um mir im vollen Lauf seinen Kopf, den er viel zu tief hielt, in meine Magengrube zu rammen. Begünstigt durch den Mundschutz, den jeder Boxer im Ring tragen muss, bekam ich einen solchen Würgereiz, dass ich mich im Ring beinahe übergeben musste.

Ich würgte und grunzte so laut wie ein Schwein, dass an Boxen gar nicht zu denken war. Noch bevor ich überhaupt den ersten Schlag gemacht hatte, schmiss mein Trainer auch schon das Handtuch und der Kampf war vorbei. Und während sich das zahlreiche Publikum ungemein darüber zu amüsieren schien und sich schlapp lachte, stand ich wie bedröppelt in der Ecke und sah dabei zu, wie mein Gegner derweilen zum Sieger erklärt wurde. Es war echt zum Heulen. Ich war ein wirklich miserabler Boxer. Insgesamt acht Kämpfe bestritt ich in meiner Zeit als Boxer. Und gewann keinen einzigen davon.

Ich will nicht gerade behaupten, dass ich in all die Scheiße, die mir in meinem Leben passiert ist, hineingeboren wurde. Dennoch erscheint es mir heute recht merkwürdig, dass mir bereits im zarten Kindesalter von nur sieben Jahren zwei Menschen begegneten, die später einmal einen maßgeblichen Anteil daran haben sollten, den Pfad des rechtschaffenen Menschen zu verlassen, um auf die kriminelle Schiene aufzuspringen.

So lief mir Sven schon am Tag unserer Einschulung in der Grundschule über den Weg. Für mich war er der Prototyp des typischen Deutschen. Mit seinen raspelkurzen blonden Haaren und seiner quirligen Art wies Sven damals verblüffende Ähnlichkeit mit dem Hollywood-Kinderstar Maucauly Culkin aus „Kevin - Allein zu Haus“ auf. Wir schlossen sofort Freundschaft. Und während ich eher unscheinbar war, fast schon schüchtern, avancierte Sven im Nu zum Liebling und Mädchenschwarm der ganzen Klasse. Ein Vierteljahrhundert später sollte er völlig fertig sein.

Im Laufe des Schuljahres betrat dann Cem unser Klassenzimmer. Und wie es das Schicksal so wollte, setzte man ihn ausgerechnet auf den freien Platz direkt neben mir. Cem war ein Türke wie aus dem Bilderbuch. Unser Aufeinandertreffen sollte für uns beide ungeahnte Folgen haben. Er sollte mein Mentor in Sachen krumme Dinger werden.

Wir drei wurden zu „best friends“. Da beide nur einen Steinwurf von meinem Zuhause lebten, gingen wir fortan gemeinsam zur Schule und durch die unschuldigen Jahre der Grundschulzeit. Auch nachdem Sven und ich Jahre später die Schule verließen und jeweils auf verschiedene Schulen wechselten, tat das unserer Freundschaft keinen Abbruch.

So gab es nur eine kurze Zeit in meinem Leben, in der ich kein schlechtes Gewissen haben musste. Ich war im Kindesalter ein ganz gewöhnlicher Junge, der sich wie alle anderen Jungen auch mit seinen Freunden traf, im Sommer auf dem Fahrrad ins Freibad fuhr oder Federball spielte.

Doch das alles änderte sich schlagartig, als ich eines Tages im Alter von nur zwölf Jahren Sven zu Hause besuchte und ihn zufällig dabei überraschte, wie er und Cem sich ganz ungeniert Diebesgut, das sie nur kurz zuvor aus einem Supermarkt gestohlen hatten, untereinander aufteilten. Ich erinnere mich noch sehr gut daran, wie empört ich darüber war und sie anschnauzte, was ihnen einfallen würde, einfach so zu stehlen. Ich wurde richtig wütend dabei. Doch die beiden interessierte meine Meinung herzlich wenig.

Sie nahmen mich gar nicht ernst und lachten mich sogar aus. Cem rief mir zu, dass ich mal runterkommen solle und mich nicht so anstellen solle – um mir praktisch im nächsten Atemzug anzubieten, bei ihrer kommenden Klautour dabei zu sein, die sie bereits planten. Ich aber lehnte kopfschüttelnd ab und ging enttäuscht nach Hause.

Doch es war nur eine Frage der Zeit, bis ich meine Meinung ändern sollte. Da in der Familienkasse nur sehr wenig Geld vorhanden war und im Portemonnaie meines Vaters meist Ebbe herrschte, fiel mein Taschengeld eher mickrig aus. Im Grunde genommen bekamen wir Kinder nur sporadisch welches.

Klamottentechnisch fühlte ich mich wie Tschernobyls „next top model". Ich sah aus wie der letzte Bauer. Mein Vater kaufte mir einmal No-Name-Gummiturnschuhe vom Wochenmarkt, wofür er sagenhafte 2 DM hinblätterte. Er freute sich über die Treter vom Grabbeltisch so sehr, als hätte er soeben im Lotto den Hauptgewinn gezogen.

Von meiner Frisur ganz zu schweigen. Als gelernte Frisörin schnitt mir ausschließlich meine Mutter die Haare. Allerdings lag ihre Ausbildung schon Jahrzehnte zurück, sodass ich keinen trendigen Look verpasst bekam, sondern dass es im Nachhinein so aussah, als hätte sie mir einen Kochtopf auf meinen Kopf gepresst und einfach drum herum geschnitten. Hinterher hatte ich verblüffende Ähnlichkeit mit der französischen Chanson-Sängerin Mireille Mathieu. Oder mit einem von den Beatles. Auch wurde ich wegen des akkuraten Schnitts des Öfteren als Prinz Eisenherz betitelt.

Bei den Mädels, für die ich schwärmte, konnte ich so natürlich keinen Blumentopf gewinnen. Sie ließen mich links liegen oder schenkten mir kaum Beachtung. Es war ein echtes Trauerspiel. Da mir aber sehr wohl auffiel, dass sowohl Sven als auch Cem plötzlich deutlich mehr Geld zur Verfügung hatten, was sie durch den Verkauf von gestohlener Ware erzielten, und sich optisch durch entwendete hochwertige Klamotten zum Positiven veränderten, ließ ich mich schon bald umstimmen, gemeinsam mit ihnen auf Diebestour zu gehen.

Allerdings kam für mich zunächst nur Schmierestehen infrage. Viel zu groß war meine Angst, erwischt zu werden. Allein der Gedanke, mit der Polizei nach Hause zu kommen, versetzte mich regelrecht in Panik. Es graute mir davor, weil ich zu diesem Zeitpunkt noch viel zu großen Respekt vor meinen Eltern besaß. Sie waren der Inbegriff von Ehrlichkeit und hätten es nicht einmal im Ansatz geduldet, wenn eines ihrer Kinder mit dem Gesetz in Konflikt geraten würde. Trotz all dieser Bedenken entschied ich mich dennoch dafür.

Und so liefen wir drei nun in der Stadt umher, um gezielt Bekleidungsgeschäfte aufzusuchen. Dort waren hochwertige Klamotten das Objekt der Begierde. Denn diese konnten wir im Anschluss für gutes Geld an Dritte weiterverkaufen. Mehr als nervös passte ich aus sicherer Entfernung darauf auf, dass uns ja niemand beim Zocken beobachtete.

Aufgeregt sah ich Cem und Sven dabei zu, wie sie blitzschnell Kleidung unter ihren Jacken verschwinden ließen. Besonders Cem ging dreist zur Sache. Er nahm gleich mehrere Teile mit in die Umkleidekabine, zog sie dort einfach unter seine Klamotten, bevor er im Anschluss seelenruhig an der Verkäuferin vorbeilief und das Geschäft wieder verließ. Er nahm alles mit, was nicht niet- und nagelfest war.

Es dauerte eine ganze Weile, bis ich das erste Mal selbst in Aktion trat. Als ich eines Tages an einem Geschäft vorbeilief und draußen an der Stange Hemden zum Verkauf hängen sah, nahm ich all meinen Mut zusammen. Ich schwitzte Blut und Wasser, als ich in einem unbeobachteten Moment ein reduziertes Seidenhemd in Sekundenschnelle unter meiner Jacke verschwinden ließ, bevor ich mich schleunigst aus dem Staub machte.

Meine zuvor angebrachten Zweifel warf ich fortan über Bord. Immer öfter trafen wir uns nun mit der Absicht, in irgendwelchen Geschäften etwas mitgehen zu lassen. So waren unsere Augen auf alles fokussiert, was wir im Anschluss wieder gut loswerden konnten. Klamotten, Parfüm oder elektronische Artikel – für all diese Ware gab es Geld. Wir machten durch den Weiterverkauf so einige Hundert DM, womit wir uns „noch" zufriedengaben.

In der Regel verscheuerten wir die Sachen gleich weiter und teilten das Geld gerecht auf. Gefielen sie uns aber, behielten wir sie einfach. Meinen Eltern, die sich über mitgebrachte neuwertige Bekleidung wunderten, erzählte ich, dass die Sachen von Cem geliehen wären. Der wiederum machte seinen Eltern dasselbe weis. Verdacht schöpften sie da jedenfalls noch nicht, da wir uns gegenseitig Alibis gaben.

Sven und ich sorgten in den Geschäften bewusst für Verwirrung, um so die Verkäufer abzulenken, während Cem lange Finger machte. Doch einmal hätten sie uns beinahe am Arsch gekriegt. Als ich eines Tages gemeinsam mit Cem eine noble Boutique in der Innenstadt betrat, fiel uns sofort auf, dass sich außer uns beiden scheinbar niemand sonst im Geschäft befand. Der Laden schien menschenleer.

Sofort nutzten Cem und ich die Gunst der Stunde, um nach hochwertigen, in Regalen liegenden Pullovern zu greifen. Dabei kicherten wir leise vor uns hin, weil wir nicht glauben konnten, dass man es uns so einfach machte. Doch was wir zu diesem Zeitpunkt nicht ahnten, war, dass der Besitzer der Boutique unser Vorgehen von seinem Büro aus über eine im Laden angebrachte und von uns nicht ausgemachte Kamera auf seinem Monitor verfolgte.

Cem und ich machten uns auf, das Geschäft wieder zu verlassen, und glaubten die Beute schon sicher zu haben, als wie aus dem Nichts eine Person aus den hinteren Räumen das Geschäft betrat und laut schreiend auf uns zukam. Zu Tode erschrocken rissen wir die Ladentür auf und liefen auf die Straße, der Geschäftsinhaber stürzend hinter uns her. Laut brüllend befahl er uns, stehen zu bleiben.

Zu allem Überfluss lief mir ausgerechnet in diesem Moment der beste Freund meines Vaters vor die Füße, der mich nur verdutzt ansah, als ich ihn im Sprint nur flüchtig grüßte, während ich den Typen laut schreiend im Nacken spürte. Erst als Cem und ich verschiedene Laufwege einschlugen und ich ihm letztendlich die Pullover vor die Füße schmiss, ließ er von der Verfolgung ab.

Nüchtern betrachtet kann ich meine kriminelle Vergangenheit wohl kaum auf mangelnde Liebe oder Zuneigung zurückführen. Davon bekam ich im Leben immer reichlich. Meine Eltern waren die aufopferungsvollsten Menschen, die ich kenne, immer darauf bedacht, dass es uns Kindern gut geht. Dafür taten sie alles, was in ihrer Macht stand. Menschen, zu denen ich immer voller Stolz und Hochachtung aufgesehen habe. Besonders meine Mutter ein auf Erden wandelnder Engel. Mit meinen drei Geschwistern hatte ich ebenfalls von jeher ein prima Verhältnis. Auch wenn es gelegentlich zu den unter Geschwistern üblichen Reibereien kam, so waren wir immer füreinander da.

Gewalt, Alkohol oder Drogen waren niemals ein Thema, dass es ich dadurch auf die schiefe Bahn geraten wäre. Nie hatte ich einen Bezug dazu. Ein paar Joints und das einmalige Ausprobieren von Kokain auf einer Party waren alles, was ich an Drogenerfahrung vorzuweisen hatte. Es gab mir nix und passte auch nicht zu meiner Persönlichkeit. Zeitlebens hatte ich eine ablehnende Haltung dazu. Leute, die sich in diesen Kreisen bewegten, habe ich immer bewusst gemieden.

Auch bin ich so „anständig", dass ich von jeher als überzeugter Nichtraucher durchs Leben gehe. Und was den Alkohol anbelangt, vertrage ich gerade mal so viel, dass ich nach einer Weinschorle praktisch schon einen im Tee habe. Und während in der heutigen Zeit, wo Tattoos zum alltäglichen Anblick gehören und augenscheinlich beinahe jeder sich eines hat stechen lassen, wurde auf meiner Haut keines verewigt. Und das wohlgemerkt als mehrmaliger Knacki.

So erfülle ich tatsächlich nur wenig das Klischee eines Straftäters – und wer mich nicht kennen würde, optisch überhaupt nicht. Da ich schon immer sehr viel Wert auf gute Manieren, Mode und Körperpflege gelegt habe, würde man mir niemals ansehen, dass ich jemand bin, der Jahre hinter Gittern verbrachte. Doch an einem mangelte es von früher Kindheit an: AN DEM VERDAMMTEN GELD!!! Dies mich so sehr geprägt hat, dass es mich, wie mir heute klar ist, schließlich zu einem Gangster werden ließ …

Ich war durch die finanzielle Situation in der Familie echt gefrustet. Mein Vater als Einzelverdiener war chronisch pleite und ständig genervt, weil nie genug Geld vorhanden war. Er verhielt sich oftmals so gereizt, dass wir ihm den Spitznamen Louis de Funès verpassten.

Mein Vater verdiente gerade mal so viel, um die Rechnungen bezahlen zu können. Wir kamen gerade so über die Runden. Unser Kühlschrank war wohl mehr als modisches Accessoire gedacht, es herrschte eher gähnende Leere darin. Es kam vor, dass meine Mutter einfach den Stecker aus der Steckdose zog, um Strom zu sparen. Man fand dann einen Topf mit der Spezialität des Tages auf dem Herd stehen vor. Eine abwechslungsreiche und ausgewogene Ernährung gab es praktisch nicht. Meine Mutter variierte das Essen zwischen drei Speisen. So haben mich hauptsächlich überbackene Eierbrote, Kartoffeln und Bohnensuppe groß und stark gemacht. Es war wirklich deprimierend.

Wenn meine Eltern dann mal groß einkaufen gewesen sind, schlichen wir wie eine Meute hungriger Wölfe um die Einkaufstüten herum, um sie augenblicklich zu plündern. Vor allem ich schaufelte alles schnell wild durcheinander in mich hinein, so als würde es kein Morgen mehr geben. Wie ein Zombie auf Fleischjagd. Hinterher war mir jedes Mal kotzübel.

Wenn mein Vater sein Gehalt bekam und meine Mutter auch nur ankündigte, mit ihm einkaufen gehen zu wollen, liefen ihm sofort Schweißperlen über der Stirn. Sie kannte dabei kein Limit. Wortlos lief sie im Supermarkt vorneweg und füllte den Einkaufswagen randvoll mit Ware, bis nichts mehr hineinpasste, während mein armer Vater stillschweigend hinter ihr herlief und nervös mit dem Daumen und dem Zeigefinger über seine Augenbraue strich, weil er ahnte, dass an der Kasse gleich sein halbes Gehalt flöten gehen würde.

Trotzdem haben die Einkäufe nicht lange angehalten. Wenn das Geld mal wieder spürbar knapp wurde, wurden wir regelmäßig beim Kaufmann um die Ecke vorstellig, um Lebensmittel anschreiben zu lassen. Dieser war in unserer Gegend eine lebende Legende, den jeder mochte, weil er nahezu der gesamten Nachbarschaft Ware auf Kredit gewährte. Nur beklauten sie ihn auch alle.

Die Trinker von der Straße suchten ihn täglich auf, um sich ihren alkoholischen Nachschub zu stibitzen. Mein Kumpel Cem klaute die halben Regale leer, ohne dass jener Kaufmann etwas davon bemerkte. Mein Bruder Nijo wiederum war so abgebrüht, dass er sich direkt vor sein Geschäft stellte und wie selbstverständlich vom Obststand aß, den der Kaufmann draußen auf einer Ablage aufgebaut hatte.

Ein Kumpel war sogar so skrupellos, dass als er einmal in sein Geschäft kam und bemerkte, dass sich der Kaufmann gerade zum Etikettieren von Ware im Lager befand, er wie selbstverständlich dessen Kasse öffnete und sich mal eben um ein paar Scheine bereicherte. Als ob nichts gewesen wäre, verließ er das Geschäft wieder seelenruhig pfeifend.

Nicht zu vergessen die vielen Kleinkinder aus der gesamten Nachbarschaft, die sich zum Klauen zu mehreren Gruppen formierten. In einer Horde stürmten sie den Laden und verteilten sich drinnen so blitzschnell in alle Ecken, dass der völlig überrumpelte Kaufmann keinerlei Überblick mehr hatte. Wie die Gremlins klauten sie alles, was sie in die Finger bekamen, sodass der Kaufmann gar nicht mehr wusste, wie ihm geschah. Und so überfallartig wie sie ihn heimgesucht hatten, so schnell lösten sie sich auch wieder in Luft auf. Der arme Kaufmann hatte immer das Nachsehen. Er konnte einem richtig leidtun. Heute weiß ich aber, dass die Zeiten ohne ihn damals wohl noch schwieriger gewesen wären.

Es gibt nur sehr wenige Momente in meinem Leben, die sich so fest in meine Erinnerung eingegraben haben wie jener, als mir mein Vater mitteilte, dass er herzkrank sei. Irgendwie ist dieser Augenblick unauslöschlich in meinem Gedächtnis verankert.

Ich weiß noch, dass ich damals gerade von der Schule nach Hause kam und meine Eltern ziemlich geknickt auf der Couch sitzend vorfand. Ich ahnte gleich, dass etwas nicht stimmte, und fragte auch direkt nach, ob etwas passiert sei. Als mein Vater daraufhin aufstand, um mir mit feuchten Augen und brüchiger Stimme mitzuteilen, dass er am Herzen erkrankt sei, entgegnete ich ihm ziemlich lapidar, dass alles wieder gut werde. Ich war noch ein

Kind und verstand damals den Ernst der Lage nicht. Ich hatte in diesem Moment keinen blassen Schimmer, was noch auf uns zukommen sollte.

Mein Vater klagte schon seit Längerem über Atemnot und Schmerzen in seiner Brust. Nach intensiven medizinischen Checks durch seinen Hausarzt diagnostizierte man ihm verengte Arterien, offensichtlich hervorgerufen durch Stress und übermäßiges Rauchen. Doch von Letzterem wollte er nichts hören. Obwohl man ihm das Rauchen strengstens untersagt hatte und wir ihn als Familie geschlossen dazu aufforderten, es doch der Gesundheit wegen bitte zu unterlassen, ließ er sich niemals umstimmen. Er legte dann eine für Raucher typische Ausrede an den Tag. Obwohl medizinisch nachweislich bewiesen, hatte das viele Nikotin in seinem Körper natürlich nichts zu seiner Erkrankung beigetragen. Niemals hätte er sich das eingestanden. Uns brachte er damit regelrecht auf die Palme.

Mein Vater konnte hinsichtlich dessen ein richtiger Dickkopf sein. Ungeachtet aller gut gemeinten Ratschläge zündete er sich trotzig eine Zigarette an, wenn er sich durch uns bedrängt fühlte. Es kam des Öfteren vor, dass mein Bruder Nijo wütend seine Glimmstängel in den Mülleimer warf, wenn mein Vater erneut über Brustschmerzen klagte. Dieser aber ließ sich nicht beirren. Sobald es ihm auch nur ein wenig besser ging, machte er sich ganz unauffällig zum nächsten Zigarettenautomaten auf, um sich neue Kippen zu kaufen.

Oft kam es vor, dass ich nachts erschrocken aufhorchte, weil mein Vater im Zimmer nebenan laut nach Luft schnappte. Ich sprang dann schnell aus meinem Bett, um mich zu vergewissern, dass alles in Ordnung war. Wenn ich mich dann im Dunkeln über ihn beugte, um zu horchen, dass er noch atmete, und mein Vater aus dem Schlaf heraus verschreckt seine Augen aufriss und mich anschnauzte, ich solle wieder ins Bett gehen, war ich beruhigt. Doch die Nacht war dann meist für mich gelaufen. Zu sehr gab mir die Situation zu denken.

In der darauffolgenden Zeit häuften sich seine Beschwerden so sehr, dass er Dauergast beim Arzt wurde. Man verschrieb ihm ein Goldspray, das er ständig bei sich tragen musste. Ein hochwertiges Nitrospray, das man sich bei akuter Atemnot in den Rachen sprüht, um eine schnelle Besserung zu erlangen.

Und so kam es nicht ganz unerwartet, als er eines Tages plötzlich im Wohnzimmer zusammensackte und sich vor Schmerzen krümmte. Ein schnell herbeigerufener Notarzt ließ ihn umgehend ins Krankenhaus bringen, wo man ihm seinen ersten Herzinfarkt diagnostizierte. Man brachte ihn auf die Intensivstation, wo er rund um die Uhr beobachtet wurde. Für mich und meine Familie war das natürlich ein Schock. Mehrere Wochen verbrachte er im Krankenhaus, bevor er nach Hause entlassen wurde.

Doch mein Vater erholte sich nur schleppend. In der darauffolgenden Zeit klagte er immer wieder über Beschwerden, sodass er schon bald erneut in eine spezielle Herzklinik eingewiesen werden musste. Dort wurden ihm während eines mehrstündigen operativen Eingriffs Herzkatheter eingesetzt, um seine verstopften Arterien zu erweitern. Und wieder musste mein Vater mehrere Wochen das Krankenbett hüten. Da man ihm ein sehr schwaches Herz bescheinigte, zog es ein dortiges Ärzteteam sogar in Erwägung, ihn einer Herztransplantation zu unterziehen, was wir als Familie geschlossen ablehnten. Zu groß erschien uns das Risiko.

Mein ältester Bruder Ziko, der sich zu jener Zeit im ehemaligen Jugoslawien befand, um seinen Wehrdienst abzuleisten, brach diesen vorzeitig ab, als er vom Gesundheitszustand unseres Vaters erfuhr. Er kehrte umgehend heim, um ihm beizustehen. Dessen Alltag nach seiner Entlassung aus dem Krankenhaus wurde fortan von Rehamaßnahmen, Kur- und erneuten Klinikaufenthalten bestimmt. Und weil er aufgrund seiner Erkrankung schon bald nicht mehr in der Lage gewesen war, seiner geregelten Arbeit nachzugehen, gingen mein Vater wie auch meine Mutter Jahre zuvor in Frührente.

Von da an ließen es die beiden ruhiger angehen. In einer Schrebergartenanlage kauften sie sich eine kleine Gartenlaube mit viel Grünfläche und verbrachten beinahe ihre gesamte freie Zeit dort. Bei schönem Wetter luden sie ihre vielen Freunde ein und feierten gemeinsam mit ihnen rauschende Feste. Für meine Eltern war es eine willkommene Abwechslung vom Alltag und mein Vater blühte wieder so richtig auf. Meine Eltern hatten beide noch nicht einmal ihr 50. Lebensjahr erreicht, waren aber krankheitsbedingt bereits zu Rentnern geworden. Heute weiß ich, dass ihr Leben kein Zuckerschlecken gewesen ist, und vor allem nicht einfach.

Mein Vater war ein kleiner, schmächtiger Mann, der als Jüngster seiner Geschwister früh von zu Hause auszog und Bosnien verließ, um in den verschiedensten Ländern Europas Geld zu verdienen. Er nahm diverse Gelegenheitsjobs an, um sich somit über Wasser zu halten. In Italien lernte er seine erste Ehefrau kennen; aus dieser kurzen Ehe ging eine Halbschwester hervor. Allerdings ging diese Partnerschaft ziemlich schnell in die Brüche und die beiden gingen getrennte Wege.

Nach seinem Wehrdienst, wo er als Fallschirmspringer eingesetzt wurde und er bei der Marine in einem engen U-Boot durch die Adria tauchte, kehrte er schließlich heim, wo ihm schon bald meine Mutter über den Weg lief. Fortan wurden sie unzertrennlich. Ende der Sechzigerjahre schlossen sie den Bund fürs Leben. Kurz darauf entschieden sie, Bosnien aufgrund des schlechten Arbeitsmarktes und schwieriger Lebensverhältnisse zu verlassen, um ihr Glück in Deutschland zu versuchen.

Mein Vater kam damals zunächst allein als Gastarbeiter ins Land. Nachdem er rasch eine feste Arbeitsstelle und eine Wohnung gefunden hatte, fuhr er in seine alte Heimat zurück, um meine Mutter und meinen ältesten Bruder Ziko, der mittlerweile das Licht der Welt erblickt hatte, zu sich zu holen. Doch kaum waren sie in Deutschland, wurden sie mit schwerwiegenden Problemen konfrontiert. Da meine Mutter zu jener Zeit keine gültigen Papiere besaß und weder einen Ausweis noch die benötigte Aufenthaltsgenehmigung vorweisen konnte, drohte ihr die baldige Abschiebung.

Um dem zu entgehen, tauchten sie in einem kleinen Dorf unter. Doch ihr Versteckspiel war nur von kurzer Dauer. Die Behörden spürten sie sehr schnell auf. Glücklicherweise zeigten diese sich gesprächsbereit und kooperativ, sodass meine Mutter die benötigten Papiere und somit das Bleiberecht doch noch bekam.

Anfang der Siebzigerjahre führte sie ihr Weg nach Neumünster, wo sie sich niederließen. Praktisch im Zweijahresrhythmus brachte meine Mutter hier ihre restlichen drei Kinder zur Welt.

Mein Bruder Nijo wurde mit zwei verkrümmten Beinen geboren. Nach seiner Geburt musste er zwei Jahre im Krankenhaus bleiben und sich mehreren Operationen unterziehen, was eine unvorstellbar nervenzehrende Zeit für meine Eltern gewesen sein musste. Doch dank hervorragender Ärzte gelang es ihnen, die Behinderung zu beheben, sodass er heute ganz normal laufen kann und keinerlei Beschwerden hat.

1975 plumpste ich schließlich auf diesen Planeten. Meine Eltern meinten wohl, mir einen exzellenten Start geben zu wollen, indem sie mir den klangvollen Namen Fikret verpassten. Ein Geniestreich!

Zu guter Letzt und als Jüngste im Bunde kam meine Schwester Zineta zur Welt.

Mein Vater fand in Neumünster eine Stelle als Produktionshelfer in einer Fabrik, die Spritzen für Krankenhäuser herstellte. Dort sollte er bis zu seiner Frührente beschäftigt sein. Während er meist zur Nachschicht aufbrach, weil diese ihm den höchsten Lohn einbrachte, war meine Mutter mit ihren vier Kindern und dem Haushalt, den sie nebenbei noch schmiss, gut beschäftigt. Für mich grenzt es heute an Zauberei, wie sie das alles damals mit Bravour meisterte.

Um die Haushaltskasse noch etwas zu füllen und so zum Lebensunterhalt beizusteuern, arbeitete sie zusätzlich in einer Brotfabrik am Fließband. Dieser Job kam bei uns Kindern besonders gut an. Denn immer, wenn sie von der Arbeit nach Hause kam, brachte sie uns regelmäßig leckere Kuchen und frisches Brot mit. Besonders über Letzteres freuten wir uns riesig, da ihr Brot, das sie zu Hause mit Vorliebe backte, beinahe ungenießbar war. Ihre Backkünste hielten sich stark in Grenzen. Ihr selbst gemachtes Brot war mitunter so hart, dass man sich beim Kauen durchaus an der steinharten Kruste den Gaumen aufreißen konnte. Außerdem war ihr Teig meist versalzen. Und sie schnitt das Brot in dermaßen große Scheiben, dass es gar nicht in unsere Kindermünder passte. Beschwert hat sich aber nie einer von uns. Da die Oberarme meiner Mutters denen von Bud Spencer glichen, hielten wir es für das Beste, zu schweigen und die Brotscheiben mit einem gespielten Lächeln herunterzuwürgen.

Doch schon bald konnte sie ihre Arbeit nicht weiter ausüben. Weil sich Venen in ihren Unterarmen entzündeten und sie sich über anhaltende Schmerzen beklagte, musste sie im Krankenhaus mehrfach operiert werden. Und da auch nach dem Eingriff keine Besserung eintrat und sie seitdem weder etwas Schweres heben noch halten konnte, musste sie notgedrungen die Frührente antreten.

Um sich einen Herzenswunsch zu erfüllen, nahmen meine Eltern in einer Bank einen hohen Kredit auf. Sie planten, sich in der Geburtsstadt meines Vaters in Bosnien-Herzegowina ein kleines Haus zu bauen – ein einfaches Einfamilienhaus, in dem sie sich auf ihre alten Tage zurückziehen könnten. So zumindest hatten sie sich das ausgemalt. Doch das sollte ihnen nicht vergönnt sein. Etwas Unvorhersehbares sollte ihnen ihre Träume zunichtemachen. Ein blutiger, jahrelang anhaltender Bürgerkrieg würde ihnen einen Strich durch die Rechnung machen.

Kapitel I: 1990–1994

In der Zwischenzeit hatte sich Cem mit anderen stadtbekannten straffällig gewordenen Jugendlichen angefreundet. Neuerdings fuhren sie gemeinsam nachts los, um in Geschäfte einzubrechen. Dabei machten sie ziemlich gute Kasse – und Cems Hosentaschen prall gefüllt mit Geld. Modetechnisch war Cem jetzt on top, da er nur noch die neusten und teuersten Markensachen trug. Er war sichtlich obenauf.

Als ich ihn eines Tages zu Hause besuchte, führte er mich direkt in seinen Keller. Dort präsentierte er mir beinahe stolz die Beute der letzten Nacht. Ich staunte nicht schlecht, als ich die Vielzahl hochwertiger Bekleidung sah, die sie nachts zuvor aus einer Boutique gestohlen hatten und zum Weiterverkauf zwischenlagerten. Cem berichtete mir, wie simpel sie sich mit Werkzeug Zutritt zu dem Geschäft verschafft hatten, um den Laden leer zu räumen. Er schwärmte regelrecht davon, wie einfach dies sei und um wie viel lukrativer. Er war fasziniert davon, wie viel mehr Reibach dadurch zu erzielen wäre. Mit diesem Argument hatte Cem auch mich insgeheim überzeugt.

Da ich sowieso keinen Bock mehr auf Kleinscheiß hatte und die Sache mich auch irgendwie reizte, wollte ich unbedingt mit einsteigen. Kurz darauf trafen wir uns bei Sven zu Hause, wo wir erneut bei dem Thema landeten. Ein Angebot seitens Cem ließ nicht lange auf sich warten. Er glaubte zu wissen, wie man auf die schnelle Tour etwas Geld erbeuten könnte. Er machte Sven und mir den Vorschlag, in eine nahe gelegene Waschstraße einzusteigen. Es war Sommer und zu dieser Jahreszeit herrschte dort Hochbetrieb. Uns dreien war klar, dass sie jetzt am meisten Geld einnahmen. Es bedurfte dann auch keiner weiteren Überredungskunst seitens Cem, um auf sein Angebot einzugehen.

Da ich wusste, dass Cem in der kurzen Zeit schon einige recht erfolgreiche Einbrüche hinter sich gebracht hatte, stimmte ich, ohne weiter darüber nachzudenken, spontan zu. Auch Sven willigte ein und gab sein Okay. So traf ich im Sommer 1990 unbewusst eine Entscheidung, die mein zukünftiges Leben beeinflussen und für immer verändern sollte. Nichts würde fortan mehr so sein, wie es einmal war.

Am späten Abend machten wir drei uns gemeinsam auf zur Waschstraße. Im Schutze der Dunkelheit schlichen wir uns auf das Gelände und zur Rückseite des Gebäudes. Da die Waschstraße an ein Waldstück grenzte, konnte man uns von hier aus nicht sehen. Auch war das Gebäude nicht durch eine Alarmanlage gesichert. Mit zwei riesigen Schraubendrehern, die wir zuvor aus dem Werkzeugkasten von Svens Vater entwendet hatten, visierte Cem direkt das Fenster des Verkaufsraumes an. Man konnte gleich erkennen, dass Cem schon Übung im Aufhebeln besaß; es dauerte nur einen kurzen Augenblick, bis er das Fenster aufhebelte und wir uns somit Zutritt verschafften.

Ohne zu zögern, sprang Cem hinein, um die Räume nach Bargeld zu durchsuchen. Während Sven und ich sichtlich nervös vor dem Fenster Schmiere standen, machte ich mir aus Angst beinahe in die Hosen. Es dauerte eine gefühlte Ewigkeit, bevor Cem sich wieder blicken ließ. Zu unserer Enttäuschung hatte er nirgends das von uns erhoffte Geld gefunden. Stattdessen reichte er uns ein paar tragbare Elektrogeräte durchs Fenster, mit denen wir vorliebnahmen, bevor wir uns im Anschluss zügig aus dem Staub machten.

Die gestohlene Ware verscherbelten wir am darauffolgenden Tag an einen An- und Verkaufshändler, wofür es ein paar mickrige Scheine gab. Obwohl mein erster Einbruch nicht den erhofften Erfolg mit sich brachte, sollte dies der Auftakt zu einer unglaublichen Vielzahl von Einbrüchen sein, die in der Zukunft folgen sollten.

Ich hatte Blut geleckt. Es schien so unglaublich einfach, auf diese Art Beute zu machen. Fortan zogen wir regelmäßig los, um in Geschäfte einzusteigen. Hielt ich anfangs noch ängstlich Wache, zögerte ich schon bald nicht mehr, in die Läden mit einzusteigen. Bevor wir aber die von uns ausgesuchten Objekte aufbrachen, vergewisserten wir uns im Vorfeld, ob sie durch Alarmanlagen gesichert waren. Unter keinen Umständen wollten wir riskieren, dass sie ausgelöst wurden. Nicht auszudenken, wenn die Nachbarschaft dadurch aufgeschreckt und uns womöglich die Polizei auf den Hals hetzten würde!

Während wir uns meist zu zweit daranmachten, gemeinsam die Türen oder Fenster zum Geschäft aufzuhebeln, hielt die dritte Person mit Argusaugen Wache und passte dabei genau auf, dass uns ja niemand bei unserem Vorhaben beobachtete. Ich ließ mir zuvor von Cem in einem Crashkurs im Einbrechen zeigen, wie man mit Werkzeug umzugehen hat, und sah ihm dabei genau auf die Finger, wie er damit hantierte. Mit ellenlangen, massiven Schraubenziehern, die wir in Baumärkten kauften, hebelten wir Türen und Fenster auf. Dabei setzten wir das Werkzeug in Schlosshöhe an und drückten mit gemeinsamer Kraft so lange dagegen, bis es dem Druck nicht mehr standhielt und nachgab.

Schon bald besaßen wir eine Routine darin und wussten genau, wie wir am besten vorgingen. Wenn es uns gelang, uns Zutritt zu verschaffen, liefen wir unverzüglich in die Geschäftsräume, um sie in erster Linie nach Barem zu durchstöbern. Gelegentlich fanden wir Geld in deren Kassen vor. Die Regel aber war, dass das Bargeld im Personalbüro verwahrt wurde. Zu unserer Freude fanden wir hier oftmals die kompletten Tageseinnahmen vor, abgezählt in Geldtaschen – Geldbomben oder Geldkassetten, die wir dann nur mitzunehmen brauchten.

Aber auch Enttäuschungen gehörten dazu. Dann nämlich, wenn wir auf größere Summen eingestellt waren und nur mickriges Klimpergeld vorfanden. Wenn dies der Fall war, suchten wir nach allem, was das Geschäft an Wertvollem hergab. Dabei war uns kleine, kompakte und leicht verstaubare Ware am liebsten. Wir fanden immer etwas, was sich im Nachhinein versilbern ließ. Ich hatte jetzt eine Möglichkeit für mich entdeckt, die mich finanziell besser dastehen ließ. Sehr viel besser. Denn von nun an zogen wir beinahe täglich los, um irgendwo in der Stadt einzusteigen.

Allerdings mussten wir schon bald feststellen, dass wir nicht die einzigen Gestalten waren, die nachts ihr Unwesen trieben. Zu jener Zeit gab es gleich mehrere Gruppierungen von Jugendlichen, die es uns gleichtaten und genau wie wir auf Streifzug waren. Selbstverständlich kannten wir beinahe alle von ihnen oder waren gar gut mit ihnen befreundet. Fast jeder Jugendliche, mit dem wir es damals zu tun hatten, hatte es faustdick hinter den Ohren. Und ich meine wirklich *jeder*. Dagegen waren wir noch handzahm.

So sorgten wir alle zusammen dafür, dass die Kriminalitätsrate Anfang der Neunzigerjahre rapide in die Höhe schoss. Wir hielten die Polizei ordentlich auf Trab. So dauerte es auch nicht lange, bis wir bemerkten, dass sich die Präsenz der Polizei besonders nachts massiv verstärkte. Als uns dreien der Boden unter den Füßen zu heiß wurde, weiteten wir unser Metier kurzerhand auf ganz Schleswig-Holstein aus. Und da wir als Teenager natürlich noch keinen Führerschein besaßen, ließen wir uns mit der Bahn in andere Städte bringen, um dort einzubrechen.

Wenn spät in der Nacht keine Bahn mehr fuhr, nahmen wir uns einfach ein Taxi, das uns die vielen Kilometer wieder heimbrachte. Es war keine Seltenheit, dass wenn wir kein Geld erbeutet hatten und keiner von uns mehr flüssig war, wir die Rückfahrt mit zuvor gestohlener Ware bezahlten: zwei bis drei Flaschen Parfüm, Schmuck oder Klamotten. Die Fahrer nahmen es immer dankend an und stellten dabei keinerlei Fragen.

Eines Nachts nutzten wir ein Taxi sogar als Transportmittel. Wir ließen uns zu einem zuvor auserwählten Geschäft bringen und baten den Fahrer, kurz auf uns zu warten. Während dieser ahnungslos um die Ecke parkte, räumten Cem und ich mal eben den Laden leer. Die gestohlene Ware packten wir in blaue Müllsäcke. Als ob nix gewesen wäre, verstauten wir die Sachen im Anschluss im Kofferraum des Taxis und verließen seelenruhig den Tatort.

Dass wir den Fahrer damit unwissend zum Mittäter machten, war uns gar nicht bewusst. Wir wurden mit der Zeit immer abgebrühter. Und während schon bald all die anderen uns bekannten Einbrecher von der Polizei gestellt und vor Gericht verurteilt wurden, zogen wir drei weiterhin einsam unsere Runden.

Oftmals habe ich mich gefragt, was wohl gewesen wäre, wenn mich dasselbe Schicksal ereilt hätte. Wenn ich gleich zu Beginn meiner kriminellen Laufbahn gefasst worden wäre und das Gericht eine empfindliche Strafe gegen mich verhängt hätte. Möglicherweise wäre ich dadurch so abgeschreckt gewesen, dass ich es gleich wieder hätte bleiben lassen. Damals, als ich noch ein Kind war. Vielleicht wäre ich wieder zur Besinnung gekommen und hätte noch die Kurve gekriegt. Nur leider ist dies nicht geschehen und deshalb verschwendete ich auch keinen weiteren Gedanken daran aufzuhören. Es lief gut so, wie es lief. Und so machte ich ungeniert weiter mit meinen kriminellen Aktivitäten.

Zu dieser Zeit stieß eine weitere Person zu uns, die ich fortan als guten Freund betrachtete. Ismael war ein Landsmann Cems. Er besuchte dieselbe Klasse wie Sven, der uns wiederum miteinander bekannt machte. Und schon bald weihten wir auch ihn in unsere nächtlichen Aktivitäten ein. Ismael fackelte nicht lange und ließ sich schnell von uns überzeugen, mit auf Tour zu gehen. So war er fortan ein fester Bestandteil unserer Gruppe.

Zu viert zogen wir nun los und unsere Raubzüge wurden zur Routine. Wir brachen überall dort ein, wo wir etwas Zählbares vermuteten. Supermärkte, Boutiquen, Kinos, Schwimmbäder, Restaurants, Autohäuser, Geschäftsbüros etc. Beute machten wir fast immer. Mal mehr, mal weniger. Nichts war vor uns sicher. Bis auf Privathäuser, die wir bewusst ausließen. Niemals kamen sie für uns infrage. Dabei hätten gerade diese uns wahrscheinlich viel Beute eingebracht. Für uns aber waren sie ein ewig währendes Tabu.

In den über 20 Jahren, in denen ich als Einbrecher aktiv war, bin ich noch nie in ein Privathaus eingestiegen. Zu groß erschien mir und auch den Jungs das Risiko, jemanden dort anzutreffen und im schlimmsten Falle gar zu Tode zu erschrecken, womöglich ältere Menschen oder Kinder. Das wollte keiner von uns verantworten. Deshalb zogen wir es auch nie in Betracht. So blieb es immer bei Geschäftsräumen. Diese galten als versichert, sodass sie den von uns angerichteten Schaden in der Regel erstattet bekamen.

Die meisten Dinger beging ich zu jener Zeit mit Cem. So brachen wir eines Nachts in einer Kleinstadt in eine Ladenpassage ein, um daraufhin in alle sich darin befindlichen Geschäfte der Reihe nach einzusteigen. Wir knackten an diesem Abend über zehn Läden und machten dabei einen ordentlichen Reibach. Die am nächsten Morgen alarmierte Polizei muss geglaubt haben, dass es sich in diesem Fall um eine ganze Bande gehandelt haben müsse, nicht aber um zwei außer Rand und Band geratene Teenager.

1990 durfte ich mich dann das erste Mal vor Gericht verantworten. Allerdings nicht wegen eines Einbruches, sondern wegen eines gemeinschaftlichen Diebstahls, bei dem ich Schmiere gestanden hatte. Gemeinsam mit meinem Buddy Sven und einem Schulfreund von ihm angelten wir an einem späten Sonntagabend in einer menschenleeren Passage mitten in der Innenstadt von Neumünster Klamotten aus einem Geschäft heraus. Dabei benutzten wir einen langen Stock und einen am Kopfende angebrachten Haken, um die Bekleidung durch die nicht ganz verschlossene und daher dehnbare Glastür durch einen Spalt herauszufischen.

Ein aufmerksamer Zeuge, der uns dabei beobachtete, rief die Polizei. Während ich sie aus sicherer Entfernung anbrausen sah und mich schnell verkrümelte, wurden Sven und sein Schulfreund auf frischer Tat ertappt und festgenommen. Bei seiner polizeilichen Vernehmung erwähnte Sven nichts von meiner Beteiligung. Sein Schulfreund allerdings verpfiff mich, ohne mit der Wimper zu zucken. So landete ich ebenfalls auf der Anklagebank. Doch weil ich bis dahin strafrechtlich noch nie in Erscheinung getreten war, kam ich noch mal mit einer Verwarnung davon.

Meinen Eltern schmeckte es überhaupt nicht, dass ich mich abends ständig davonschlich. Mein Vater schimpfte jedes Mal mit mir, wenn ich erst spät in der Nacht wieder auftauchte. Er stellte mich daraufhin zur Rede. Er verlangte, dass ich mich gefälligst mehr auf die Schule konzentrieren solle, anstatt mich herumzutreiben und irgendeinen Blödsinn zu fabrizieren. Doch auf Schule hatte ich schon lange keine Lust mehr. Viel lieber trieb ich mich in Svens und Ismaels Schule herum als in meiner eigenen.

Wenn ich mal wieder den Unterricht schwänzte, konnte ich mich zumindest auf meine Schwester verlassen, die mich zu Hause deckte, wenn meine misstrauischen Eltern von ihr wissen wollten, ob ich anwesend gewesen war. Sie bestätigte meine Anwesenheit, und das, obwohl sich unser gemeinsamer Schulweg bereits an der nächsten Kreuzung trennte. Meine Lehrer schickten mir mittlerweile so viele blaue Briefe nach Hause, dass noch bevor ich in die Schule ging, ich draußen vor dem Haus den Postboten abfangen musste, um die Beschwerden einzukassieren.

Auch kam es vor, dass Cem einfach in den laufenden Unterricht hereinplatzte und mir mit einem Kopfnicken ein Zeichen gab, worauf ich urplötzlich über Übelkeit klagte, gleichzeitig mein Zeug zusammenpackte, um eilig die Klasse zu verlassen. Meine Lehrerin, die meiner Schmierenkomödie kein bisschen Glauben schenkte, drohte mir mit einem Verweis, sollte ich mitten im Unterricht aufstehen und mich dem Unterricht entziehen. Doch mir war das mittlerweile scheißegal. Anstatt zu pauken, fuhr ich lieber ins nahe gelegene Hamburg, um dort gemeinsam mit Cem die Knete zu verprassen, die wir erst nachts zuvor erbeutet hatten.

Auch flog ich als einziger Schüler meiner Klasse aus einem Schulpraktikum, das ich in einem Kaufhaus absolvierte. Weil ich Kumpels verriet, wer der dortige Ladendetektiv war, durfte ich meine Koffer gleich wieder packen. Die Reaktion meines Direktors kann man sich ja nur zu gut vorstellen, als ich deswegen mal wieder in dessen Büro vorstellig werden musste. Sympathiepunkte bekam ich dafür jedenfalls nicht.

Stattdessen folgte nur kurz darauf ein zweiwöchiger Schulverweis. Nachdem ich gemeinsam mit einem farbigen Klassenkameraden einem stadtbekannten Nazi, der für seine Provokationen bekannt war, auf dem Pausenhof die Glatze poliert hatte, da er uns zuvor beleidigend und aggressiv gegenübergetreten war, durfte ich zwangsweise 14 Tage lang eine ruhige Kugel schieben. Die Standpauke meiner Eltern, die ich mir deswegen anhören musste, nahm ich stillschweigend hin und gelobte Besserung. Allerdings war dies nur dahingesagt, um meine Ruhe zu haben.

Die logische Konsequenz meiner lustlosen Haltung war die Tatsache, dass ich die achte Klasse wiederholen musste. Cem ereilte das gleiche Schicksal. Doch darüber machten wir uns nicht wirklich Gedanken. Für uns stand viel mehr der Spaßfaktor im Vordergrund. Heute ist es völlig normal, dass sich junge Leute im Café zum Plausch treffen. Früher jedoch taten dies höchstens unsere Eltern oder Großeltern. Die Café-Kultur war eine andere. In meiner Jugend gab es auch kein Internet. „Soziale Netzwerke" war ein Fremdwort und auch Spielkonsolen waren noch nicht so ausgereift wie zur heutigen Zeit. Wir besaßen damals nicht so viele Alternativen, unsere Freizeit zu verleben.

Mich wirklich sinnvoll zu beschäftigen, wusste ich nicht. Sicher hätte ich mich wieder in einen Sportverein einschreiben oder mir sonst ein Hobby suchen können. Dazu aber fehlte mir der Ehrgeiz. So war ich als Teenager ein leidenschaftlicher Kinogänger und zog mir an manchen Tagen gleich zwei Spielfilme hintereinander rein. Oder aber ich traf mich mit meinen Kumpels, um einfach mit ihnen abzuhängen. Dabei richtete ich neuerdings mein Hauptaugenmerk auf das weibliche Geschlecht, welches mir in Zukunft noch viel Freud und Leid bescheren sollte. ☺

Was die Liebe anbelangt, so war ich wohl ein Frühstarter. Schon in jungen Jahren weckten hübsche Mädchen mein Interesse. Dabei war ich als Kind eigentlich eher schüchtern veranlagt und mein Selbstbewusstsein hielt sich stark in Grenzen. Meine allererste Freundin, für die ich auch etwas empfand, lernte ich im zarten Alter von 14 Jahren kennen. Ihr Name war Julia. Ein unfassbar attraktives Mädchen mit unglaublicher Ausstrahlung, das mit einer supersexy Figur daherkam. Mit ihren langen Beinen und ihrem sonnengebräunten Teint war sie eine wahre Augenweide.

Sie spielte zu jener Zeit ziemlich erfolgreich Tennis. Halb Neumünster war damals hinter ihr her. Obendrein war sie als Gymnasiastin sehr smart, weswegen es mir bis heute ein Rätsel geblieben ist, was sie an mir Topflappen gefunden haben muss. Ich sah jetzt zwar durch die Kohle, die ich machte, stylisher aus als noch zuvor, war aber tief im Inneren ein kleiner, verklemmter, schüchterner Junge, der keinerlei Erfahrung mit Mädchen vorzuweisen hatte. Ein Zungenkuss auf der Klassenfahrt war das Höchste der Gefühle. Ansonsten war ich einer mit großer Klappe und nichts dahinter, wie ich schon bald eindrucksvoll unter Beweis stellte.

Eines Nachmittags trafen wir uns in der Wohnung meines ältesten Bruders Ziko, der mittlerweile seine eigene Bude direkt über der meiner Eltern bezogen hatte. Immer wenn er nicht zu Hause war, stellte er sie uns zur Verfügung. Hier waren wir beim Knutschen ungestört. Julia aber war viel reifer als ich und offensichtlich auch viel erfahrener. Denn als ich als ewiger Romantiker unsere Züngelei kurz unterbrach, um Mariah Careys erste Single, „Vision of Love", damals noch auf Vinyl, aufzulegen, sah ich im Augenwinkel, wie sie sich plötzlich daranmachte, ihre Hose aufzuknöpfen. Ich musste schlucken. Da ich bis dato über keinerlei sexuelle Erfahrung verfügte, war ich mit der Situation völlig überfordert.

Ich aber ließ mir nichts anmerken und legte mich schnell wieder zu ihr. Während Julia so dalag und mich regelrecht anschmachtete, war ihr die Geilheit ins Gesicht geschrieben. Man sah ihr förmlich an, dass sie es kaum noch abwarten konnte, gepimpert zu werden. Gezwungen, die Initiative zu ergreifen, nahm ich all meinen Mut zusammen, um sie gewohnt lässig zu fragen, ob sie mit mir schlafen möchte, und tat dabei so cool, als ob dies keine große Sache für mich wäre. Das prompt gehauchte „OH JA" kam wie aus der Pistole geschossen. Dabei strahlte Julia voller Vorfreude über das ganze Gesicht.

Und was tat ich?!!! Nachdem sie mir praktisch den Freifahrtschein gegeben hatte, sie ins Nirwana zu befördern, vertröstete ich sie mit einer abweisenden Handbewegung und einem verlegenden

Lachen auf einen späteren Zeitpunkt. Völlig perplex sah mich Julia daraufhin an und konnte wohl selbst kaum glauben, dass ich ganz offensichtlich kniff. Ihrem Blick nach zu urteilen war „Schlappschwanz" wohl nur einer vieler Gedanken, die ihr in diesem Moment durch den Kopf schossen. Schnell knöpfte sie sich ihre Hose wieder zu, um sich im Anschluss auch ganz eilig von mir zu verabschieden. Und so kam es für mich auch nicht wirklich überraschend, als sie sich nur kurz darauf von mir trennte und jemand anderes meinen Platz einnahm.

Das Unbegreifliche aber war, dass ich damals meine Unschuld an eine Traumfrau hätte verlieren können, was für mich bestimmt zu einem unvergesslichen Erlebnis geworden wäre. Ich aber entschied mich anders. So zog ich es vor, mein erstes Mal mit einer Person zu vollziehen, die mit ziemlicher Sicherheit einem Gruselkabinett entsprungen war. Nur ein halbes Jahr nach Julia.

Es war der Sommer, als Deutschland zum dritten Mal Fußballweltmeister wurde. Ich war gerade dabei, mir eines der Spiele vor dem Fernseher reinzuziehen, als mich mein Kumpel Sven anrief, um mir ganz aufgeregt mitzuteilen, dass er tags zuvor gebumst hätte. Voller Stolz berichtete er mir von seinem einschlagenden Erlebnis und wollte nun unbedingt, dass ich die Person kennenlernte, die ihn nur Stunden zuvor zum Mann gemacht hatte. Er vereinbarte ein Treffen in einer Jugendherberge, wo ich ihr begegnen sollte.

Nachdem wir uns dort eingefunden hatten und ich gespannt auf ihr Erscheinen wartete, erzählte mir Sven ein wenig von ihr. Dabei schwärmte er ganz besonders von ihrem äußeren Erscheinungsbild, was meine Erwartungen an sie in die Höhe schießen ließ.

In einer Traumwolke malte ich mir aus, dass womöglich in Kürze eine sexy Brünette wie Supermodel Cindy Crawford um die Ecke stolzieren würde, und war im Inneren schon ganz gespannt auf ihr Erscheinen, als meine Traumwolke mit einem Schlag wie eine Seifenblase zerplatze. Denn das Wesen, das im nächsten Moment durch die Tür trat und zielstrebig stampfend auf uns zumarschierte, ließ mich erschaudern. Bekanntermaßen liegt Schönheit ja im Auge des Betrachters. Doch in diesem Fall muss Sven definitiv am grauen Star gelitten haben, anders lässt sich diese Geschmacksentgleisung wohl kaum erklären. Als sie sich dann auch noch mit der Stimme eines Mainzelmännchens vorstellte und mir klar wurde, dass es sich hierbei um Svens Betthupferl handelte, war ich schlichtweg sprachlos.

Vor mir stand eine Person, die verblüffende Ähnlichkeit mit Chucky der Mörderpuppe aufwies. Ihr Haar war verfilzt und feuerrot, ihr Gesicht aufgedunsen und von Sommersprossen übersät. Und ihre Zähne waren der reinste Horror. Es schien, als hätte sie auf Granit gebissen. So als ob ihr jemand mit dem Hammer mit voller Wucht gegen das Gebiss geschlagen hätte. Etliche Zähne waren abgebrochen, weitere gar nicht mehr vorhanden. Ein Zahn ragte sogar so weit aus ihrem Mund heraus, dass sie ohne Weiteres Graf Zahl aus der Sesamstraße Konkurrenz hätte machen können. Und die Wahrscheinlichkeit, dass ihre Beißerchen jemals Bekanntschaft mit einer Zahnbürste gemacht hatten, war gleich null.

Ich hatte keinen blassen Schimmer, wo Sven diese Braut ausgegraben hatte. Doch noch mehr fehlt mir die Erklärung dafür, weshalb ich damals nicht fluchtartig davongerannt bin. Stattdessen verzogen wir drei uns in einen unverschlossenen Raum der Jugendherberge und machten es uns dort auf einer auf dem Fußboden liegenden Matte bequem.

Während ich zunächst nur unbeteiligt neben den beiden lag, kamen Sven und Chucky sehr schnell zur Sache. Ich sah Sven dabei zu, wie er Pumuckl ein paar feuchte Zungenklatschter verpasste und die beiden ganz ungeniert vor meinen Augen herumfummelten. Sie wirkte mächtig angeheizt. Nebenbei kippte sie sich noch zügig eine mitgebrachte Flasche Rotwein in den Rachen, was ihre Lust umso mehr zu beflügeln schien.

Sie war ein paar Jahre älter als Sven und ich und hatte schon eine recht frauliche Figur. Sie forderte mich nun direkt auf, ins Geschehen mit einzugreifen. Das ließ ich mir nicht zweimal sagen und fasste ihr ohne Weiteres an ihre Riesenmöpse. Was ihr ganz gut zu gefallen schien, denn sie sagte nichts weiter dazu und ließ mich gewähren. Während sie inzwischen auf Hochbetrieb lief, machte ich mich daran, ihr die Hose aufzuknöpfen.

Von Intimrasur hatte Chucky definitiv noch nie etwas gehört, denn als ich ihr ihre Jeans bis zum Schambereich herunterzog, sprang mir regelrecht ein ganzer Büschel roter Haare entgegen. Man hätte ihr untenrum problemlos ein paar Lockenwickler eindrehen können; selbige, die auch Miss Marple in den Sechzigern für ihre Frise nahm. Es ähnelte stark einem Afro. Snoop Dogg hätte sicher seine Freude daran gehabt.

Dennoch hielt mich der Anblick ihrer pelzigen Tupperdose nicht davon ab, mich in Position zu bringen. Sichtlich in Ektase gab sie mir nun gestenreich und unmissverständlich zu verstehen, dass sie mit mir vögeln wolle. Da ich aber noch immer beidhändig an ihr rumspielte, knöpfte Sven mir kurzerhand meine Hose auf und zog sie herunter. Und auch sie entledigte sich schnell ihrer Klamotten … bis auf ihr Höschen. Jetzt zierte sie sich plötzlich ein wenig.

Doch da ich zu diesem Zeitpunkt mittlerweile selbst heiß wie Nachbars Lumpi war, nahm ich eine im Raum liegende Schere und schnitt ihr damit einfach ihr Höschen kaputt. Nun hatte ich freie Fahrt. Ich weiß nicht genau, welcher Teufel mich an diesem Nachmittag geritten hat, wahrscheinlich wollte ich einfach nur die Gunst der Stunde nutzen, um meine Jungfräulichkeit zu verlieren. So schlief ich das erste Mal mit einer Frau. Und Chucky schien sich dabei ihres Lebens zu freuen. Sie strahlte wie ein Honigkuchenpferd über das ganze Gesicht.

Nachdem ich es hinter mich gebracht hatte, rutschte auch Sven noch einmal über sie drüber. Glücklich und zufrieden zog sie sich im Anschluss wieder an, bevor sie sich auf Nimmerwiedersehen von uns beiden verabschiedete.

So verlor ich meine Unschuld bei einem Dreier. Sven hätte für diese Nummer eine ordentliche Tracht Prügel verdient und sich im Nachhinein nicht einmal darüber beschweren dürfen. Er aber machte es schon bald wieder gut. Als er nämlich ein Schulpraktikum in einem der größten Bekleidungsgeschäfte der Stadt absolvierte und man ihn eines Tages in das firmeneigene Lager mitnahm, war ihm sofort klar, dass wir es räumen würden.

In einer am Stadtrand abgelegenen Halle lagerten sie ihre viele Ware. Als ein ahnungsloser Mitarbeiter Sven zu einem Rundgang mitnahm, checkte dieser den Raum gezielt nach Sicherheitsmaßnahmen ab. Dabei traute er seinen Augen nicht. Ganz offensichtlich wurden hier keinerlei Schutzmaßnahmen ergriffen. Weder Überwachungskameras noch eine Alarmanlage konnte Sven ausfindig machen, welche die Halle vor unerlaubtem Eindringen geschützt hätte. Stattdessen fielen ihm die unzähligen hochwertigen Bekleidungsstücke ins Auge.

Als er wenig später Ismael und mir davon berichtete, wollten wir ihm zunächst keinen Glauben schenken. Für uns schien dies unvorstellbar. Immerhin handelte es sich hierbei um das größte Bekleidungsgeschäft der Stadt. Doch Sven blieb bei seiner Version, dass wir dort leichtes Spiel hätten und eine Menge Beute zu holen sei. Noch am selben Abend machten wir uns auf den Weg, um uns ein Bild von der Lage zu verschaffen.

Über die angrenzenden Bahnschienen, die auf der Rückseite der Halle verliefen, schlichen wir uns auf das Gelände. Als wir das Gebäude genauer unter die Lupe nahmen, wurden Svens Aussagen bestätigt. Von Sicherheitsvorkehrungen keine Spur. Stattdessen war das riesige Tor zum Lager nur durch ein kleines lächerliches Vorhängeschloss verriegelt, eines, das man in der Regel dazu nutzt, um seinen Keller daheim zu verschließen. Wir benötigten nur Sekunden, bis wir es mit unseren massiven Schraubendrehern aufbrachen und uns somit Zutritt verschafften.

Mit Taschenlampen beleuchteten wir den stockdusteren Raum. Schon nach wenigen Metern stießen wir auf zahlreiche Kartons, die wir hastig aufrissen, um ihnen nagelneue, noch in Folie eingepackte, hochwertige Markenpullover zu entnehmen. Als wir uns weiter umsahen, entdeckten wir teure Winterjacken, die auf Kleiderstangen nebeneinandergereiht hingen. Zudem nobelste Designeranzüge von Armani, Boss oder Versace.

Uns war klar, dass wir für den Abtransport der vielen Ware ein Fahrzeug benötigen würden. Und so kam mein Bruder Ziko ins Spiel. Obwohl ich schon im Vorfeld wusste, dass mein Bruder mit so was nicht in Verbindung gebracht werden wollte, liefen wir drei zu ihm, um ihn davon zu überzeugen, als Fahrer zu fungieren. Wie erwartet war er völlig desinteressiert, als wir ihn von der Sache in Kenntnis setzten. Zudem reagierte er ziemlich verstimmt, als er erfuhr, dass ich an einem Einbruch beteiligt war. Er wollte zunächst nichts davon wissen. Erst als Sven und Ismael ins Gespräch mit einstiegen und versprachen, ihn an der Beute beteiligen zu wollen, ließ er sich letztendlich doch umstimmen. Hätte ich es mal bloß gelassen. Es sollte ihm beinahe den Kopf kosten.

Gemeinsam fuhren wir zum Lager zurück. Während wir drei uns aufmachten, es zu räumen, wartete mein Bruder im Auto auf einem Parkplatz um die Ecke auf unsere Rückkehr. Die viele Ware verstauten wir im Kofferraum seines Autos und fuhren vollbeladen zu seiner Wohnung, um sie dort zwischenzulagern. Gleich mehrmals an diesem Abend fuhren wir die Strecke, um so viel Ware wie möglich mitzunehmen. Wir hätten einen Lkw benötigt, um die komplette Halle auszuräumen. Nachdem wir das Lager mehrmals aufgesucht hatten, waren wir uns einig, genug Beute gemacht zu haben. Um kein noch größeres Risiko einzugehen, brachen wir den Coup vorsichtshalber ab.

Als wir die Unmengen an Bekleidung in die Wohnung meines Bruders hinauftrugen, liefen wir unmittelbar an der Haustür meiner Eltern vorbei. Dabei ließen wir das Licht im Treppenhaus ganz bewusst aus. Nicht auszudenken, wenn mein Vater uns dabei überrascht hätte, wie wir praktisch vor seiner Nase Unmengen an Diebesgut anschleppten! Im Entengang liefen wir im Dunkeln die Treppen hinauf.

Nachdem wir die Klamotten sicher in der Wohnung meines Bruders verstaut hatten, freuten wir uns gemeinsam über den reibungslosen Ablauf. Wir waren mehr als zufrieden mit unserer Ausbeute. Anhand der beiliegenden Preisetiketten errechneten wir einen Verkaufswert von über 50.000,– DM. Wir waren uns alle einig, einen guten Gewinn erzielen zu können. Mein Bruder machte uns daraufhin den Vorschlag, die komplette Beute einer befreundeten Boutique-Besitzerin für einen fairen Gesamtpreis anzubieten. Er war sich ziemlich sicher, dass sie uns die viele Ware auf einmal abnehmen würde. Sven, Ismael und auch ich waren damit einverstanden. Denn so mussten wir uns nun nicht um den Weiterverkauf kümmern und jeder bekäme seinen Anteil.

Alles Weitere überließen wir jetzt beruhigt meinem Bruder. Eine nicht allzu kluge Entscheidung, wie sich schon bald herausstellen sollte. Denn schon am darauffolgenden Wochenende feierte er ziemlich ausschweifend eine wilde Party und trank dabei eine ganze Menge Alkohol. So betrunken wie er war, setzte er sich am frühen Morgen hinter das Steuer seines Autos und fuhr los. Mitten ins Verderben hinein.

Und so kam es, wie es kommen musste. Er geriet in eine Polizeikontrolle. Da er aber hackedicht wie sieben Russen war, keinen gültigen Führerschein besaß und – das war wohl das Ausschlaggebendste – sein Kofferraum randvoll mit Diebesgut aus der Lagerhalle war, das mein Bruder der potenziellen Käuferin andrehen wollte, dachte er gar nicht daran, sein Auto anzuhalten.

Stattdessen versuchte er sich der Kontrolle zu entziehen, indem er aufs Gaspedal trat. Völlig kopflos flüchtete er und fuhr mit Vollgas davon. Gleich mehrere Streifenwagen nahmen die Verfolgung auf. Mit Blaulicht und heulenden Sirenen jagten sie meinen Bruder kreuz und quer durch die Straßen der Stadt. Dabei klebten sie an ihm wie die Kletten und versuchten vergeblich, ihn zum Anhalten zu bewegen. Da er sich im Geiste wohl schon ausmalte, was ihn erwarten würde, sollten sie ihn stellen, nahm er noch mehr Tempo auf, um seine Verfolger abzuschütteln. Und so nahm das Unglück seinen Lauf.

Mit viel zu hoher Geschwindigkeit fuhr er in eine scharfe Kurve hinein. Dabei verlor er die Kontrolle über sein Fahrzeug. Mit den Vorderrädern prallte er gegen den Bordstein, worauf sich das Auto gleich mehrfach überschlug, bevor es auf dem Dach zum Stehen kam. Die herbeigerufene Feuerwehr befreite meinen Bruder aus dem Inneren des zu einem völlig zerbeulten Wrack mutierten Autos. Notärzte leisteten Erste Hilfe, bevor man ihn umgehend ins Krankenhaus brachte.

Am frühen Morgen rief die Notaufnahme bei meinen Eltern an, um ihnen die Hiobsbotschaft zu übermitteln. Umgehend fuhren wir ins Krankenhaus, um uns nach seinem Gesundheitszustand zu erkundigen. Wir entdeckten meinen Bruder schließlich in einem Bett vor der Ambulanz liegend. Als mein Vater ihn ansprach, lallte dieser nur wirres Zeug. Offensichtlich war er noch immer viel zu betrunken, um zu realisieren, was geschehen war. Optisch aber schien er unversehrt zu sein. Er musste mehr als nur einen Schutzengel gehabt haben. Ärzte teilten uns mit, dass mein Bruder sich zwar einen mehrfachen Schulterbruch zugezogen habe, ansonsten aber keine weiteren ernst zu nehmenden Verletzungen davongetragen habe.

Während man ihn stationär aufnahm und für eine Operation vorbereitete, fand die Polizei in der Zwischenzeit die am Unfallort weit verstreut herumliegenden Klamotten aus dem Einbruch. So war es nur eine Frage der Zeit, bis sie an unserer Haustür klingeln würden.

Sie kamen am darauffolgenden Morgen. Mit einem richterlichen Durchsuchungsbefehl in der Hand klingelte die Kriminalpolizei an der Haustür meiner Eltern. Da ich sie bereits erwartete, wollte ich ihnen den Zutritt gewähren, um sie von der Wohnung meines Bruders fernzuhalten, die sich ein Stockwerk höher befand und in der noch immer das beinahe gesamte Diebesgut lagerte.

Da es sich um dieselbe Meldeadresse handelte, ahnten die Beamten offensichtlich nicht, dass sie an der falschen Haustür klingelten. Ausgerechnet mein ahnungsloser, übereifriger Vater gab den Beamten schließlich den Hinweis darauf, dass mein Bruder seine eigene Bude über der unseren bewohnte. Mein Vater hatte keinen blassen Schimmer, weswegen die Polizei tatsächlich vor Ort war, und nahm an, dass sie wegen des Unfalls gekommen waren. Zuvorkommend wie er war, gab er ihnen dann auch noch einen Zweitschlüssel zur Wohnung und befahl mir zudem, die Polizisten hinaufzubegleiten. In diesem Moment war mir klar, dass sie uns an den Eiern hatten.

Sie stellten seine komplette Wohnung auf den Kopf und fanden recht schnell, wonach sie suchten. Sie beschlagnahmten das gesamte Diebesgut und freuten sich riesig über diesen Zufallsfund. Während immer mehr herbeigerufene Beamte unsere Beute zusammenpackten und zur Mitnahme bereitstellten, stand ich kommentarlos mitten unter ihnen. Ein ermittelnder Kripobeamter fuhr mich forsch von der Seite an und wollte neugierig von mir wissen, ob ich etwas von den Klamotten gewusst hätte. Ich aber spielte den Ahnungslosen und gab scheinheilig den kleinen, unschuldigen Jungen zum Besten.

Dennoch verlangte er, dass ich meinen nagelneuen, 500 DM teuren Carlo-Colucci-Pullover, den ich zu diesem Zeitpunkt trug und der ganz offensichtlich aus dem Einbruch stammte, auszog und ihm diesen übergab. So musste ausgerechnet ich ihnen dabei zusehen, wie sie die gesamte Ware davontrugen und sich, ohne sich zu verabschieden, aus dem Staub machten.

Als mein Bruder aus der Narkose erwachte, standen Kripobeamte bereits an seinem Bett Spalier, um ihn direkt mit dem Einbruch zu konfrontieren. Er aber verwies auf plötzlich einsetzende Gedächtnislücken und konnte sich angeblich an nichts erinnern. Er wurde dennoch angeklagt. Nachdem mein Bruder aus dem Krankenhaus entlassen wurde, musste er sich bald darauf vor Gericht verantworten.

Auf der Anklagebank sitzend, gab er sich naiv und versicherte, nichts von einem Einbruch zu wissen. Er erzählte eine frei erfundene Story von einem wildfremden Mann, der ihm die Sachen auf der Straße zu einem Spottpreis angeboten hätte, worauf er sie ihm blauäugig abgekauft hätte.

Er entschuldigte sich und zeigte Reue für die Flucht vor der Polizei. Und da mein Bruder eine blütenreine Weste besaß und zuvor noch nie polizeilich aufgefallen war, verurteilte ihn das Gericht „nur“ zu einer Geldstrafe, womit er wunderbar leben konnte. Für alle Beteiligten entpuppte sich die ganze Aktion als absoluter Reinfall.

Weil ich die Schule nur noch als lästig empfand und ihr kaum noch Beachtung schenkte, blieb ich erneut sitzen. Ich verließ die Schule im Sommer 1991 ohne Abschluss, worüber ich gar nicht so undankbar war. Letztendlich war ich einfach nur heilfroh, dass dieses so lästige Kapitel nun endlich beendet war. Mein Abgangszeugnis ließ ich mir per Post zuschicken.

Meine Eltern, die über diese Entwicklung überhaupt nicht begeistert waren, entschieden praktisch über meinen Kopf hinweg, mich in einen einjährigen berufsvorbereiteten Kurs einzuschreiben. In einer Einrichtung, die es jungen Leuten ermöglicht, sich auf die bevorstehende Arbeitswelt vorzubereiten, konnte ich mich für einen Kurs in der dortigen Großküche begeistern.

Ich tat dies weniger für mich als vielmehr für meine Eltern, die darauf pochten, dass ich etwas Sinnvolles mit meiner Zeit anstellen sollte. Mein Tagesablauf bestand nun darin, gemeinsam mit anderen gleichaltrigen Jugendlichen Mahlzeiten für die zahlreichen Kursteilnehmer und Mitarbeiter der Einrichtung vorzubereiten.

Fortan stand ich frühmorgens in Kochjacke und Kochmütze in der Küche, schälte kiloweise Kartoffeln, putzte Gemüse und lernte viel über Lebensmittel. Ich bereitete mithilfe meines überaus sympathischen Küchenchefs leckere Desserts zu. Und obwohl ich im Vorfeld bezüglich des Kurses große Bedenken und wenig Lust gehabt hatte, machte mir die Arbeit unerwartet richtig viel Spaß.

Ich verstand mich prima mit allen Kursteilnehmern. Obendrein stand mir ein sehr netter Küchenchef zur Seite. Ich zog das Jahr voll durch. Und weil ich mich mit meinem Kursleiter so gut verstand, musste ich auch nicht lange überlegen, als dieser mir zum Ende des Kurses eine Ausbildung zum Koch unter seiner Regie anbot. Um meine Eltern nicht zu enttäuschen, unterschrieb ich im Sommer 1992 meinen Ausbildungsvertrag. Meine Eltern freuten sich sichtlich über meine Entscheidung und wähnten mich auf dem richtigen Weg. Doch auch meine Ausbildung sollte nur zum Schein dienen und mich nicht davon abhalten, krumme Dinger zu drehen.

Meine Eltern genossen ihr Rentnerdasein in vollen Zügen. Alles schien unbeschwert. Das allerdings änderte sich schlagartig, als plötzlich der Balkankrieg entflammte. Und so dauerte es auch nicht lange, bis dieser auch uns erreichte.

Meine Eltern saßen damals ständig vor dem Fernseher und verfolgten gebannt die Nachrichten. Sie machten sich große Sorgen um die vielen Verwandten, die in Bosnien lebten. Schon bald erreichte uns der erste Hilferuf von nahen Verwandten aus der Region. Mein Vater zögerte nicht lange. Ohne weiter darüber nachzudenken, setzte er sich ganz allein ins Auto und fuhr ins Kriegsgebiet, um meine Verwandten da rauszuholen.

Kaum hatten wir sie willkommen geheißen, als weitere Verwandte anriefen, um Zuflucht bei uns zu finden. Selbstverständlich ließen meine Eltern auch sie gewähren und freuten sich riesig darüber, dass sie erst einmal in Sicherheit waren. Doch von nun an ging es bei uns zu wie in einem Zoo. Hatten wir zuvor noch mit fünf Personen in einer 55 Quadratmeter großen Wohnung gelebt, hausten wir jetzt mit zwölf Mann unter einem Dach. Mein ältester Bruder war mittlerweile verzogen, sodass allesamt bei uns unterkamen.

Von Privatsphäre keine Spur – und die hatte es zuvor schon kaum gegeben. Ein eigenes Zimmer besaß ich nie. Ich musste mir immer eines mit einem meiner Geschwister teilen. Doch jetzt war man nirgends mehr allein. Wenn sich dazu noch Freunde oder die meiner Geschwister ankündigten und meine Eltern überdies Besuch hatten, platzte die Wohnung regelrecht aus allen Nähten. Dann herrschte ein Treiben wie auf dem Hauptbahnhof.

Wenn man morgens ins Bad wollte, konnte man getrost eine Nummer ziehen. Es konnte sich dann nur noch um Stunden handeln, bevor man endlich hineingelassen wurde. Ich musste zu jener Zeit notgedrungen aus Platzmangel gemeinsam mit meinen Eltern und Geschwistern in einem Raum schlafen. Obwohl es für mich damals nicht einfach gewesen ist, ein „normales Leben“ zu führen, arrangierte ich mich mit der neuen Situation. Ich war einfach nur heilfroh, dass es meinen Verwandten gut ging und sie erst einmal bei uns in Frieden leben konnten.

Die Schilderungen über das dortige Kriegstreiben, wie sie es persönlich erlebt hatten, machte uns fassungslos. Man erfuhr die schrecklichsten Dinge. Für mich selbst war dieser Krieg völlig unverständlich, zumal es zu jener Zeit in meinen eigenen Reihen Serben und Kroaten gab, mit denen wir seit Jahren befreundet waren, und für uns war die Thematik nie ein Problem gewesen. Man akzeptierte und respektierte sich gegenseitig. So ging ich weiterhin ins kroatische Restaurant um die Ecke auf einen deftigen Grillteller mit Djuvec und Julischka.

Gott sei Dank hatten wir in der Familie keine Opfer zu beklagen. Da der Krieg fortan das beherrschende Thema zu Hause war und die Aufmerksamkeit meiner Eltern überwiegend meinen angereisten Verwandten galt, bekamen sie oftmals gar nicht mit, wenn ich mich abends aus dem Haus schlich, ohne mich vorher abzumelden. Um mich dem Zirkus daheim zu entziehen, traf ich mich lieber mit meinen Kumpels und scheffelte Kohle.

Eines Nachts räumten Cem und ich ein Fotofachgeschäft leer. Die dabei zahlreichen und hochwertigen erbeuteten Kameras versilberten wir umgehend. Von dem Geld gönnten wir uns ein tolles Spaß-Wochenende in Frankfurt am Main. Wir mieteten uns in einem schicken Hotel in der Innenstadt ein. Selbst dort konnte Cem die Finger nicht still halten. Obwohl überhaupt nicht nötig, knackte er nur so zum Spaß einen im Foyer aufgestellten Getränkeautomaten. Die Beute daraus ergab einige Hundert DM Silbergeld.

Am darauffolgenden Morgen mussten wir uns ein Lachen verkneifen, als wir rein zufällig am Frühstücksbüfett mitbekamen, wie das Hotelpersonal darüber rätselte, wer für den Automatenaufbruch als Täter infrage käme. Sie waren sich ziemlich schnell einig, dass dies nur das Resultat einer bekannten New Yorker Break-Dance-Gruppe gewesen sein konnte, die zur selben Zeit dort nächtigte. Das erbeutete Klimpergeld verprassten wir im Rotlichtviertel von Mainhattan, wo wir zwei Nutten für ihre Dienste bezahlten. Ich wählte ein Janet-Jackson-Double und gab ihr vor dem Akt ihren Liebeslohn: 150,– DM in Silbergeld. Splitternackt half ich ihr auf dem Bett beim Nachzählen.

Bei einem weiteren Einbruch entwendeten wir aus einem Autohaus zahlreiche noch in Kartons verpackte Autoradios. Diese ließen wir scheinbar gut versteckt in einem Waldstück hinter dichtem Gestrüpp über Nacht liegen. Als wir nur Stunden später zurückkehrten, um die Ware mitzunehmen, waren alle Radios spurlos verschwunden. Offensichtlich waren sie in der Zwischenzeit entdeckt und mitgenommen worden. Cem und ich ärgerten uns tierisch darüber, weil uns so ganz sicher Hunderte DM flöten gegangen waren.

Noch am selben Nachmittag musste ich mich aufgrund einer Zeugenbefragung bei der Kriminalpolizei einfinden. Während des laufenden Gespräches mit dem Polizeibeamten klingelte plötzlich dessen Telefon. Sein Gesprächspartner am anderen Ende der Leitung sprach dabei so laut, dass ich deutlich vernehmen konnte, wie sie sich über Einbruchsware in Form von Autoradios unterhielten. Während sein Gesprächspartner ihn über Einzelheiten des Fundes informierte, sah mir der Kripobeamte direkt in die Augen, ohne auch nur zu ahnen, dass ihm einer der Täter unmittelbar gegenübersaß.

Ich ließ mir natürlich nichts anmerken und blieb gelassen. Nachdem er sein Telefonat beendet hatte, klärte er mich beiläufig darüber auf, dass ein Rentner im Morgengrauen beim Gassigehen mit seinem Hund rein zufällig auf die vielen Radios gestoßen war und daraufhin die Polizei informiert hatte. Ich tat desinteressiert und enthielt mich eines Kommentares. Im Inneren aber war ich heilfroh, dass die Bullen uns nicht beim Abholen der Ware verhaftet hatten. Doch es war nur eine Frage der Zeit, bis es auch mich erwischen würde.

Meine Skrupellosigkeit hatte mittlerweile solch ein erschreckendes Niveau erreicht, dass ich selbst vor einem bewaffneten Banküberfall nicht haltmachen wollte. Als ich eines Tages fest entschlossen war, in einer nahe gelegenen Kleinstadt eine riesige Bank auszurauben, muss es göttliche Fügung gewesen sein, die Schlimmeres verhinderte.

Bewaffnet mit einer täuschend ähnlich aussehenden Plastikpistole machte ich mich auf den Weg. Dort angekommen, nahm ich meine mitgebrachte Mütze und zog sie mir direkt vor der Eingangstür tief in mein Gesicht. Als ich noch einmal durchatmete, um die Bank im nächsten Augenblick völlig planlos zu überfallen, bemerkte ich, dass just in dem Moment, als ich die Treppe zum Eingang hinauflief, mir eine Mitarbeiterin der Bank entgegenkam. Sie nahm mich nur flüchtig wahr, als sie sich plötzlich hinkniete, um die Eingangstür direkt vor meiner Nase für die bevorstehende Mittagspause von innen zu verschließen. Sofort machte ich auf dem Absatz kehrt und verzog mich ganz schnell unverrichteter Dinge. Ich verwarf meinen geisteskranken Plan und zog so etwas auch nie wieder in Betracht.

Mittlerweile trieb ich mein Unwesen als Einbrecher zwei Jahre. Während selbst Cem gemeinsam mit anderen Jugendlichen bei Einbrüchen gestellt und von Gerichten verurteilt worden war, war ich bisher immer ungeschoren davongekommen. Das sollte sich im Sommer 1992 ändern.

Es war noch recht hell draußen, als ich am späten Abend gemeinsam mit Cem in ein Schnellrestaurant einbrach, um von dort aus in einen angrenzenden Supermarkt zu gelangen. Dabei lösten wir durch das Aufhebeln einer Tür unbemerkt den stillen Alarm aus, der mit direktem Kontakt zur Polizei gekoppelt war. Während wir den Supermarkt betraten und uns sogleich nach geeigneter Beute umsahen, beschlich mich plötzlich ein seltsames Bauchgefühl. Ich machte kehrt und lief zum Fenster zurück, wo wir zuvor eingestiegen waren, um nachzusehen, ob die Luft rein war.

Ich wollte meinen Kopf gerade hinausstrecken, als genau in diesem Moment ein Polizeiwagen mit Blaulicht vorfuhr und unmittelbar vor dem Fenster hielt, sodass eine etwaige Flucht unmöglich erschien. Wie durch einen Schwarm Wespen aufgescheucht, liefen Cem und ich orientierungslos durch den Supermarkt und suchten vergeblich nach einem Fluchtweg.

Da sich keiner aufzeigte und wir bemerkten, dass sich die Polizei am Haupteingang des Geschäftes Zutritt verschaffte, sprangen wir beide kurz entschlossen auf die Regale der Tiefkühlware, die durch eine riesige Plane abgedeckt war, und versteckten uns dahinter. Mucksmäuschenstill saßen wir da, während wir die Stimmen von Polizisten vernahmen, die sich auf uns zubewegten. Aber wir hatten keine Chance, unentdeckt zu bleiben. Ein mitgeführter Polizeihund führte sie schließlich direkt zu uns.

Als ein Polizist seitlich hinter die Plane lugte und entdeckte, wie Cem und ich es uns im Schneidersitz auf Milchtüten und abgepacktem Frischkäse gemütlich gemacht hatten, war das Spiel aus. Von allen Seiten brüllten sie uns an, aus unserem Versteck hervorzukommen. Da Cem und mir klar war, dass sie uns an den Eiern hatten, stiegen wir von den Regalen herab und schoben die Plane beiseite, um uns zu ergeben.

Gleich mehrere Polizisten standen bereit, um Cem und mich festzunehmen. In Handschellen gefesselt brachte man uns zur Polizeiwache, wo wir getrennt voneinander in Gewahrsamszellen gesteckt wurden. Cem rief mir noch flüchtig zu, uns am nächsten

Tag in der Stadt treffen zu wollen, bevor man ihn einsperrte. Doch dazu sollte es nicht mehr kommen.

Weil Cem in der Vergangenheit bereits etliche Male mit dem Gesetz in Konflikt geraten war und unter einer laufenden Bewährung stand, entschied die Kriminalpolizei, ihn am darauffolgenden Morgen einem Haftrichter vorzuführen. Dieser zögerte dann auch nicht lange, einen Haftbefehl gegen Cem auszustellen. Man brachte ihn im Anschluss ins benachbarte Gefängnis, um ihn dort in Untersuchungshaft zu nehmen.

Mich dagegen entließ man nach einer unbequemen Nacht auf dem Revier nach Hause, wo mich meine Eltern bereits sehnsüchtig erwarteten. Aufgrund des Einbruchs erfolgte eine routinemäßige Hausdurchsuchung. Meine Eltern fielen aus allen Wolken, als sie durch die Polizei von meiner Beteiligung an einem Einbruch erfuhren und davon, dass Cem ins Gefängnis gesteckt worden war.

Ich hatte noch keinen Schritt in die Wohnung getan, als mein völlig zu Recht erboster Vater wortlos auf mich zukam und mir eine schallende Ohrfeige verpasste. Auch meine sonst so in sich ruhende Mutter schimpfte mit mir. Ich aber ignorierte die beiden und ließ sie links liegen. Mir war die Situation unangenehm, aber nur vor meinen vielen anwesenden Verwandten, die peinlich berührt dreinschauten.

Als ich mich dann auch noch meinem Vater gegenüber gleichgültig verhielt, ließ ihn das nur noch wütender werden. Er warf mich daraufhin einfach aus der Wohnung. Ich verbrachte die Nacht in unserer Gartenlaube, wo ich auf der Couch pennte.

Durch Cems Knastaufenthalt ein wenig verschreckt, ließen wir es erst einmal ruhiger angehen und drehten bis auf Weiteres keine krummen Dinger mehr. Während mein Freund bei hochsommerlichen Temperaturen in einer Zelle schmorte, genoss ich die schöne Jahreszeit.

So nahm ich die Gelegenheit wahr, ein Konzert meines großen Idols Michael Jackson zu besuchen. Der King of Pop machte während seiner „Dangerous World Tour" halt in Bremen. Seit meinem sechsten Lebensjahr zählte ich zu seinen größten Fans. Schon als kleiner Junge tanzte ich zu Hause vor dem Spiegel zu den Klängen von „Billie Jean" und versuchte mich am „Moonwalk".

Nach drei Monaten Untersuchungshaft wurde Cem schließlich aus dem Gefängnis entlassen. Kurz darauf mussten wir uns für den Supermarkt-Einbruch vor Gericht verantworten. Der Richter verurteilte uns zu einer Haftstrafe, die zu einer Bewährung ausgesetzt wurde, was für mich bedeutete, in Zukunft ein straffreies Leben zu führen, da mir ansonsten das gleiche Schicksal blühen würde wie Cem zuvor. Ich nahm das Urteil zur Kenntnis, ohne mir weiter darüber Gedanken zu machen. Von einem straffreien Leben war ich allerdings noch meilenweit entfernt.

In der Zwischenzeit brachte ich mir selbst das Autofahren bei. Sven entwendete die Wagenschlüssel seines Vaters, wenn dieser zu Bett ging. Kurz darauf setzten wir uns hinter das Lenkrad seines Jeeps, um ziellos in der Gegend herumzudüsen. Schon bald tat ich es ihm gleich und nahm die Autoschlüssel meines Vaters an mich, sobald dieser tief und selig schlummerte.

Als sich mein alter Herr am darauffolgendem Morgen ins Auto setzte, musste er verwundert feststellen, dass die halbe Tankfüllung verbraucht war. Oder aber er fand sein Auto wie von Geisterhand bewegt auf einem anderen Parkplatz vor. Wenn er mich daraufhin zur Rede stellte, gab ich natürlich den Ahnungslosen und wusste von nichts. Er beschuldigte dann fälschlicherweise meinen Bruder Nijo, sein Auto gefahren zu haben, der daraufhin blöd aus der Wäsche guckte, da er nichts damit zu tun hatte.

Vorsichtshalber nahm er fortan seine Autoschlüssel mit ins Bett und versteckte sie unter seinem Kopfkissen. Doch auch dort waren sie nicht vor mir sicher. Geduldig wartete ich, bis mein Vater eingeschlafen war, um mich auf Zehenspitzen leise an sein Bett zu schleichen. Wenn er dann laut vor sich hin schnarchte, hob ich behutsam seinen Kopf an, um die Autoschlüssel gaaaannz laaanggssaamm hervorzuziehen.

Einmal ertappte er mich dabei auf frischer Tat. Als mein Vater plötzlich aus dem Schlaf erwachte und erschrocken seine Augen aufriss und mich neben seinem Bett kniend mit einer Hand unter seinem Kopfkissen sah, schlug er mir blitzschnell auf meine Hand, worauf ich laut lachend davonrannte. Am nächsten Morgen bat er mich, mein Handeln zu überdenken, da ich ja noch keinen Führerschein besitzen würde und es somit gefährlich und verantwortungslos sei, Auto zu fahren. Ich gab ihm natürlich recht und versprach, dies in Zukunft zu unterlassen. Sein Auto allerdings nahm ich weiterhin nach Belieben.

Allerdings musste ich den Wagen immer erst einmal in eine Seitenstraße schieben, bevor ich den Motor startete. Die neugierigen Nachbarn, die mich mitten in der Nacht hinter vorgehaltenen Gardinen heimlich dabei beobachteten, wunderten sich sicherlich über meine Aktion. Ich grüßte sie jedes Mal freundlich, während sie Zeugen davon wurden, wie ich das Auto meines Vaters stibitzte.

Einmal war ich sogar so abgebrüht, mir bei einer Autovermietung auf den Namen meines Bruders einen nagelneuen Mietwagen auszuleihen. Und das mit gerade einmal 16 Jahren und, wohlgemerkt, ohne einen Führerschein zu besitzen. Dem dortigen Mitarbeiter erzählte ich einfach, dass mein Bruder, der sich erst Tage zuvor ein Leihwagen bei ihnen ausgeliehen hatte, aus Zeitgründen nicht persönlich erscheinen könne, versicherte ihm aber, dass er im Laufe des Abends den Wagen selbst abholen würde.

Ich muss ziemlich überzeugend gewirkt haben, denn ohne Weiteres gab man mir die Autoschlüssel. Ich brauchte dann nur noch die Rechnung zu begleichen und darauf zu warten, bis sie Feierabend machten, um das Auto mitzunehmen. Was heute undenkbar erscheint, erwies sich damals als ein Kinderspiel.

Selbst zu meiner Ausbildungsstätte fuhr ich mit dem Wagen vor und parkte diesen ganz ungeniert direkt neben dem Auto meines

Ausbilders. Dieser starrte mich ungläubig mit weit geöffnetem Mund an, als ich ganz gelassen aus dem Neuwagen stieg.

Als ich eines Nachts mal wieder verbotenerweise eine Spritztour unternahm, endete diese abrupt gleich bei mir um die Ecke. Ich war gerade von zu Hause losgefahren und auf eine viel befahrene Hauptstraße abgebogen, als plötzlich ein Fahrzeug immer dichter auffuhr. Ein Blick in den Rückspiegel bestätigte meine Befürchtungen. Die Bullen klebten an meiner Stoßstange und forderten mich mit Blaulicht und Stoppsignal auf anzuhalten.

Ich folgte umgehend ihren Anweisungen und hielt auf einem Bordstein. Ich versuchte, gelassen zu wirken, als zwei Polizisten aus ihrem Fahrzeug stiegen und auf das Auto zukamen. Sie begrüßten mich freundlich, als ich das Beifahrerfenster herunterkurbelte. Während einer der beiden mit einer grellen Taschenlampe mir in mein Milchgesicht leuchtete, wollte der zweite von mir wissen, weshalb ich nicht angeschnallt gewesen sei. Das nämlich hatte ihre Aufmerksamkeit erregt.

Nach einem billigen Versuch, mich herauszureden, verlangten sie direkt nach den Wagenpapieren und einem Führerschein, den ich natürlich nicht vorweisen konnte. Jetzt sichtlich nervös gab ich mich spontan als mein zwei Jahre älterer Bruder aus, da er einen gültigen Führerschein besaß, also gab ich einfach seine Personalien an. In der Hoffnung, mit der Story davonzukommen, bot ich ihnen an, die Papiere in den kommenden Tagen bei einer ihrer Wachen vorzuzeigen.

Sie aber ließen sich nicht beirren und glaubten mir offensichtlich kein Wort. Sie gingen auch nicht näher auf mein Angebot ein. Stattdessen erklärte man mir, dass ich zur Feststellung meiner Personalien mit auf ihre Wache kommen müsse, und forderten mich nun auf, auszusteigen.

Ich stieg daraufhin aus dem Auto. Einer der Polizisten begleitete mich zu ihrem Wagen. Ich machte zunächst den Eindruck, als würde ich ihren Anweisung Folge leisten und einsteigen wollen, als der Polizist die hintere Wagentür öffnete und mir befahl, es mir in ihrem Fahrzeug bequem zu machen. Doch unmittelbar davor trat ich die Tür mit voller Wucht wieder zu und rannte in einem Spurt davon.

Augenblicklich ließen sie ihre Polizeisirene aufheulen. Während einer der beiden Polizisten die Verfolgung mit laut quietschenden Reifen aufnahm, versuchte mich der zweite zu Fuß zu stellen. Er schrie mir hinterher, stehen zu bleiben. Ich aber dachte nicht im Traum daran. Wie Usain Bolt rannte ich in gefühlter Jahresbestzeit davon, während ich in die schockierten Gesichter der entgegenkommenden Autofahrer blickte.

Der mich verfolgende Polizist kam mir gefährlich nahe und hätte mich um ein Haar am Kragen zu packen gekriegt. Es gelang mir gerade so, ihm zu entwischen, indem ich von der Straße abwich, in einen Hinterhof lief und dort mit einem Satz über eine hohe Mauer sprang, um mich in einem anliegenden Gebäude im Keller zu verstecken.

Damit hatte ich die Polizei abgehängt. Doch mir leuchtete natürlich ein, dass es nur eine Frage der Zeit wäre, bis sie meine wahren Personalien feststellen würden. Nach kurzer Überlegung hielt ich es für das Beste, mich ihnen zu stellen. Ich verließ mein Versteck und schlenderte seelenruhig zur Hauptwache, wo mich die beiden eben noch verfolgenden Polizisten mit einem synchronen Kopfschütteln begrüßten.

Ich gehöre wahrscheinlich zu den Menschen, die ihrer ersten großen Liebe auf ewig hinterhertrauern werden. Obwohl ich sie jetzt seit über 25.Jahren nicht mehr gesehen habe, denke ich noch sehr häufig an die Zeit zurück, in der wir genau für ein Jahr ein Paar gewesen sind.

Ihr Name war Monika. Eine angehende Abiturientin, die überaus sympathisch daherkam und ein herzliches Lachen besaß. Genau dieses verzauberte mich. Obwohl sie mich um beinahe eine Kopfgröße überragte, war sie genau mein Typ Frau.

Sie lief mir bei einem Stadtbummel über den Weg. Wir kamen miteinander ins Gespräch und die Chemie stimmte auf Anhieb. Schon kurz darauf vereinbarten wir ein Treffen bei Sven zu Hause, wo sie gemeinsam mit ihrer damaligen besten Freundin im Schlepptau erschien.

Wir verbrachten einen netten und harmonischen Abend zu viert. Während wir einander besser kennenlernten, ließ sie mich auch gleich wissen, dass sie im Moment zwar in einer Beziehung sei, diese aber auf Sparflamme laufe. Sie zeigte durchaus Interesse. Und auch ich hatte Gefallen an ihr gefunden.

Was Monika zu diesem Zeitpunkt jedoch mit ziemlicher Gewissheit nicht ahnen konnte, war die Tatsache, dass ich zu jenem Zeitpunkt überhaupt nicht beziehungsfähig war. Hätte sie damals gewusst, wie das bevorstehende Jahr mit mir verlaufen würde, hätte sie mit Sicherheit ganz schnell das Weite gesucht.

Denn unterschiedlicher konnten zwei Menschen nicht sein. Während sie die überaus fleißige Gymnasiastin war, die zielstrebig auf ihr Abitur zumarschierte, eine klare Berufsvorstellung besaß und sich daneben etwas Geld dazuverdiente, indem sie in ihrer feinen Nachbarschaft als Babysitterin fungierte und in ihrer Freizeit in ihrem illustren Freundeskreis lustige Spielabende verbrachte, war ich das krasse Gegenteil.

Im Gegensatz zu Monika hatte ich die Schule bereits vorzeitig geschmissen, weil ich viel zu sehr darauf fokussiert gewesen war, nachts irgendwo krumme Dinger zu drehen. Meine Ausbildung machte ich mehr zum Schein. Und die Gegend, in der ich aufwuchs, war nicht gerade als das Beverly Hills von Neumünster bekannt. Ich irrte völlig planlos umher; an meine persönliche Zukunft verschwendete ich zu jenem Zeitpunkt kaum einen Gedanken.

Ich war noch nicht einmal volljährig, stand aber schon unter einer laufenden Bewährung und mit einem Bein im Knast. Und während Moni sich ausschließlich mit netten Menschen umgab, die kein Wässerchen trüben konnten, kannte ich nur Typen, denen man besser aus dem Weg ging.

Man muss sich das nur mal vorstellen: Wir waren noch nicht einmal ein Paar, als sie meinetwegen gleich vor Gericht vorstellig werden musste. Peinlicher geht es kaum noch. Denn nur kurz nach unserem ersten Treffen begegneten wir uns rein zufällig in einer Diskothek wieder. Wir flirteten ziemlich angeregt miteinander, was ihrem grimmig dreinschauenden Freund, der nur ein paar Meter entfernt stand, verständlicherweise weniger gut gefiel.

Sie gerieten in einen Streit, den ich gemeinsam mit Sven amüsiert von einer gegenüberliegenden Bar aus verfolgte. Nur kurz darauf kam Moni zu mir herüber, um mir entnervt zu berichten, dass sie nach Hause aufbrechen wolle, ihr Freund sich aber weigern würde, ihr ihre Jacke auszuhändigen, die in seinem Auto lag.

Ich bat daraufhin Monika, kurz auf mich zu warten. Ich verließ die Disco gemeinsam mit Sven, um gezielt das Auto ihres Freundes aufzusuchen. Mit der Autoantenne seiner Motorhaube brach ich kurzerhand das Fahrerschloss auf und öffnete die Fahrertür, um Monikas Jacke aus dem Wagen zu nehmen. Als ob nichts gewesen wäre, ging ich wieder hinein und überreichte Monika ihre Jacke. Sichtlich amüsiert und ohne weitere Fragen zu stellen, nahm diese ihre Jacke freudig in Empfang und verabschiedete sich auf bald.

Ihr Freund, der in der Zwischenzeit bemerkt hatte, dass sich jemand an seinem Fahrzeug zu schaffen gemacht hatte, ahnte wohl, wer dafür nur infrage kommen konnte. Aufgebracht kam er auf mich zumarschiert, um mich zur Rede zu stellen. Ich ließ ihn noch nicht einmal richtig zu Wort kommen. Stattdessen riet ich ihm, mir besser nicht auf die Eier zu gehen. Wortlos drehte er sich um und ging – aber nicht nach Hause, so wie ich es annahm, sondern zum Münztelefon, um die Polizei zu rufen. Sie trafen nur wenige Minuten später ein, um Sven und mich abzuführen.

Wegen dieser Kacke hatten wir nun eine Anzeige wegen Sachbeschädigung am Hals und durften schon bald vor Gericht antreten. Dort sah ich dann auch Monika wieder, die als Zeugin vorgeladen wurde. Weil ihr damaliger Freund keinerlei Beweise für unser Vorgehen besaß, wurden Sven und ich recht schnell wegen Mangels an Beweisen freigesprochen.

Zu meiner Überraschung wartete Monika draußen vor dem Gerichtsgebäude auf mich, um sich angeblich nach dem Ausgang der Verhandlung zu erkundigen. Doch war das eher nur ein Vorwand, um mir mit einem Augenzwinkern mitzuteilen, dass sie sich von ihrem Freund getrennt habe und wir somit freie Bahn hätten.

Tatsächlich wurden wir kurz darauf ein Paar. Trotz aller Differenzen lief es anfangs noch ganz harmonisch ab, so wie eine Beziehung eigentlich auch sein sollte. Ich trug die rosarote Brille und meine Gedanken kreisten nur um sie.

Zum Unmut meines Vaters hing ich wie 'ne Tussi stundenlang am Telefon, um mit meiner Freundin zu quatschen. Durch meine Liebelei schoss die Telefonrechnung in die Stratosphäre. Aus Verzweiflung schloss mein Vater das Haustelefon ab, sodass ich fortan gezwungen war, zur nächstgelegenen Telefonzelle zu rennen, um mit meiner Freundin reden zu können.

Monika war solch ein liebenswerter Mensch mit einem sanften Wesen. Ich war über beide Ohren in sie verknallt. Doch anstatt ihr zu zeigen, was sie mir bedeutete, setzte ich schon bald alles daran, sie zu vergraulen.

Nicht alle von uns begangenen Einbrüche liefen reibungslos ab. Bei einigen riskierten wir Kopf und Kragen. So auch eines Nachts, als Ismael und ich gerade dabei waren, das Büro einer Firma zu durchwühlen und plötzlich ein grelles Licht den Raum erhellte. Aufgeschreckt sahen wir durch ein Fenster nach draußen, wo ein Wachmann einer Sicherheitsfirma mit einer Taschenlampe wild fuchtelnd ins Innere leuchtete. Schnell liefen Ismael und ich zum Hinterausgang und machten die Fliege.

Weil ich mir nicht ganz sicher war, ob der Wachmann uns gesehen hatte, blickte ich immer wieder über meine Schulter nach hinten, während ich mit voller Geschwindigkeit davonrannte. Als Ismael dann auch noch meinte, Polizeisirenen vernommen zu haben, zogen wir unser Tempo noch ein wenig an. Wir liefen so schnell, wie wir nur konnten. Dabei bemerkte ich viel zu spät einen in Bauchhöhe liegenden Drahtzaun, der meinen Weg kreuzte. Während Ismael diesen gerade eben noch wahrgenommen hatte und im letzten Moment überwand, knallte ich mit solch einer Wucht dagegen, dass ich ein Looping vorwärts machte und dabei voll auf die Fresse fiel.

Völlig benommen blieb ich liegen und glaubte für einen Augenblick, den Löffel abgegeben zu haben. Mein Oberkörper schmerzte dermaßen, dass ich das Gefühl hatte, mir alle meine Rippen gebrochen zu haben. Nur dank Ismaels Hilfe und einer Portion Adrenalin schaffte ich es, mich wieder aufzurappeln und weiterzulaufen. Als ich mich später zu Hause im Spiegel betrachtete, sah mein Oberkörper aus wie Rübenmus, übersät mit Blutergüssen und blauen Flecken.

Ein weiteres Highlight aus dieser Zeit: Gemeinsam mit Sven, Ismael und Andreas, einem Kumpel, den ich seit Kindheitstagen kannte, räumten wir vier in einer nahe gelegenen Kleinstadt eine Boutique leer. Wir entwendeten Unmengen an Klamotten aus einem Geschäft. Wir waren gerade dabei, die vielen Sachen aus dem Laden zu schleppen und in Ismaels Auto zu schaffen, das wir ziemlich leichtsinnig nur ein paar Meter vom Tatort entfernt auf dem dortigen Marktplatz abgestellt hatten, als mitten in der Nacht plötzlich wie aus heiterem Himmel ein Mann auf der gegenüberliegenden Straßenseite auftauchte.

Er schrie zu uns herüber, dass er alles beobachtet hätte, und drohte, die Polizei zu rufen. Durch sein lautes Organ aufgeschreckt, kam Sven ins Stolpern und ließ einen Berg von Bekleidung einfach auf die Straße fallen. Schnell sprangen wir vier ins Auto, um die Flucht zu ergreifen. Hastig wollte Ismael den Wagen starten, schaffte es aber nicht, den Motor zum Laufen zu bekommen. Mehrmals hintereinander probierte er es vergeblich.

Währenddessen sah ich im Augenwinkel, wie der Zeuge des Einbruchs hochmotiviert und wagemutig auf uns zurannte. Bewaffnet mit zwei Milchkannen in der Hand, die er sich von einer benachbarten Molkerei gegriffen haben musste, holte er aus und schleuderte eine der Kannen mit voller Wucht durchs Beifahrerfenster, worauf die Scheibe in tausend Scherben zersprang.

Ich schrie Ismael an, den Scheißwagen endlich zum Starten zu bekommen, worauf dieser wie verhext plötzlich ansprang und wir mit Vollgas davonbrausten. Da uns allen klar war, dass der Typ in der Zwischenzeit die Polizei alarmiert hatte und diese bereits nach uns fahndete, entledigten wir uns der vielen Klamotten, indem wir sie in einem Waldstück zurückließen. Auf Schleichwegen fuhren wir im Anschluss nach Hause.

Da sich der Zeuge mit Gewissheit das Nummernschild gemerkt haben musste, rieten wir Ismael dazu, das Auto umgehend bei der Polizei als gestohlen zu melden, um so den Verdacht von sich zu lenken. Doch noch bevor er dazu kam, klopfte die Polizei am frühen Morgen an seiner Haustür.

Vehement stritt er jegliche Beteiligung an einem Einbruch ab und wollte ihnen stattdessen die Story vom geklauten Auto verkaufen. Die Polizei aber glaubte ihm kein Wort. Stattdessen nahmen sie ihn mit aufs Revier, um ihn zu verhören.

Ismael landete Monate später auf der Anklagebank. Doch zu unserem Glück erschien der Zeuge der Tatnacht nicht zur Gerichtsverhandlung. Weil man ihm so eine direkte Beteiligung nicht nachweisen konnte und auch kein Diebesgut gefunden wurde, durfte sich Ismael über einen Freispruch freuen.

Da ich in manchen Nächten das Zehnfache an Kohle erbeutete von dem, was mir an Lehrgeld ausbezahlt wurde, betrachtete ich meine Ausbildung als überflüssig. Ich war mittlerweile im zweiten Lehrjahr, doch sah ich es nicht mehr ein, in der Frühe aufzustehen, um den halben Tag sinnlos in der Küche zu vergeuden. Dafür war mir meine Zeit viel zu kostbar geworden. So beschloss ich im Sommer 1993 in meinem jugendlichen Leichtsinn von einem Tag auf den anderen ganz spontan, meine Ausbildung abrupt zu beenden.

Doch nicht ohne zuvor noch an meinem Arbeitsplatz einzubrechen. Die Wechselgeldkassette in der Verwaltung hatte es mir angetan und diese wollte ich zum Abschluss noch gerne an mich nehmen. Gemeinsam mit meinem Kumpel Ismael im Schlepptau schlich ich mich eines Abends auf das Gelände der Lehrwerkstatt. Auf der Rückseite des Gebäudes brachen wir ein Fenster auf, wobei wir die Scheibe versehentlich beschädigten und sie in Scherben zersprang.

Während Ismael draußen Schmiere stand, stieg ich ein. Obwohl ich mich die letzten zwei Jahre praktisch jeden Tag an diesem Ort aufgehalten hatte, muss mir die Alarmanlage irgendwie entgangen sein. Ich hatte noch keine zwei Schritte in den Raum getan, als sie plötzlich laut aufheulte. Zu Tode erschrocken sah ich zu Ismael hinüber, der sich in diesem Moment in einer Staubwolke auflöste.

Um der Peinlichkeit zu entgehen, auf frischer Tat am eigenen Arbeitsplatz ertappt und verhaftet zu werden, wollte ich da so schnell wie möglich wieder raus. Hastig sprang ich auf einen Tisch, der direkt vor dem Fenster stand, um wieder ins Freie zu gelangen. Doch das misslang mir völlig.

Ich trat mit meinem Fuß auf die Tischkante, worauf ich – bedingt durch mein Gewicht – den ganzen Tisch zum Umkippen brachte. Ich rutschte ab und fiel dabei so unglücklich, dass ich mit meinem Gesicht mitten in die kaputte Fensterscheibe knallte. Dabei zog ich mir eine tiefe Fleischwunde an meinem Kinn zu. Die untere

Partie meines Gesichtes blutete so stark, dass meine Klamotten in Sekundenschnelle blutüberströmt waren. Zu allem Überfluss griff ich auch noch panisch in den von Glasscherben übersäten Rahmen und schnitt mir dabei so tief in meinen kleinen Finger, dass die Wunde beinahe bis zum Knochen aufklaffte.

Nur mit viel Mühe schaffte ich es, mich aus meiner misslichen Lage zu befreien und davonzurennen. Ismael traf ich in sicherer Entfernung von einigen Hundert Metern. Beim Anblick meines Zustandes schien er völlig schockiert zu sein. Ich stand immer noch dermaßen unter Adrenalin, dass ich nicht bemerkte, dass mein Gesicht und meine Klamotten mittlerweile völlig blutverschmiert waren. Man hätte davon ausgehen können, ich würde gerade von den Dreharbeiten zu „Stirb langsam" kommen, um Bruce Willis zu doubeln.

Er fuhr mich umgehend ins Krankenhaus, wo ich ambulant behandelt wurde. Als ich nur einige Tage später an den Ort des Geschehens zurückkehrte, um mich ziemlich lädiert von meinem Ausbilder zu verabschieden, grinste dieser verschmitzt, so als ahnte er, auf wessen Kappe der Einbruch ging. Er wünschte mir jedenfalls viel Glück für meinen weiteren Lebensweg.

Als wir eines Nachts in ein chinesisches Geschäft einbrachen und in einem der Nebenräume nach Beute suchten, stießen wir unversehens auf einen kleinen, auf einer Matratze vor sich hin schlummernden Asiaten. Dieser rieb sich mehrmals verwundert die Augen, als wir mitten in der Nacht plötzlich in seinem Geschäft nebeneinander aufgereiht vor seinem Bett standen. Er starrte uns nur fragend an und gab dabei keinen Mucks von sich. Wir mussten laut loslachen, als wir daraufhin den Laden verließen und dieser uns noch völlig verschlafen und mit zerzausten Haaren mehr als irritiert hinterhersah.

Bei einem Einbruch, den wir zu viert begingen, entwendeten Cem, Ismael, Sven und ich knapp 10.000 DM. Zur Feier des Tages fuhren wir noch in derselben Nacht nach Berlin, um unsere Beute gleich wieder zu verprassen. Mitten auf dem Ku'damm ließen wir im legendären „Big Eden“ die Puppen tanzen. Da Sven allerdings seit Neustem einen für uns nicht typischen und unakzeptablen Weg einschlug, der uns allen missfiel, ließen wir ihn zu Hause.

Sven war auf die Schnapsidee gekommen, groß ins Haschischgeschäft einzusteigen. Von dem Geld, das wir bei unseren nächtlichen Raubzügen erbeuteten, kaufte er sich eine ganze Menge an Vorrat, um es gewinnbringend weiter zu verticken. Doch, anstatt das Zeug zu verkaufen, zog er sich das meiste davon selbst rein. Sven hatte es sich neuerdings zur Gewohnheit gemacht, ständig zu kiffen. Er nutzte beinahe jede Gelegenheit, sich einen Joint zu drehen, um sich die Birne mit Marihuana vollzudröhnen. Auch auf sein Äußeres legte er nicht mehr so viel Wert und ließ sich immer öfter gehen.

Ganz zu schweigen von dem Blödsinn, den er zu verzapfen anfing. Ganz offensichtlich vertrug er das viele Zeug nicht, das er sich in Unmengen reinzog. Er gab nur noch Schwachsinn von sich und ging uns allen damit mächtig auf die Nerven. So auch als wir einmal gemeinsam mit ihm am Wochenende nach Holland fuhren, um in Amsterdam Party zu machen. Während Cem und ich uns amüsierten und nach hübschen Mädchen Ausschau hielten, sah Sven sich lieber nach geeignetem Dope um – wofür Amsterdam bekanntlich das Mekka schlechthin war.

Sven lebte mittlerweile in seiner eigenen Wohnung und scheinbar auch in seiner ganz eigenen Welt. Schnell wurde seine Adresse zu einer bekannten Anlaufstelle für Haschischkonsumenten. Viele zwielichtige Gestalten trieben sich neuerdings bei ihm herum. Kaputte Typen, mit denen wir nichts zu tun haben wollten, suchten ihn auf, um sich bei ihm ihre Drogen zu beschaffen. Oftmals konsumierten sie auch gemeinsam.

Sein Verhalten erschreckte mich und auch die anderen Jungs. Es sah ihm überhaupt nicht ähnlich, und keiner von uns hieß es gut. Ständig rieten wir ihm, mit dem Scheiß aufzuhören. Sven aber wollte nicht auf uns hören. Auf freundschaftliche Ratschläge reagierte er nicht mehr. Das war die Zeit, als wir langsam anfingen, Abstand von ihm zu nehmen.

Der Bosnienkrieg war mittlerweile im vollen Gange. Meine Eltern erreichte die Hiobsbotschaft, dass sich ihr Haus praktisch über Nacht im wahrsten Sinne des Wortes in Luft aufgelöst hatte. Ein Raketenbeschuss zerstörte ihren lang ersehnten Traum, irgendwann einmal in ihre Heimat zurückkehren zu können. Meine Eltern schienen sehr betroffen über diese Nachricht. Es muss schon ziemlich frustrierend für sie gewesen sein, realisieren zu müssen, über Jahrzehnte einen hohen Kredit abzahlen zu müssen, von dem am Ende nicht mehr als ein Trümmerhaufen übrigblieb.

Dafür kehrte zu Hause wieder ein wenig Normalität ein. Alle meine angereisten Verwandten wurden in einer Unterkunft für Flüchtlinge aus dem Balkankrieg untergebracht. Auch einer meiner Onkel und meine Tante waren in der Zwischenzeit aus Bosnien angereist und lebten jetzt in Neumünster. Bis auf einen weiteren Onkel, der noch immer in Bosnien die Stellung hielt, lebte niemand meiner nahen Verwandten mehr in Jugoslawien. Viel zu ungewiss und noch immer zu gefährlich schien die Lage dort.

Meine Eltern waren zu jener Zeit eigentlich nie zu Hause. Wenn ich am späten Vormittag so langsam wach wurde, waren sie bereits ausgeflogen und kehrten in der Regel erst am späten Abend heim. Ebenso meine Geschwister. Ich tat nichts Sinnvolles und lebte einfach in den Tag hinein. So richtig motiviert war ich nicht.

Finanziell ging es mir gut, deshalb sah ich keinen Bedarf, einer anständigen Arbeit nachzugehen. Und weil mir jetzt auch noch genügend Zeit zur Verfügung stand, tat ich das, wozu ich gerade Lust hatte. Während andere Leute in meinem Alter einer geregelten Arbeit nachgingen, eine Ausbildung absolvierten, studierten oder sonst etwas Sinnvolles mit ihrem Leben anstellten, besaß ich überhaupt keine Zukunftspläne. Ich wusste nicht, wohin die Reise führte.

In einem belebten Szene-Café in der Innenstadt von Neumünster, das überwiegend von angehenden Studenten besucht wurde, traf ich mich regelmäßig mit meinem großen Freundeskreis. Während die „normalen Bürger" brav und zivilisiert dasaßen, sich nett unterhielten und dabei ihren Roibusch-Vanille-Tee tranken, fielen unsere Leute komplett aus dem Rahmen. Da ich dort auch meinen Bruder und dessen Freunde vorfand, nahmen wir gleich den halben Laden in Beschlag – überwiegend Schwarzköpfe verschiedenster Nationalitäten, die auffallend laut Karten um Geld spielten.

Die anwesenden Gäste warfen uns irritierte Blicke zu, rümpften die Nase und verhielten sich uns gegenüber reserviert, zum Teil auch verängstigt oder gar eingeschüchtert. Sie wussten, dass die wenigsten von uns einer geregelten Arbeit nachgingen, aber dennoch mit viel Bargeld um sich schmissen, sich die neusten Markenklamotten leisteten und in Edelschlitten vorfuhren. Man musste keine hellseherischen Fähigkeiten besitzen, um zu wissen, dass es hierbei nicht mit rechten Dingen zugehen konnte. Viele aus meinem Freundeskreis waren mittlerweile so bekannt wie ein bunter Hund. Ich kannte kaum eine ehrliche Haut. Die meisten von ihnen hatten Dreck am Stecken.

1993 zählte ich Florian als neuen besten Freund dazu. Ein Sinti väterlicherseits. Wir kannten uns schon seit Jahren, da wir in derselben Nachbarschaft aufgewachsen waren. Auch hatten wir dieselbe Schule besucht. In unserer Jugend hatten wir uns regelmäßig getroffen, um uns im Hof des Nachbars bei schönem Wetter packende Softball-Matches zu liefern. Später wechselten wir dann auf den Tennisplatz, um uns dort die Bälle um die Ohren zu schlagen.

Doch so richtige Freunde wurden wir erst viel später. Florian lernte die Clique kennen und so war es nur eine Frage der Zeit, bis auch er sich in die Riege der Einbrecher einreihen würde. Wir beide sollten schon bald jeglichen Rahmen sprengen und alles Vorherige in den Schatten stellen.

Bei einem gemeinsamen Abendessen eröffnete Monika mir, dass es ihr ein lang ersehnter Wunsch sei, nach ihrem Abitur für ein Au-pair-Jahr in die USA zu reisen. Der Gedanke, sie für ein ganzes Jahr nicht bei mir zu haben, stimmte mich natürlich traurig. Doch anstatt die verbleibende Zeit, die mir noch mit ihr blieb, zu genießen, setzte ich alles daran, sie loszuwerden.

Ich fing an, ihr Vorschriften zu machen und ihr Dinge zu verbieten. Ich gab den Obermacker und spielte mich ihr gegenüber pausenlos auf. Ich lästerte über ihre Schwester, die mir immer nur nett und freundlich entgegentrat. Den Kontakt zu ihren Freunden, die ich kaum kannte, wollte ich durchweg unterbinden. Natürlich waren sie mir allesamt unsympathisch. Ich empfand sie als spießig und langweilig. Insgeheim eher deswegen, weil sie im Gegensatz zu mir alle dabei waren, etwas Sinnvolles aus ihrem Leben zu machen.

Harmonische Momente wurden rar in unserer Beziehung. Während Monika voller Vorfreude zu unseren Treffen erschien und auf traute Zweisamkeit hoffte, sorgte ich regelmäßig dafür, dass die Treffen für sie in einer Enttäuschung endeten. Ihr gesamter Freundeskreis riet ihr inzwischen von einer Beziehung mit mir ab, nachdem sie mitbekamen, wie gestört ich mich ihr gegenüber verhielt. Eine bescheuerte Aktion jagte die nächste. Ich führte mich wie ein kleiner Taliban auf.

Den Vogel schoss ich ab, als mich eines Abends Monikas Vater anrief, um mich zur Rede zu stellen. Scheinbar drang es schon bis zu ihren Eltern durch, dass ich damals einen an der Waffel hatte. Doch anstatt die Klappe zu halten und ihrem Vater Respekt entgegenzubringen, textete ich auch ihn mit wirrem Gelaber zu. Während ich nur Schwachsinn von mir gab, realisierte ihr Vater wohl, dass es sinnlos war, ein normales Gespräch mit mir zu führen. Nachdem er mich lauthals ausgelacht hatte, tat er das Beste, was er nur tun konnte, indem er den Hörer einfach auflegte und damit das Gespräch beendete. Mit Sicherheit war ich ihm kein bisschen gewachsen und überdies auch viel zu primitiv.

Monika, die in diesem Moment direkt neben mir saß und alles mit anhören musste, war sich sicher, dass ich jetzt komplett verschissen hätte. Ich aber war total unterbelichtet und begriff zuerst gar nicht, dass ich gerade im Eiltempo dabei war, sie durch mein kindisches Verhalten zu verlieren. Ich kapierte gar nichts und hielt es auch weiterhin nicht für nötig, mich zu ändern. So zog sich mein Machogehabe wie ein roter Faden durch unsere Beziehung. Ich weiß bis heute nicht, weshalb sie überhaupt so lange an mir festhielt. Jedenfalls machte ich ihr die Entscheidung, nach Amerika zu fliegen, immer einfacher.

Ich hatte ihnen noch davon abgeraten, so spätnachts die Abkürzung durch die City zu nehmen, sie aber wollten ja nicht auf mich hören. Gemeinsam mit Florian, Sven und Ismael begingen wir an nur einem Abend in Bad Schwartau gleich mehrere Einbrüche. Die Beute betrug einige Tausend DM.

Als wir uns spätnachts auf den Nachhauseweg machten, hielt ich es für das Sicherste, über die Autobahn zu verduften. Als Einziger sah ich wohl die Gefahr, noch von einer Polizeistreife angehalten und kontrolliert zu werden. Die Jungs aber setzten ihren Willen durch und entschieden sich für die kürzere Variante, mitten durch das auf dem Weg liegende Lübeck zu fahren. Ein fataler Fehler, wie sich umgehend herausstellte.

Die Stadtgrenze lag schon in Sichtweite und wir wären höchstwahrscheinlich davongekommen, wäre nicht plötzlich auf der Gegenfahrbahn ein Streifenwagen der Polizei aufgetaucht. Als sie unsere Höhe erreichten, versuchten wir uns so unauffällig wie möglich zu verhalten, indem wir wie Wachsfiguren stur geradeaus blickten. Wir hofften, dass sie uns ignorieren und einfach vorbeifahren würden.

Als ich leicht zu ihnen hinüberschielte, sah ich in die Gesichter zweier Polizisten, die penetrant zu uns herübersahen. Zu dieser Schlafenszeit waren wir weit und breit das einzige Auto, das noch auf der Straße fuhr. Doch kaum hatten sie uns passiert, drückten sie umgehend aufs Bremspedal, wendeten ihren Wagen und fuhren uns hinterher.

Schnell versteckten Ismael und Florian, die vorn saßen, ihr erbeutetes Geld, indem sie Hunderte DM unter die Sonnenblende legten und etliche Geldscheine in den Aschenbecher stopften.

Mit einem Stoppsignal forderte die Polizei uns schließlich auf anzuhalten. Während Ismael das Auto auf einem Bordstein zum Stehen brachte, riefen wir uns noch gegenseitig zu, cool zu bleiben. Als die beiden Polizisten aus dem Fahrzeug stiegen und an das Auto traten, rechneten wir alle damit, dass es zu einer routinemäßigen Überprüfung der Personalien kommen würde. Doch was dann folgte, war an Kuriosität kaum zu überbieten.

Mit einem überaus ernsten Gesichtsausdruck verlangte der Polizist nach einer Erklärung, was es mit der Pistole auf sich habe, die für jedermann sichtbar auf der hinteren Ablage lag. Völlig verdutzt blickten wir alle über unsere Schultern, wo doch tatsächlich eine Pistole abgelegt worden war. Daraufhin ergriff Sven das Wort und klärte die Polizei – sowie auch uns – darüber auf, dass es sich hierbei um eine Schreckschusspistole handele, die er ohne jeden Zweck einfach so von zu Hause mitgenommen habe. Und weil sie ihm beim Tragen zu unbequem geworden sei, habe er sie während der Fahrt einfach auf die Ablage gelegt. In seinem wirren Haschkopf hatte er sie dann wieder einzustecken vergessen. Keiner von uns hatte dies vorher bemerkt, geschweige gewusst, dass er eine Knarre mit sich führte. Völlig überflüssig brachte er uns jetzt in Erklärungsnot. Die Aufmerksamkeit der beiden Polizisten war uns auf jeden Fall sicher.

Sie befahlen uns allesamt aus dem Auto zu steigen. Wir folgten ihren Anweisungen und stiegen nacheinander aus dem Fahrzeug. Während einer der beiden Polizisten uns im Auge behielt, setzte sich der andere ins Auto und fing an, es zu durchstöbern. Es dauerte nur einen Augenblick, bis er auf unser gesamtes Einbruchswerkzeug stieß.

Unter der Fußmatte der Fahrerseite fielen ihm beim Hochheben Schraubendreher und Brechstangen in die Hände. Und als er dann noch die Sonnenblende herunterklappte und ihm die vielen Geldscheine praktisch in den Schoß fielen, war unser Schicksal besiegelt. Als Zugabe quoll ihm beim Öffnen des Aschenbechers dann auch noch Florians Nachtbeute entgegen.

Hastig sprang der Polizist aus dem Auto und befahl mit einem scharfen Ton und einer Hand auf seinem Pistolenhalfter, uns nicht mehr zu rühren. Per Funkgerät forderten sie weitere Verstärkung an. Keine fünf Minuten später trafen mehrere Streifenwagen der Polizei und zahlreiche Polizisten vor Ort ein. Sie nahmen uns allesamt fest.

Man brachte uns auf eine Wache nach Bad Schwartau, ausgerechnet an den Ort, wo wir eben erst noch beim Einbrechen aktiv gewesen waren. Wir vier verbrachten die Nacht getrennt voneinander in unbequemen Gewahrsamszellen. Nachdem man uns am nächsten Morgen beim Verhör durch die Kripo mit den mittlerweile aufgedeckten Einbrüchen der Nacht konfrontiert hatte und es aufgrund der eindeutigen Beweislast sinnlos gewesen wäre, die Taten zu leugnen, machten wir nach vorheriger Absprache untereinander reinen Tisch. Daraufhin entließ man uns am frühen Morgen wieder in die Freiheit.

Monate später landeten wir vier auf der Anklagebank. Der Richter sprach uns allesamt schuldig. Die Strafe fiel dennoch ziemlich mild aus. Obwohl wir einen beträchtlichen Schaden angerichtet hatten, wurde, was mich betraf, meine bereits laufende Bewährung um ein weiteres Jahr aufgestockt. Ich nahm dies wieder mal einfach so zur Kenntnis, ohne mich davon wirklich beeindrucken zu lassen. Eigentlich hätte ich froh sein müssen, dass der Richter meine noch laufende Bewährung nicht widerrief, was für mich dann Knast bedeutet hätte. Nur dank seiner Milde blieb ich weiterhin auf freiem Fuß.

Ich hatte mittlerweile mehr Glück als Verstand. Durch meine beinahe schon beängstigende Gleichgültigkeit reizte ich mein Glück bis zum Gehtnichtmehr aus. Dass uns die erteilten Strafen nicht weiter juckten, zeigte sich nur kurz nach unserer letzten Gerichtsverhandlung. Ich war dem Gefängnis soeben noch knapp entronnen und stand unter laufender Bewährung, als wir vier erneut in einer an der Ostsee gelegenen Kleinstadt in ein Bekleidungsgeschäft einbrachen und es komplett leer räumten. Bis auf die Kleiderbügel ließen wir nichts zurück.

Um so viel Ware wie nur möglich mitzunehmen, fuhren wir die Strecke von 80 Kilometern von Neumünster bis zum Geschäft gleich mehrmals in dieser Nacht. Dabei war das Auto jedes Mal bis unters Dach vollgestopft mit Bekleidung, sodass nur noch unsere Köpfe unter einem Berg von Klamotten herausragten. Als wir zum letzten Mal die Stadtgrenze passieren wollten und schon von einem reibungslosen Ablauf ausgingen, flackerte plötzlich hinter einer Kurve Blaulicht auf.

Ich hatte keine Möglichkeit mehr zu wenden und die Flucht zu ergreifen, als im nächsten Augenblick etliche Polizeiwagen in Sichtweite auftauchten, die mitten auf der Straße standen. Wir alle waren überzeugt davon, dass uns irgendjemand bei dem Einbruch gesehen haben musste und man unseretwegen eine Polizeisperre errichtet hatte.

Ein Polizist war deutlich sichtbar am Fahrbahnrand postiert und winkte uns mit einer Taschenlampe zu sich heran. Ich war mir absolut sicher, dass wir vier uns in wenigen Augenblicken in Handschellen gefesselt auf dem Straßenasphalt wiederfinden würden.

Keiner von uns sprach auch nur ein Wort. Angespannt bis auf die Knochen fuhr ich im Schritttempo den Polizisten entgegen. Doch als wir uns ihnen bis auf wenige Meter näherten, schenkte man uns plötzlich zu unser aller Erstaunen kaum noch Beachtung. Ein Polizist warf uns nur einen flüchtigen Blick zu, bevor er uns mit seiner Taschenlampe zügig durchwinkte.

Erst jetzt erkannten wir, dass sich genau an dieser Stelle nur kurz zuvor ein schwerer Unfall ereignet hatte und die Polizei damit beschäftigt war, die Unfallstelle abzusichern. Vollbeladen mit Diebesgut fuhren wir beinahe in Zeitlupe an den vielen herumstehenden Polizisten vorbei, die uns allesamt ignorierten. Wir konnten unser Glück kaum fassen. Kaum hatte ich die Unfallstelle passiert, trat ich das Gaspedal durch und brauste mit Vollgas davon.

Mit Monika und mir ging es derweilen unaufhaltsam dem Ende entgegen. Ich lief zur Höchstform auf. Als sie eines Tages mit ihren Freundinnen ohne mein Wissen eine Theateraufführung besuchte, flippte ich regelrecht aus. Wie hatte sie es nur wagen können, ohne mein Wissen dorthin zu fahren?! Ich war so was von irre!!!

Als ich von der Sache Wind bekam, fuhr ich gemeinsam mit Cem und Florian zu der Aufführung, um sie zur Rede zu stellen. Wie ein Vollidiot platzte ich mitten in die Vorstellung hinein und hielt im Publikum Ausschau nach ihr. Ich entdeckte sie in einer der Zuschauerreihen. Lieb, wie sie immer war, saß sie einfach nur da und amüsierte sich über das Theaterstück. Als sie mich erblickte, schien sie noch nicht einmal überrascht zu sein. Mit einem Fingerzeig befahl ich ihr, mir nach draußen zu folgen. Sie folgte mir stillschweigend, sicherlich sich dessen bewusst, was gleich wieder folgen würde.

Ich wäre damals nicht ich gewesen, hätte ich sie nicht, kaum dass wir vor die Tür getreten waren, augenblicklich mit meinem Schwachsinn vollgelabert. Was ihr einfallen würde, ohne mein Wissen auszugehen! Diesmal hörte sie sich ganz entspannt an, was ich ihr Lächerliches zu sagen hatte. Als ich mit meinem minutenlangen dummen Geschwafel endlich fertig war, entgegnete Monika mir nur, dass ich nicht alle Tassen im Schrank hätte, und riet mir, mich gefälligst meinem Alter entsprechend zu verhalten und mal erwachsen zu werden.

Das hatte gesessen. Ich war sprachlos, denn so eine Reaktion hätte ich von ihr nicht erwartet. Daraufhin fiel mir natürlich nichts mehr ein. Und da mir meine ohnehin überaus beknackten Argumente ausgingen und ich mir vor meinen beiden Kumpels, die einige Meter entfernt standen, nicht die Blöße geben wollte, mich komplett zum Deppen zu machen, gab ich zum ersten und einzigen Mal in meinem Leben einer Frau eine Ohrfeige. Und das völlig grundlos.

Ihre beiden Freundinnen, die aus der Ferne alles mit angesehen hatten, stürmten auf mich zu. Sie schrien mich an, ob ich nicht ganz dicht sei, und nahmen Monika beiseite. Die Situation schien zu eskalieren, als eine der beiden Freundinnen anfing, sich mit Florian in die Haare zu kriegen. Ohne Vorwarnung spuckte sie ihm ins Gesicht, was dieser sich natürlich nicht bieten ließ, worauf er sie so heftig schubste, dass sie beinahe das Gleichgewicht verloren hätte und hingefallen wäre.

Mir wurde die ganze Aktion jetzt doch ziemlich unangenehm und es war mir peinlich, weswegen ich es für das Beste hielt, wieder zu verduften. Nicht jedoch ohne Monika noch zuzurufen, dass es das mit unserer Beziehung gewesen sei. Sie aber ließ mich einfach stehen und schenkte mir keine Beachtung mehr.

Ich war überzeugt, dass unsere Beziehung an diesem Tag ein Ende genommen hatte. Monika hätte jetzt eigentlich in einem Konfettiregen stehen und in Jubelschreie ausbrechen müssen, erleichtert darüber, einen Schlussstrich zu ziehen. Umso überraschter war ich, als sie mich nur Tage später nach dieser Peinlichkeit zu Hause anrief, um mich um ein klärendes Gespräch zu bitten. Ausgerechnet sie, wo sie sich doch überhaupt nichts zuschulden hatte kommen lassen.

Natürlich stimmte ich sofort einem Treffen zu. Insgeheim hatte ich gehofft, dass sie sich noch einmal melden würde. So kam es schließlich in einem Restaurant zur Aussprache. Und weil ich die ganze Sache am liebsten ungeschehen machen wollte und sie wissen ließ, dass es mir leidtat, dauerte es auch nicht lange, bis es zu einem Versöhnungskuss kam.

Obwohl ich Monika bis zu diesem Zeitpunkt mindestens tausend Gründe gegeben hatte, mich zum Teufel zu jagen, hielt sie noch immer an uns fest und glaubte weiterhin an uns. Doch schon bald machte ich all ihre Hoffnungen auf eine harmonische und liebevolle Beziehung endgültig zunichte. Nur kurz nachdem es zur Versöhnung gekommen war, setzte ich allem die Krone auf.

Monika machte im Sommer 1994 Abitur. Ihr Jahrgang wollte dieses Ereignis gebührend feiern, indem eine Party geplant wurde. Da diese Party nur wenige Tage vor Monikas Abreise nach Amerika stattfinden sollte, fiel der Termin der Fete für mich eher ungünstig aus. Besitzergreifend wie ich war, wollte ich sie die letzten Stunden, die sie noch in meiner Nähe war, ganz für mich alleine haben.

Ich plante, ein Zimmer in einem schicken Hotel zu buchen, in dem wir schon zu Weihnachten einen unserer seltenen harmonischen Momente miteinander verlebt hatten. Doch Moni war von meinem Vorschlag weniger angetan. Sie wollte gerne an der Feier zugegen sein, um sich dort von ihren Freunden zu verabschieden.

Daher schlug sie den Kompromiss vor, am Tag nach der Party mit mir ins Hotel zu gehen, was eigentlich überhaupt kein Problem gewesen wäre. Doch ich war starrsinnig und beharrte auf meinem Termin. Ich setzte ihr regelrecht die Pistole auf die Brust.

Doch so scheiße, wie ich mich ihr gegenüber die ganze Zeit verhielt, war es keine Überraschung, dass sie sich am Tage der Party lieber aufmachte, mit ihren Freunden zu feiern, statt Gefahr zu laufen, den Abend in einem Streit mit einem Gehirnamputierten enden zu lassen.

So saß ich am Tage der Abiparty allein im Hotelzimmer und wartete vergebens auf ihr Erscheinen. Als mir nach Stunden der Warterei bewusst wurde, dass sie nicht auftauchen würde, rief ich beleidigt bei ihrer Schwester an, die mir bestätigte, dass sich Monika längst auf den Weg zur Feier gemacht hatte.

Daraufhin machte ich mich mit dem Taxi auf den Weg zu ihr. Die Party war bereits in vollem Gange, als ich mächtig geladen dort ankam. Ich erkannte einige ihrer Klassenkameraden draußen herumstehen und bat diese in gespielter Gangstermanier, Monika von meiner Anwesenheit zu informieren.

Et voilà, nur Augenblicke später kam sie angetrudelt. Und weil sie mich nur zu gut kannte und ahnte, wie es gleich weitergehen würde, und um sich nicht vor ihrem anwesenden Freundeskreis blamieren zu müssen, bat sie mich, in ihrem Auto Platz zu nehmen. Doch auf mich war wie immer Verlass. Kaum saßen wir in ihrem Wagen, machte ich meinem aufgestauten Ärger sofort Luft.

Ich schrie sie an, was ihr einfallen würde, mich einfach so zu versetzen. Dabei versuchte ich ihr ein schlechtes Gewissen einzureden. Dass ihr unsere Liebe nichts bedeuten würde und weiteren gewohnten Bullshit. Ich ließ sie wissen, wie enttäuscht ich von ihr sei.

Minutenlang prasselten gemeine Vorwürfe auf sie ein. Dabei ließ ich Monika nicht den Hauch einer Chance, sich zu erklären. Wie ein Häufchen Elend kauerte sie hinter ihrem Lenkrad und war den Tränen nahe. Begriffsstutzig wie ich zu jener Zeit war, stellte ich die komplette Beziehung infrage, ohne auch nur im Geringsten kapiert zu haben, dass ich derjenige war, der die Beziehung von Anfang an mit diesem primitiven und unreifen Verhalten zerstörte.

Durch mein Herumgebrülle alarmiert, stellten sich viele ihrer Schulfreunde demonstrativ ums Auto herum, während sie mir zornige Blicke zuwarfen. So gereizt, wie ich in diesem Moment war, sprang ich aus dem Auto und rief ihnen zu, dass sie sich verpissen sollten. Ein zotteliger Typ versuchte beruhigend auf mich einzureden, indem er mir ein Bier anbot und mich sogar zum Feiern mit einlud.

Eigentlich eine schöne Geste und richtig nett gemeint. Vom Typ her waren das alles die Art der Leute, mit denen ich heute so befreundet bin. Doch damals muss ich mich wohl für einen richtig coolen Gangstertypen gehalten haben und alle diese Leute unter meinem nicht vorhandenen Niveau. Um auf seine freundliche Geste „standesgemäß“ zu reagieren, fiel mir dann natürlich auch nichts Besseres ein, als ihn zu beleidigen. Ich bemerkte überhaupt nicht, dass ich mich in diesem Moment so richtig zum Affen machte und bis auf die Knochen blamierte.

Nachdem ich es in kürzester Zeit geschafft hatte, ein Dutzend von Monikas Freunden gegen mich aufzubringen, brach ich meine hirnrissige Diskussion abrupt ab und trat, ohne mich von Monika zu verabschieden, die Heimreise an. Leider hatte sich mein Taxi mittlerweile aus dem Staub gemacht, sodass ich den kilometerlangen Weg bis zu mir nach Hause zu Fuß gehen musste. Es passte dann auch zur Gesamtsituation, dass ausgerechnet in diesem Moment strömender Regen einsetzte.

Ich watschelte schon eine ganze Weile und war nass bis auf die Knochen, als mich Monika mit ihrem Auto einholte. Ohne dass wir auch nur ein Wort miteinander wechselten, fuhr sie mich in mein zuvor gebuchtes Hotel zurück und im Anschluss wieder nach Hause.

Wieder mal war es mir gelungen, eine Glanzleistung zu vollbringen. Ich hatte ihr nicht nur ihre Abschlussparty voll versaut, sondern es auch noch geschafft, sie vor ihren Freunden zu blamieren. Ein Grund mehr, mich auf ewig zu hassen.

Einen Tag vor ihrer Reise in die USA kam sie noch mal ins Hotel, um sich mit mir auszusprechen. Wir machten uns keine Illusionen. Wir wussten beide, dass es das mit unserer Beziehung gewesen war. Letztendlich waren wir aber zu feige, einen endgültigen Schlussstrich zu ziehen, und beschlossen deshalb, das Schicksal entscheiden zu lassen. Insgeheim wusste ich jedoch, dass ich sie verloren hatte. Zu guter Letzt schliefen wir ein letztes Mal miteinander, bevor wir gemeinsam das Hotel verließen und uns innig voneinander verabschiedeten.

Doch wie der Zufall es so wollte, lief mir Monika nur eine Stunde später noch einmal in der Innenstadt über den Weg. Wie ein frisch verliebtes Paar schlenderten wir noch einmal Händchen haltend in einen nahe gelegenen Park und nahmen auf einer Bank Platz. Eng umschlungen und ohne auch nur ein Wort miteinander zu sprechen, genossen wir unbewusst die allerletzten Momente unserer turbulenten Beziehung.

Nach einer Weile verabschiedete sie sich erneut von mir, indem sie mir einen langen und zärtlichen Abschiedskuss gab, bevor sie aufstand und für immer ging. Ich dagegen blieb weiterhin sitzen und schaute ihr traurig hinterher, bis sie schließlich aus meinem Blickfeld verschwunden war.

Heute, mehr als ein Vierteljahrhundert danach, frage ich mich gelegentlich, was wohl gewesen wäre, hätte ich mich damals nicht wie ein absoluter Volltrottel benommen. Hätte ich mich ihr gegenüber respektvoller und vor allen Dingen liebevoller verhalten. Vielleicht hätte sie sich anders entschieden und wäre nicht in die USA geflogen und alles wäre anders gekommen. Manche Menschen treten als Segen in unser Leben, andere als Lektion. Sie war mit Gewissheit beides zugleich und unsere Beziehung galt in Zukunft als Paradebeispiel dafür, wie ich es nie wieder in einer neuen Beziehung machen wollte.

Nur zu gerne würde ich mich bei ihr entschuldigen und ihr sagen, was für ein liebenswerter Mensch sie war. Obwohl ich sie jetzt so lange nicht mehr gesehen habe, zaubert sie mir gelegentlich immer noch ein Lächeln ins Gesicht. So denke ich heute noch sehr gerne an die Zeit zurück, als wir genau für ein Jahr ein Paar gewesen sind.

Während Moni am nächsten Tag in den Flieger stieg, um nach Amerika zu reisen, tat ich das, was ich am besten konnte: Ich drehte erneut ein krummes Ding. Gemeinsam mit meinem Kumpel Cem beging ich mal wieder einen Einbruch und erbeutete dabei ein paar Tausend DM. Das Geld kam mir gut gelegen, denn obwohl wir erst ein paar Tage voneinander getrennt waren, plagte mich eine große Sehnsucht nach meiner Freundin. Und weil ich gerade gut flüssig war, plante ich einen spontanen Überraschungsbesuch in die USA.

Doch zunächst einmal musste ich mich um ein Touristenvisum bemühen, um ins Land reisen zu können, was sich damals in meinem Fall als schier aussichtslos herausstellen sollte. Ich fuhr nach Berlin, um mir im dortigen Konsulat eines ausstellen zu lassen. Doch aufgrund des laufenden Krieges in meiner Heimat war meine Staatsangehörigkeit ungeklärt, weswegen ein Mitarbeiter der dortigen Botschaft erst gar nicht daran dachte, mir ein Visum auszustellen. Er speiste mich ab, indem er einfach den Nächstwartenden aufrief.

Zwei Wochen später versuchte ich es erneut und nahm diesmal zur Verstärkung meinen Kumpel Cem mit. Ich glaubte, dass würde ich auf einen anderen Mitarbeiter treffen, ich diesen überzeugen könnte, mir doch noch ein Touristenvisum auszustellen. Doch alles Hoffen war vergebens, als auch dieser sich weigerte und keinerlei Hilfsbereitschaft zeigte. Ich verwarf daraufhin meine Pläne, Monika in New York besuchen zu wollen.

Da ich Cem wohl etwas leidgetan haben muss und er mich etwas aufmuntern wollte, steuerte er am späten Abend gezielt die Straße des 17. Juni an, wo einige Nutten auf dem Straßenstrich ihrem Geschäft nachgingen. Aus Solidarität sponserte er mir eine von ihnen. Ich nahm sein Angebot dankend an und wählte eine üppige Pamela-Anderson-Kopie in ihren besten Zeiten. Sie stieg zu uns ins Auto und navigierte uns in eine nahe gelegene Seitenstraße.

Kaum war Cem ausgestiegen, ließ Blondie sogleich die Rückenlehne nach hinten fallen und war nun „ready to rumble". Schnell kamen wir zur Sache. Während ich wie die Lokomotive Emma Dampf gab, animierte mich Cem wild gestikulierend vor dem Wagen stehend aus, es ihr ordentlich zu besorgen. Hoch konzentriert bei der Sache, bekam ich so gar nicht mit, wie plötzlich ganz leise ein vollbesetzter Mannschaftsbus der Polizei neben unserem Wagen hielt.

Offensichtlich hatten die Beamten gerade Langeweile. Sie machten sich einen Heidenspaß daraus, als sie mir plötzlich mit ihren grellen Taschenlampen auf meinen blanken, wackelnden Arsch leuchteten. Dabei schalteten sie ihre Sirene und Blaulicht ein, sodass ich vor lauter Schreck reflexartig von meiner Gespielin heruntersprang und mir blitzschnell wieder meine Hose hochzog. Dabei klemmte ich mir mein bestes Stück auch noch im Reißverschluss ein.

Während ich mit schmerzverzerrtem Gesicht wie ein Hampelmann herumzappelte und meine Nudel aus der überaus misslichen Lage zu befreien versuchte, krümmten sich die Polizisten in ihrem Polizeiauto vor Lachen. Und auch Cem und Pamela kriegten sich nicht mehr ein. Nur ich saß peinlich berührt da und genierte mich ein wenig.

Knast Teil I

Es war schon früh am Morgen. Florian und ich kamen gerade aus einem Klub und sprachen über unsere nächsten krummen Dinger, die wir schon in Planung hatten, als er urplötzlich auf die Schnapsidee kam, noch schnell in einem Sonnenstudio die dortige Wechselgeldkassette mitgehen zu lassen. Da zu dieser Frühstückszeit nur eine ältere Mitarbeiterin zugegen sein sollte, war sich Florian sicher, dass dies ein Spaziergang werden würde. Wir begaben uns sogleich zum Sonnenstudio. Und während ich draußen Schmiere stand, um Florian vor etwaiger Kundschaft zu warnen, betrat er den Laden.

Doch das Ganze sollte sich im Nachhinein als keine allzu kluge Idee herausstellen. Denn so senil, wie Florian annahm, war die Dame keineswegs. Sie erwies sich als äußerst aufmerksam und ließ Florian nicht aus den Augen. Auch ließ sie sich nicht von ihm ablenken oder beirren. Und so änderte Florian seinen nicht ganz ausgereiften Plan. Unter dem Vorwand, sich etwas Geld wechseln lassen zu wollen, verwickelte er sie in ein Gespräch. Und gerade in dem Moment, als die Mitarbeiterin die Geldkassette unter dem Tresen hervorholte, entriss Florian ihr diese aus ihren Händen und rannte davon.

Ich wusste sofort, dass etwas schiefgelaufen war. Ich stand in sicherer Entfernung einige Meter vom Geschäft entfernt, als ich sie so laut um Hilfe schreien hörte, als ginge es um ihr Leben. Im nächsten Moment lief mir auch schon Florian mit der Geldkassette entgegen. Er drückte sie mir in die Hände und wir machten uns umgehend auf getrennten Wegen nach Hause. Ohne uns weiter Gedanken über diese hirnrissige Aktion zu machen, gingen wir beide an diesem Abend erneut feiern.

Ich weiß noch, dass es ein wunderschöner wolkenloser Sonnentag war, als ich am Tag nach dem Solarium-Irrsinn ziemlich unsanft aus dem Tiefschlaf geweckt wurde. Es war noch recht früh am Morgen und ich lag noch eingemummelt unter meiner

Bettdecke. Ich hatte gefühlt eben erst die Augen geschlossen, als plötzlich jemand mit voller Wucht gegen mein Bett trat, sodass ich erschrocken die Augen wieder aufriss. Vor mir standen zwei wildfremde Menschen, die mich mit den Worten „Guten Morgen, du Arschloch" begrüßten. In diesem Moment war mir sofort klar, dass dies nur Bullen sein konnten.

Sie gaben sich mir als Polizisten zu erkennen, indem sie mir ihre Dienstausweise praktisch ins Gesicht drückten, und waren der Meinung, dass ich ja schon im Bilde sein müsste, weshalb sie mich mit ihrer Anwesenheit beehrten. Ich aber hatte keinen blassen Schimmer. Ich hatte in der Vergangenheit so viel Scheiße angestellt, dass sie wegen allem Möglichen hätten da sein können.

Forsch forderten sie mich auf, aus meinem Bett zu steigen und mich anzuziehen. Noch etwas alkoholisiert von der letzten Feier und etwas wackelig auf den Beinen folgte ich wortlos ihren Anweisungen. Als ich schließlich in Klamotten vor ihnen stand, teilten sie mir lediglich mit, dass ich festgenommen sei. Sie legten mir Handschellen an und führten mich aus der Wohnung.

Ich war zunächst nur heilfroh, dass zu diesem Zeitpunkt keiner meiner Familienangehörigen zu Hause war. Sie waren alle ausgeflogen und bekamen somit von meiner Verhaftung nichts mit. Leider sorgte die nie verschlossene Haustür dafür, dass die beiden Polizisten unbemerkt hatten eintreten können.

In einem zivilen Fahrzeug der Polizei fuhr man mich zum Amtsgericht, wo ein Richter bereits auf meine Ankunft warten sollte. Ich kannte ihn bisher nur vom Hörensagen. Doch sein Ruf eilte ihm voraus. Er galt als ein Richter der harten Hand, bei dem man kein Mitleid erwarten durfte. Er wäre gefühlskalt und gnadenlos, sagte man ihm nach.

In Begleitung der beiden Polizisten wurde ich direkt in sein Büro geführt, wo ich auf einem Stuhl vor ihm Platz nahm. Er begrüßte mich nicht und sprach auch kein Wort mit mir. Stattdessen schrieb er mit gesenktem Kopf irgendetwas auf ein Blatt

Papier. Als er fertig war, blickte er zu mir auf, um mir kurz und knapp mitzuteilen, dass ich wegen der Sonnenstudio-Geschichte in Untersuchungshaft genommen würde.

Er fragte kurz nach, ob ich zu der Sache etwas sagen wolle. Da ich aber noch halbwegs am Schlafen war und sowieso gerade nicht verstand, was da vor sich ging, blieb ich einfach stumm. Der Richter drückte mir daraufhin ein rosafarbenes Blatt Papier in die Hand, auf dem fett gedruckt **„Haftbefehl"** draufstand, und gab den beiden neben mir stehenden Kripobeamten die Anweisung, mich abzuführen. Sie brachten mich daraufhin ins benachbarte Gefängnis, wo ich das erste Mal in meinem Leben erfahren sollte, wie es ist, fremdbestimmt zu sein.

Als ich durch das riesige Tor geführt wurde und den wartenden Justizangestellten übergeben wurde, wünschten mir die beiden Polizisten mit einem breiten Grinsen im Gesicht noch „Viel Spaß!". In diesem Moment wirkte dies alles völlig surreal. War ich gefühlt eben noch zu Hause schlafend in meinem molligen Bett gewesen, fand ich mich keine 30 Minuten später im Knast wieder. Durch die Müdigkeit in meinem Körper und den Rest Alkohol der vergangenen Nacht war ich nicht in der Lage, irgendetwas zu empfinden. Ich wusste nur, irgendwas läuft hier gewaltig schief.

Mir wehte plötzlich ein ungewohnt rauer Wind entgegen. Die Justizbeamten sahen alle durchweg ernst aus. Keiner verzog auch nur eine Miene. Man brachte mich zunächst in einen Kellerraum, den sie „die Kammer" nannten. Dort wurden mir alle meine persönlichen Sachen, die ich bei mir trug, abgenommen und bis zu meiner Entlassung versiegelt und aufbewahrt.

Im Anschluss verlangte ein fetter, übergewichtiger Wärter in einem strengen Befehlston von mir, mich meiner Bekleidung zu entledigen. Einen Augenblick später stand ich splitternackt vor mir wildfremden Menschen. Aber damit nicht genug; man befahl mir, mich weit nach vorn zu beugen und meine Beine zu spreizen, um so zu kontrollieren, ob ich mir möglicherweise irgendwelche verbotenen Gegenstände in meine Körperöffnungen eingeführt hatte. Eine routinemäßige Prozedur, der sich jeder neue Gefangene stellen muss. Sie hielten nach nicht erlaubten Dingen wie Bargeld, Werkzeug, Drogen oder Alkohol etc. Ausschau, die auf diesem Wege unerlaubt ins Gefängnis gelangen. Während ich mich wortlos von einem Justizbediensteten befummeln lassen musste, erschien es mir schleierhaft, wie man bei seiner eigenen Verhaftung noch auf die Idee kommen könnte, sich schnell noch etwas Verbotenes in den Hintern schieben zu wollen; am besten eine Flasche Lambrusco für schlechte Zeiten.

Nachdem ich diese demütigende und überaus erniedrigende Leibesvisitation hinter mich gebracht hatte, wurde ich neu eingekleidet. Ich musste jetzt wie jeder andere Gefangene einheitliche Anstaltsklamotten tragen. Man warf mir ein paar gebrauchte XXL-Unterhosen zu, die mit Sicherheit nicht einmal mein Urgroßvater getragen hätte. Ein paar von Motten zerfressene Unterhemden. Eingelaufene, fast schon bauchfreie, nach Moder riechende T-Shirts sowie eine hautenge Hochwasserjeans der No-Name-Marke „Telefon". Um die Sache noch abzurunden, bekam ich ein paar Schuhe gereicht, die mir dann auch gleich zwei Nummern zu groß waren, sodass mir beim Gehen die Ferse heraussprang. Ich kam mir vor wie ein Clown. Das ganze Outfit dürfte nicht mehr als 10 DM gekostet haben. Es sah aus wie aus der letzten Altkleidersammlung.

Nachdem ich wie Rumäniens „next superstar" eingekleidet worden war, drückte man mir ein paar Wolldecken in die Hand, die zu einem Riesenbündel zusammengewickelt waren. Darin enthalten waren sämtliche Utensilien, die ich für meinen bevorstehenden Aufenthalt im Hotel Adlon benötigen würde. Dinge wie Bettwäsche, Handtücher, billige Hygieneartikel sowie weitere Klamotten zum Wechseln etc.

Im Anschluss ging es für mich dann auf die Zugangsstation, die sich im obersten Stockwerk der Anstalt befand. Vollbepackt mit meinem Krempel in den Händen, lief ich die vielen Treppen zu meiner Zelle hinauf und dabei an zahlreichen Gefangenen vorbei, die bei geöffneten Türen in den langen Gängen herumstanden und mich mit finsterer Miene in Augenschein nahmen.

Als ich meine mir zugewiesene Zelle erreichte, klärte mich ein Bediensteter schnell noch über einige Regeln des Knastalltags auf. Man ließ mich wissen, dass ich für die nächsten zwei Wochen als Neuzugang für 23 Stunden am Tag unter Verschluss sein würde und es mir lediglich erlaubt sei, meine Zelle für eine Stunde am Tag zu verlassen, um am täglichen Hofgang teilnehmen zu können.

Nachdem man mich über den täglichen Ablauf im Knast in Kenntnis gesetzt hatte, gab man mir noch mit auf den Weg, während meines Aufenthaltes besser nicht negativ aufzufallen, da ich ansonsten schlechte Karten hätte. Das glaubte ich aufs Wort. Ich hatte noch keinen Schritt in meine acht Quadratmeter große Zelle getan, als die massive Stahltür mit einem lauten Knall umgehend hinter mir verriegelt wurde.

Ich war nun wieder für mich alleine. Und weil ich die Nacht zuvor zum Tag gemacht hatte und ich zu diesem Zeitpunkt noch immer todmüde war, kramte ich unverzüglich meine Bettwäsche aus dem Bündel hervor und bezog damit meine gammelige Matratze, um noch meinen Rausch auszuschlafen. Völlig teilnahmslos legte ich mich darauf und schlief augenblicklich ein.

Als ich einige Stunden später aus dem Komaschlaf erwachte, fühlte ich mich wie in Trance. Erst jetzt fing ich so langsam an zu realisieren, dass ich keinen bösen Albtraum träumte, sondern tatsächlich im Gefängnis gelandet war. Ich musste mich erst mal sortieren. Eingesperrt zu sein an einem so befremdlichen Ort, dazu noch in einem so winzigen Raum, löste totale Beklemmung in mir aus.

Beinahe lethargisch saß ich auf meinem Bett und blickte mich um. Außer meinem klapprigen Stahlbett, einem alten Holztisch, einem Stuhl und einer Toilette ohne Deckel, die nur einen Meter neben meinem Bett stand, war nichts weiter im Raum. Ich nahm einen penetranten Geruch von Moder wahr. Die kahlen Wände waren völlig bekritzelt. Und die Toilette war so schmutzig, dass mir beim näheren Anblick das Würgen kam. Ich brauchte eine ganze Weile, um den ersten Schock zu verdauen und sacken zu lassen.

Ich war noch nicht ganz bei mir und gerade dabei, meine Sachen auszupacken, als ich plötzlich jemanden laut meinen Namen rufen hörte. Verwundert trat ich ans Gitterfenster, um in Erfahrung zu bringen, wer mich dort kannte. Ich staunte nicht schlecht, als sich mein alter Kumpel Andreas zu erkennen gab. Erst im Jahr zuvor war er an jenem Milchkannen-Desaster beteiligt gewesen, als ein Typ uns nach einem missglückten Einbruch eine Milchkanne durch die Autoscheibe geworfen hatte.

In der Zwischenzeit war er wegen anderer Straftaten verhaftet und ins Gefängnis gesteckt worden. Wir hatten uns kurz aus den Augen verloren, um uns jetzt an diesem Ort wiederzusehen. Ich war heilfroh, dass ich wenigstens jemanden dort kannte.

Andreas, der ein paar Etagen unter mir inhaftiert war, erzählte mir, dass er mich bei meiner Ankunft gesehen hätte. Kaum hatten wir angefangen, uns zu unterhalten, klinkten sich weitere Gefangene mit ins Gespräch ein und riefen nach mir. Kumpels, die ich aus der Stadt kannte, saßen ebenfalls ein und erkundigten sich nach meinem Wohlbefinden. Für mich war es ein kleines bisschen beruhigend zu wissen, nicht allein hier zu sitzen. Doch ungeachtet dessen, dass ich anscheinend viele Leute im Gefängnis kannte, befand ich mich noch immer in einer Art Schockzustand.

Am ersten Abend tat ich kein Auge zu. Es war Hochsommer und bis kurz vor Mitternacht noch hell draußen. Durch die warmen Temperaturen war meine Zelle so aufgeheizt, dass an Schlaf gar nicht zu denken war. Gefangene quatschten ziemlich laut von Fenster zu Fenster die halbe Nacht durch, und das in allen möglichen Sprachen.

Außerdem machte mir mein Schlafplatz echt zu schaffen. Ein schmales Sperrholzbrett ersetzte den Lattenrost. Eine Art Stoffmatte, die man sich zusammenrollen musste, diente als Kopfkissen, sodass mich beinahe jeden Morgen eine unangenehme Genickstarre plagte. Ganz zu schweigen von der Matratze, die so durchgelegen war, dass es wahrscheinlich keinen allzu großen Unterschied gemacht hätte, wenn ich einfach auf dem harten Betonboden weitergeschlafen hätte.

Nach einer kurzen Nacht wurde ich im Morgengrauen aus dem Schlaf gerissen. Durch das laute Entriegeln der Zellentüren, das zeitgleich durch Beamte auf allen Etagen durchgeführt wurde, entstand ein enormer Lärmpegel. Ich zuckte regelrecht zusammen, als ein Bediensteter meine Tür aufriss, um mich mit einem gebrüllten „Guten Morgen!" zu begrüßen. Dabei war es Pflicht, ihnen zu antworten oder eine kurze Bewegung zu machen, damit für sie die Gewissheit bestand, dass man noch am Leben war.

Der Sound von Tupac und Techno dröhnte schon in der Frühe durch die langen Korridore, sodass die Nacht gelaufen war und man gezwungenermaßen wach blieb. Was folgte, war das Frühstück, das eine mickrige Auswahl von ein paar Scheiben Weiß- oder Schwarzbrot und etwas Wurstaufschnitt beinhaltete. Dazu selbst produzierte Margarine, die bei den Gefangenen dafür berüchtigt war, massenweise Pickel hervorzurufen. Sie nannten es liebevoll Panzerfett. Dazu gab es lauwarmen, mit viel Wasser verdünnten Kaffee oder Tee, der mit einer Kelle aus Eimern geschöpft wurde. Serviert wurde einem das 5-Sterne-de-luxe-Menü von zwei langhaarigen, ungepflegt erscheinenden und teils zahnlosen Knackis. Ein Gaumenschmaus.

Als ich später in meiner mir täglich zustehenden Freistunde in den Gefängnishof gelassen wurde, kam es mir so vor, als hätte die Polizei halb Neumünster verhaftet und weggesperrt. So viele vertraute Gesichter erblickte ich dort. Andreas und auch all die anderen Banditen, die ich kannte, erwarteten mich bereits, um mich kumpelhaft zu begrüßen.

Während wir uns angeregt unterhielten, liefen wir die ganze Zeit im Kreis umher – einzig so war es uns erlaubt. Dabei wurde jeder unserer Schritte von postierten Beamten verfolgt. Es war schon ein mulmiges Gefühl, dermaßen unter Beobachtung zu stehen, inmitten von zahlreichen Verbrechern. Dennoch war der Hofgang das Highlight des Tages. Immerhin konnte man so nach dem permanenten Einschluss die Zelle kurzzeitig verlassen, um an die frische Luft zu gelangen und sich ein wenig die Beine zu vertreten.

Inmitten einer Horde Gefangener setzten wir uns bei hochsommerlichen Temperaturen auf den Boden und ließen uns die Sonne auf den Bauch scheinen. Nach genau einer Stunde war der Spaß dann auch schon vorbei und ich musste zurück in meine Zelle, wo ich wieder für die nächsten 23 Stunden weggeschlossen wurde.

Ich fing langsam an, mir darüber Gedanken zu machen, wie es jetzt mit mir weitergehen würde. Ich hatte keinerlei Erfahrung, denn dies war ja meine erste Haftstrafe. Vor allen Dingen machte ich mir Gedanken darüber, was meine Familie wohl zu meiner Inhaftierung sagen würde. Mir war bewusst, dass sie mittlerweile über meinen Aufenthaltsstatus in Kenntnis gesetzt worden waren.

Nach ein paar Tagen bekam ich schließlich Besuch von meinem Vater. Man brachte mich zu ihm in den Besuchsraum, wo er an einem Tisch sitzend bereits auf mich wartete. Ich sah ihm die Enttäuschung gleich an. Wahrscheinlich, um es mir nicht noch schwerer zu machen, als es ohnehin schon war, versuchte er jedoch gefasst zu wirken.

Ich spielte meinem Vater gegenüber die ganze Angelegenheit herunter, indem ich ihn damit zu vertrösten versuchte, dass sich die ganze Sache in Kürze aufklären würde und ich ohnehin unschuldig wäre. Doch ich konnte an seinem Gesicht ablesen, dass er mir keinen Glauben mehr schenkte. Zu oft hatte ich in der Vergangenheit leere Versprechungen gemacht und nun saß ich im Knast.

Im Laufe des Gespräches bekam ich dann Antworten auf einige Fragen, die ich mir die ganze Zeit über gestellt hatte. Wie die

Polizei uns so schnell auf die Schliche kommen konnte und weshalb Florian nicht in Haft saß. Von meinem Vater erfuhr ich, dass die Polizei ihn darüber in Kenntnis gesetzt hatte, dass eine aufmerksame Zeugin uns hatte identifizieren können und die Polizei auf unsere Spur gebracht hatte. Weil Florian im Gegensatz zu mir die Tat bei seinem Verhör umgehend einräumte und sich kooperativ verhielt, verzichtete die Kripo in seinem Fall auf eine Festnahme.

Obwohl mein Vater allen Grund gehabt hätte, sauer auf mich zu sein, sprach er geziemende Worte. Anstatt mit mir zu schimpfen, versuchte er mich wieder aufzubauen. Ich solle den Kopf nicht hängen lassen und ich müsse jetzt stark sein. Als sich die Besuchszeit dem Ende zuneigte, motivierte mein Vater mich noch einmal durchzuhalten. Er schien damals schon zu wissen, dass das Gefängnis kein geeigneter Ort war, um Schwäche zu zeigen. Ich solle auf keinen Fall labil wirken.

Dies war ein Leitsatz, den er mir zu Lebzeiten immer wieder mit auf den Weg gab, wenn es gerade mal wieder nicht so gut lief und alles schwer erschien. Ich habe seinen Rat seither verinnerlicht. Es half mir tatsächlich, schwere Lebenssituationen zu bewältigen – und davon sollten in Zukunft noch so einige auf mich zukommen.

Als ich mich von meinem Vater mit einer kräftigen Umarmung verabschiedete und im Anschluss zurück in meine Zelle gebracht wurde, sah ich ihn noch einmal von meinem Fenster aus in Richtung Ausgang gehen. Völlig unbedacht rief ich laut nach ihm. Als er sich umdrehte, winkte ich ihm zu. Er grüßte nur flüchtig, als er mich am Gitter erblickte. Dann drehte er sich schnell wieder um und verließ das Gefängnis durch das riesige Tor.

Erst als Erwachsener, Jahre später, begriff ich, wie er sich in diesem Moment gefühlt haben muss. Es macht mich tieftraurig zu wissen, dass der Anblick seines jüngsten Sohnes hinter Gittern ihm das Herz gebrochen haben muss.

Nach zwei Wochen unter ständigem Verschluss wurde ich auf eine Station verlegt, in der es etwas entspannter zuging. Hier waren die Türen für einige Stunden am Tag geöffnet, sodass ich mich auf dem langen Korridor frei bewegen konnte. Nach und nach lernte ich weitere Gefangene kennen. Auch mein Kumpel Andreas hatte hier seine Zelle. Da ich ihn am besten kannte, saß ich die meiste Zeit über zum Labern und Kaffeetrinken bei ihm.

Meine neue Zelle musste ich mir jetzt aber mit einem tunesischen Drogendealer teilen, der damit im ganz großen Stil Geschäfte gemacht hatte. Wir verstanden uns auf Anhieb. Bei brütender Sommerhitze vertrieben wir uns die reichlich vorhandene Zeit damit, in unseren verschwitzten Unterhemden am Tisch zu sitzen und stundenlang Karten zu spielen. Wir quatschen die halbe Nacht durch und versuchten die Situation auch irgendwie mit Humor zu nehmen. Ich konnte mich noch glücklich schätzen mit meinem Zellenpartner.

Dagegen hatte mein türkischer Zellennachbar ein wesentlich schlechteres Los gezogen. Er berichtete uns davon, wie sein Zellenkumpane am Morgen in die Psychiatrie eingewiesen worden war. Dieser war nämlich so verrückt gewesen, dass er nicht wie jeder andere „normale" Mensch sein großes Geschäft auf der Toilette verrichtete, sondern stattdessen eine Plastiktüte bevorzugte und dort reinschiss.

Und das war noch nicht einmal das Befremdlichste daran. Für Ekel sorgte, dass nachdem er die Plastiktüte eingesaut hatte, er sie ganz ungeniert zuknotete und wie selbstverständlich unters Bett legte. Mein Zellennachbar, der sich über den üblen Geruch wunderte, der in seiner Zelle herrschte, nahm an, dass dies an den uralten sanitären Anlagen läge. Bis er eines Morgens der Sache auf den Grund ging, auf die Plastiktüte stieß und sie öffnete. Es gab so einige schräge Vögel dort. Mit den meisten wollte ich besser nichts zu tun haben.

Die Tage strichen so dahin. Wenn es uns erlaubt war, versuchte ich mich mit etwas Sport abzulenken oder ich las interessante

Bücher. Meist aber lag ich einfach nur in meiner Zelle rum und sah fern. Dabei nahm ich das TV-Programm gar nicht so wirklich wahr, weil meine Gedanken ständig abschweiften.

Nach einer Weile kam es mir vor, als sei die Zeit stehen geblieben. Eine Stunde war unendlich lang. Ein Tag wie die Ewigkeit. In den Nächten lag ich einfach nur traurig da, in Selbstmitleid badend, und konnte nicht glauben, dass ich während dieser schönen Jahreszeit an solch einem trostlosen Ort sein musste. Dabei sollte dies nur das Warm-up für weitere Knastaufenthalte sein, die in Zukunft noch vor mir liegen würden, und diese Haftstrafe sich als beinahe lächerlich erweisen.

Einmal warf ich frustriert über meine selbst verschuldete Situation mein Brot, das ich zum Abendessen gereicht bekam, direkt in den Mülleimer. Weil mich später aber der Hunger plagte und mein Magen tierisch knurrte und es das einzig Essbare war, was ich in meiner Zelle vorfand, wühlte ich es fast schon reumütig wieder hervor, wusch es am Waschbecken mit kaltem Wasser ab und aß es bis auf die letzte Scheibe auf.

Ich war mittlerweile ein Vierteljahr im Knast und der Sommer neigte sich derweilen dem Ende zu, als alles genauso plötzlich endete, wie es begonnen hatte. Ich hielt eines Nachmittags gerade ein Nickerchen, als meine Tür aufgestoßen wurde und ein Justizangestellter in meine Zelle trat. Er ließ mich wissen, dass der Richter, der mich zuvor in Untersuchungshaft gesteckt hatte, mich sprechen wollte.

Völlig ahnungslos brachten sie mich daraufhin ins benachbarte Gerichtsgebäude und erneut in das Büro des Richters, der mich dort erwartete. Kaum hatte ich vor ihm Platz genommen, als mir dieser ohne Angabe von Gründen eröffnete, mir meinen Haftbefehl außer Vollzug setzen zu wollen und ich unter Auflagen wieder ein freier Mann sei. Als ich ungläubig nachfragte, was dies für mich bedeutete, und er mir klarmachte, das Gefängnis verlassen zu dürfen, war die Freude riesengroß.

Mehr als erleichtert bedankte ich mich bei ihm, worauf sich sein Gesichtsausdruck noch einmal verfinsterte. Der Richter gab mir unmissverständlich zu verstehen, dass sollte er meine Visage jemals wieder zu Gesicht bekommen, ich die volle Härte des Gesetzes zu spüren bekommen würde und dann nicht mehr mit seiner Milde rechnen könnte.

Ich gab ihm daraufhin mein Wort, von nun an ein straffreies Leben zu führen und keine krummen Dinger mehr drehen zu wollen. Es sollte keine zwölf Monate dauern, bis wir uns an exakt derselben Stelle wieder begegnen sollten, um dann mein blaues Wunder zu erleben. Nur kurz darauf schritt ich als freier Mann ziemlich happy durch das riesige Gefängnistor in die neu gewonnene Freiheit.

Nach meiner Entlassung mussten Florian und ich uns wegen der Sonnenstudio-Geschichte vor Gericht verantworten. Weil sich die Ganze als weniger dramatisch herausstellte als zuvor angenommen und wir außerdem noch unter das Jugendstrafrecht fielen, kamen wir beide erneut mit Bewährungsstrafen davon. Noch während der laufenden Verhandlung versuchte mir der Richter einzubläuen, dass das Maß nun voll sei und ich jeglichen Kredit verspielt hätte.

Statt in diesem Moment seine Aussage zu verinnerlichen und von jeglichem Mist Abstand zu nehmen, würden wir erst noch so richtig Fahrt aufnehmen. So unscheinbar wie wir mit unseren Milchgesichtern vor ihm auf der Anklagebank saßen, konnte der Richter nicht ahnen, dass wir es in Wahrheit faustdick hinter den Ohren hatten.

Vom Knast ein wenig beeindruckt, tat ich zur Abwechslung mal etwas Sinnvolles und machte meinen Führerschein. Von nun an musste mein Vater keine Panik mehr haben, dass ich ihm seine Karre vor der Nase stibitzte. Ich bekam sein Auto jetzt ganz offiziell. Und weil ich jetzt den geraden Weg einschlagen wollte, nahm ich einen Vollzeitjob als Produktionshelfer in einer Aluminiumfabrik an. Eine körperlich sehr schwere Arbeit, für die ich als damals gerade 18-Jähriger ein Spitzengehalt ausbezahlt bekam.

Ich war nun innerlich entspannt und zum ersten Mal seit geraumer Zeit plagte mich kein schlechtes Gewissen. Meine Familie war froh über mein angebliches Umdenken und meine scheinbar neue Einstellung und freute sich für mich. Es stellte sich ein wenig Beständigkeit ein und meine ganze Situation schien sich zu stabilisieren. Doch das Ganze sollte sich nur als Ruhe vor dem Sturm herausstellen. Oder vielleicht sollte ich besser sagen, vor dem gewaltigen Orkan, der unaufhaltsam auf mich zuraste.

Zum Jahresende fuhr ich gemeinsam mit meinem Kumpel Cem nach Köln, um in einer der bekanntesten Locations Deutschland, dem „Alten Wartesaal", Silvester zu feiern. Doch kurz vor dem Jahreswechsel war mir plötzlich überhaupt nicht mehr nach Feiern zumute. Pünktlich zu Mitternacht bekam ich wahnsinnige Schmerzen im Unterleib. Ich ahnte, worauf diese zurückzuführen waren.

Nur kurz nach unserer Ankunft in der Domstadt hatten wir zwei süße Mädels kennengelernt, mit denen wir den Nachmittag in unserem Hotelzimmer verbrachten. Während Cem gleich zum Wesentlichen kam, zierte sich meine Bekanntschaft. Außer Fummeln lief nichts weiter. Weil sie mich aber über Stunden hinweg so richtig heiß gemacht hatte, ich dabei aber nicht zum Abschuss gekommen war, plagte mich nun ein schmerzhafter Samenstau. Meine Nüsse waren so hart wie Beton.

Schweißperlen liefen mir übers Gesicht und ich konnte mich kaum noch bewegen. Während die Menschenmassen um uns herum ausgelassen feierten, verzog ich mich in eine dunkle Ecke des Klubs und glaubte sterben zu müssen. Cem war mir dabei keine große Hilfe. Als ich ihm von meinem Problem erzählte, schmiss der Arsch sich fast weg vor Lachen. Gott sei Dank ließen die Schmerzen später nach, sodass Cem und ich uns noch unters Partyvolk mischten. Mit einer Flasche Champagner stießen wir auf ein erfolgreiches Jahr 1995 an. Es sollte das turbulenteste meines Lebens werden!

Kapitel II: 1995–2000

Das Jahr begann ruhig. Ich arbeitete noch immer in der Aluminiumfabrik. Seit meiner Entlassung aus dem Gefängnis hatte ich keine krummen Dinger mehr gedreht. Da ich gut verdiente, hielt ich es für überflüssig, mich der Gefahr auszusetzen. Das alles änderte sich schlagartig, als unerwartet mein laufender Zeitvertrag nicht weiter verlängert wurde und ich plötzlich ohne Job dastand.

Da ich mich über die Jahre daran gewöhnt hatte, ständig flüssig zu sein, und meine Motivation, mir einen neuen Job zu suchen, ziemlich schnell schwand, entschied ich mich schon bald dazu, auf altbewährte Mittel zurückzugreifen. Meine letzte Haftstrafe und die parallel laufenden Bewährungen blendete ich dabei gekonnt aus. Stattdessen flammte der alte Antrieb, schnelles Geld zu machen, erneut auf.

Nachdem mein Vorschlag, erneut Dinger drehen zu wollen, bei meinen Kumpels Cem, Ismael und Sven auf taube Ohren stieß, blieb mir nur noch Florian als vertrauenswürdiger Partner aus der Clique. Der Zeitpunkt erschien günstig, da er auch gerade nichts Besseres zu tun hatte und gut ein paar Mark gebrauchen konnte. Also zogen wir beide allein los, um nachts wieder krumme Dinger zu drehen.

Unsere Touren beschränkten sich zunächst auf den Raum Schleswig-Holstein. Mit dem Auto fuhren wir kreuz und quer durchs Bundesland, um uns nach geeigneten Objekten umzusehen. Keine Stadt, kein Dorf und keine noch so kleine Gemeinde ließen wir dabei außer Acht. Um nicht aufzufallen, hielten wir uns nie lange an ein und demselben Ort auf.

Wenn wir aktiv wurden, verließen wir diesen Ort wieder so schnell wie möglich, um im nächstgelegenen Ort weiter unser Unwesen zu treiben. Dabei hielten wir uns an ein Zeitfenster von circa sechs bis acht Stunden, bevor die Nacht vorbei war und es draußen wieder hell wurde. Wir brachen unser Vorhaben dann vorsichtshalber ab, weil das Risiko stieg, von Passanten gesehen zu werden.

Wir zogen eine ganze Reihe von Einbrüchen durch; nur sehr selten blieb es an einem Abend bei nur einem Einbruch. So kam es häufiger vor, dass wir beispielsweise unsere Tour gegen Mitternacht im Nordseebad von Sankt Peter-Ording begannen, um sie Stunden später am frühen Morgen bei einem Einbruch auf der anderen Seite von Schleswig-Holstein in Grömitz an der Ostsee ausklingen zu lassen. Wir machten in der Regel einen ordentlichen Schnitt und waren zufrieden mit dem, was wir erbeuteten.

Nur dass ich mit dem Fahrzeug meines alten Herrn unterwegs war, missfiel mir. Ich wusste, dass sollte ich mit seiner Karre bei einem Einbruch erwischt werden, er mich lynchen würde. Daher waren wir uns einig, in Zukunft Mietwagen für unsere Spritztouren zu nutzen. Wir fuhren nach Kiel, um uns bei einer Autovermietung langfristig einen standesgemäßen Wagen auszuleihen.

Allerdings weigerte sich die Inhaberin zunächst, uns ein Fahrzeug mitzugeben. Wir machten zwar einen auf seriös, waren chic gekleidet und wedelten mit viel Bargeld herum, sahen aber noch ziemlich kindlich aus, was ihr wohl zu denken gab. Erst mit einer Portion Charme und einer gewaltigen Kaution gab sie uns schließlich die Schlüssel zu einem kleinen Fiat, mit dem wir vorerst vorliebnahmen.

Eines Nachts sprachen Florian und ich über unsere Festnahme in Lübeck ein Jahr zuvor. Wir erinnerten uns daran, dass wir an jenem Abend bei einem Einbruch in einer Confiserie allein dort schon über 4.000 DM erbeutet hatten. Die ganze Sache dauerte damals keine zwei Minuten, und uns brachte es eine Menge Kohle ein, auch wenn die Beute nur Stunden später durch die Polizei konfisziert worden war. Dennoch wurden wir den Gedanken nicht los, dass sie das Geld noch immer an derselben Stelle verwahrten. Und weil uns die Sache keine Ruhe ließ, entschieden wir uns dazu, erneut denselben Laden aufzusuchen, um wieder dort einzusteigen.

Wir staunten nicht schlecht, als wir mitten in der Nacht vor der Eingangstür standen und erkannten, dass nach wie vor nichts an Sicherheitsvorkehrungen unternommen worden war. Routiniert brachen wir in Windeseile erneut die Eingangstür auf. Und da uns der Laden bestens bekannt war, liefen wir gezielt ins Personalbüro, um einen Blechschrank aufzusuchen, in dem im Jahr zuvor das Geld verwahrt wurde. In Sekundenschnelle brachen wir diesen auf, um die darin befindliche Tageseinnahme an uns zu nehmen.

Wieder einmal dauerte die ganze Aktion keine fünf Minuten, als wir uns im Anschluss auf- und davonmachten. Als sich Florian kurz darauf daranmachte, die Geldbomben im Auto aufzubrechen, sprangen ihm zu unser beider Freude erneut Geldscheine im Wert von mehreren Tausend DM entgegen, beinahe exakt die gleiche Summe wie schon im Jahr zuvor. Uns war es letztendlich scheißegal. Wir nahmen das Geld ruhigen Gewissens an uns und fuhren diesmal entspannt nach Hause.

Weil wir im Nachhinein verblüfft darüber waren, dass sie ihre Einnahmen so leichtsinnig immer an derselben Stelle verwahrten und wir in der Vergangenheit des Öfteren größere Beträge aus diesen Läden der bundesweit ansässigen Confiserie-Kette erbeutet hatten, entschieden wir uns dazu, alle ihre Filialen aufzusuchen.

Immer wenn wir nachts mit unserem Auto in die Innenstädte fuhren und schon aus der Ferne eines der Geschäfte speziell dieser Confiserie erblickten, freuten wir uns schon riesig, und das, noch bevor wir dort einstiegen. Für uns stand es außer Frage, dass wir in Kürze erneut einen Haufen Geld in den Händen halten würden. Und so war es dann meist auch.

Da wir gezielt nur ihre Filialen ansteuerten, hatten wir schon bald etliche der Läden in Schleswig-Holstein heimgesucht, sodass wir nun auf andere Bundesländer auswichen. Dabei nahmen wir jetzt regelmäßig längere Touren in Kauf. In Wolfsburg in Niedersachsen machten wir gutes Geld, als wir nach einer recht erfolglosen Nacht erst am frühen Morgen eher zufällig auf eines ihrer Geschäfte stießen.

Trotz der schon sehr belebten Fußgängerzone entschieden wir uns, noch rasch bei ihnen einzusteigen. Dabei hätten wir den Blechschrank hier um ein Haar übersehen. Denn dieses Mal war er nicht wie üblich im Personalraum aufgestellt, sondern gut versteckt hinter einer Tür im WC-Raum. Über 7.000 DM wären uns somit um ein Haar durch die Lappen gegangen.

Mehrere Tausend DM brachten uns Einbrüche in Hameln ein. In Mecklenburg-Vorpommern brachte uns Schwerin Glück, als wir nach einem weiteren erfolgreichen Einbruch mit einem Batzen Geld nach Hause fuhren. Der Rubel rollte und die Confiserien trugen nun dazu bei, dass Florian und ich ein sehr angenehmes Leben führen konnten.

Doch eines Nachts hätten sie uns beinahe auf frischer Tat ertappt. Als wir in einem Kurort in Schleswig-Holstein beim Verlassen eines ihrer Geschäfte gerade auf die Straße traten, hörten wir von Weitem, wie sich uns ein Fahrzeug mit hoher Geschwindigkeit näherte. Schnell liefen wir in einen gegenüberliegenden Park, um uns dort zu verstecken. Kaum gingen wir in Deckung, als auch schon im nächsten Moment ein Polizeiauto anbrauste und direkt vor dem Geschäft stehen blieb, das wir nur Sekunden zuvor noch heimgesucht hatten.

Offensichtlich waren wir beim Einbrechen entdeckt worden und jemand hatte die Polizei alarmiert. Von unserem Versteck aus beobachteten Florian und ich, wie zwei Polizisten aus ihrem Fahrzeug sprangen. Während einer der beiden auf der Straße stehen blieb, betrat der zweite vorsichtig das Geschäft. Uns beiden war klar, dass es in wenigen Augenblicken nur so von Polizei wimmeln würde.

Unverzüglich wollten wir das Weite suchen, doch zu unser beider Entsetzen waren uns mögliche Fluchtwege durch riesige Sträucher und einen tief liegenden, reißenden Bach verwehrt. Daraufhin blieben uns nur zwei Möglichkeiten, der sicheren Festnahme zu entkommen. Entweder weiterhin in unserem Versteck zu verharren und darauf zu hoffen, nicht entdeckt zu werden, oder aber mit vollem Risiko die Flucht nach vorn anzutreten. Nach schneller Beratung entschieden wir uns für die waghalsigere Variante.

Da Florian und ich sportliche Outfits trugen und wir uns in einem Kurort mit vielen anliegenden Hotels aufhielten, taten wir beide einfach so, als seien wir Touristen beim morgendlichen Joggen. Als hätten wir nichts weiter zu verbergen, kamen wir im Laufschritt aus dem Park gerannt und unterhielten uns dabei extra laut über Fußball-Ergebnisse, um so den Verdacht von uns wegzulenken.

In aller Seelenruhe liefen wir unmittelbar an den vor dem Laden postierten Polizisten vorbei und riefen uns dabei scheinheilig interessiert zu, was da wohl los sei. Der Polizist sah kurz zu uns herüber, wendete sich aber umgehend wieder seinem Kollegen zu, der uns noch immer im Inneren des Geschäfts vermutete. Offenbar passten wir nicht ins Täterprofil, oder aber es ging über seine Vorstellungskraft hinaus, dass jemand so abgebrüht sein könnte. Derweilen liefen wir immer zügiger in Richtung unseres geparkten Autos und hofften, nicht doch noch von der Polizei kontrolliert zu werden. Umso überstürzter sprangen wir in unser Auto und brausten in zügigem Tempo davon.

Wenn wir mal kein Glück mit den Confiserien hatten, wichen wir auf andere Geschäfte aus, wo wir Zählbares vermuteten. Fast immer erwiesen wir einen guten Riecher. Ganz egal in was für ein Geschäft wir einbrachen, die Kasse klingelte ordentlich.

Als wir eines Nachts eine Bücherei betraten, brauchten wir noch nicht einmal nach dem Geld zu suchen. Ein ganzer Stapel Hunderter lag abholbereit und abgezählt auf dem Tisch.

Wir waren mittlerweile so routiniert, dass wir manche Geschäfte mit unseren massiven Schraubendrehern schneller öffneten, als es wahrscheinlich mit einem Schlüssel möglich gewesen wäre. Manchmal benötigten wir nur Sekunden dazu. Kaum zu glauben, aber es kam sogar vor, dass einige Geschäfte nicht einmal verschlossen waren.

Wir staunten nicht schlecht, als wir gerade wieder einmal dabei waren, uns ans Werk zu machen, und dabei feststellten, dass die Eingangstür überhaupt nicht verschlossen war. Anscheinend hatten Mitarbeiter vergessen, die Tür ordnungsgemäß zu verschließen, sodass man uns die Beute praktisch zur Mitnahme bereitlegte. Florian und ich konnten über so viel Leichtsinn nur den Kopf schütteln. Wir hatten eine Glückssträhne, die noch über Monate andauern sollte.

Wenn in einem Ort mal nichts klappte oder aber wir kein gutes Gefühl bei der Sache hatten, ließen wir diesen hinter uns und fuhren gleich weiter in den nächstgelegenen Ort. Da es damals noch keine Navigationsgeräte gab, nutzten wir eine Deutschlandkarte, um uns zurechtzufinden. Wir traten erst den Heimweg an, wenn wir der Meinung waren, genug Beute gemacht zu haben.

Völlig übermüdet fuhren wir dann im Morgengrauen nach Hause. Weil Florian damals noch nicht im Besitz eines Führerscheines war, musste ich immer nach den meist nervenzehrenden, schlaflosen Nächten den Fahrer geben, obwohl ich völlig erschöpft und mit meinen Kräften am Ende war. Und während mir bei der Fahrt beinahe die Augen zuklappten und es in der Regel Hunderte Kilometer bis nach Hause zu bewältigen galt, lag mein Kumpel Florian gemütlich neben mir auf dem Beifahrersitz, seine Füße auf das Armaturenbrett gelegt, und schlief seelenruhig mit weit geöffnetem Mund.

Einmal kam es sogar vor, dass ich eines Morgens auf dem Heimweg mitten auf der Autobahn in einem Stau völlig entkräftet und übermüdet hinter dem Steuer eingenickt bin. Nur durch das Hupen entnervter Autofahrer wachte ich wieder auf und setzte die Fahrt fort.

Wir lebten zu jener Zeit mehr als ungesund. Wir schliefen nur wenige Stunden am Tag, um die Batterien aufzuladen und Kraft zu tanken für die kommenden Nächte, die wir fast immer durchmachten. Und weil Müdigkeit unser ständiger Begleiter war, putschten wir uns mit etlichen Dosen Energiedrinks und Kaffee auf, um überhaupt durchhalten zu können. Gesunde Ernährung blieb total auf der Strecke. Wir ernährten uns ausschließlich von Fast Food von Burger King oder McDonald's.

Wir muteten dem Körper echt was zu. Unmittelbar bevor wir irgendwo einstiegen, schossen der Adrenalinspiegel und der Blutdruck rapide in gefährliche Höhe. Wenn der Körper mitten in der Nacht auf Schlaf eingestellt war, verlangten wir unserem Körper von jetzt auf gleich volle Leistung ab. Hellwach ging es dann zur Sache. Bei mir führte dies beinahe jedes Mal dazu, dass noch bevor wir einbrachen, ich mich erst einmal ordentlich übergeben musste. Florian, der meinen überaus empfindlichen Magen kannte, blieb gelassen, während ich mir die Seele aus dem Leib kotzte. Er fragte dann immer entnervt: „Können wir jetzt endlich loslegen?"

Weil wir jetzt ständig weit weg von zu Hause waren und wir nach den Einbrüchen in der Nacht keine Lust mehr hatten, noch Hunderte Kilometer nach Hause zu fahren, nahmen wir uns in der Gegend, in der wir uns gerade aufhielten, ein Zimmer in einem Hotel und übernachteten dort.

Wir kamen eigentlich nur noch zurück, wenn wir uns mal wieder einen neuen Mietwagen ausleihen wollten. Mit der Inhaberin der Verleihfirma hatten wir mittlerweile ein beinahe freundschaftliches Verhältnis aufgebaut, was mit Sicherheit auch daran lag, dass sie durch uns sehr gut verdiente. Wir ließen eine Menge Geld bei ihr. Und gab sie uns anfangs noch mit viel Bedenken nur Kleinwagen mit, konnten wir mittlerweile problemlos zwischen nagelneuen Nobelkarossen, Sportwagen oder schicken Cabrios wählen.

Sie zog uns sogar Geschäftsleuten vor. Als sich eines Tages ein gut gekleideter Schlipsträger im Maßanzug einen Luxuswagen ausleihen wollte, lehnte sie ab und gab stattdessen uns den Vorzug. Sie war clever, denn ihr war klar, dass wir die Karre gleich für mehrere Wochen behalten würden und die Kohle sofort in bar hinblätterten.

Ihre meist feine Kundschaft sah von oben auf uns herab, wenn wir zwei jungen Kerle am frühen Morgen völlig übermüdet in unseren sportlichen Sergio-Tacchini-Trainingsanzügen in ihrem Geschäft auftauchten, in der Hand eine Plastiktüte, wo noch deutlich sichtbar Schraubendreher und Kuhfuß herausragten, um im Anschluss einen 80.000 DM teuren Edelschlitten auszuleihen. Wenn wir dann noch bündelweise Bargeld hervorholten, um die Rechnung zu bezahlen, war denen mit Sicherheit klar, dass wir nicht ganz koscher waren. Wir wurden zu ihren besten Kunden und ließen ihre Kasse ordentlich klingeln.

Meine Familie bekam mich derweilen gar nicht mehr zu Gesicht. Ich glänzte mit ständiger Abwesenheit. Wenn ich mich doch mal kurzweilig zu Hause blicken ließ, fragten mich meine Eltern und Geschwister sofort Löcher in den Bauch. Dabei galt ihr Interesse insbesondere den ständig wechselnden Neufahrzeugen.

Natürlich erzählte ich ihnen irgendwelche Märchen und log, dass sich die Balken bogen. Mir blieb in dieser Situation auch nichts anderes übrig, als irgendeinen Schwachsinn zu erzählen. So erfand ich die Story von einer Freundin, deren Eltern eine Autovermietung besäßen. Diese wären so kulant, mir kostenlos Autos mitzugeben, die gerade nicht verliehen waren.

Mein Vater stand meiner Geschichte recht skeptisch gegenüber und traute der ganzen Sache nicht so recht. Er ermahnte mich und appellierte nach meiner letzten Haftstrafe weiterhin an meine Vernunft. Ich solle bloß nicht schon wieder irgendeinen Blödsinn anstellen. Ich aber verwies auf meine imaginäre Freundin und deren nette Eltern. Meine Familie konnte ja nicht ahnen, wie tief ich bereits in der Scheiße drinsteckte. Mir selbst war es zu diesem Zeitpunkt gar nicht bewusst. Völlig unbedacht drehte ich ein krummes Ding nach dem anderen.

Um ein Alibi zu besitzen, erzählte ich praktisch jedem in meinem näheren Umfeld von meiner scheinbar netten Freundin. Da wir mittlerweile viele neugierige Blicke auf uns zogen, hielten Florian und ich es für das Beste, uns unsichtbar zu machen. Wir ließen uns nur noch selten in unserer eigenen Stadt blicken. Stattdessen zogen wir weiterhin kreuz und quer durch Deutschland.

Die meiste Zeit über hielten wir uns in Nordrhein-Westfalen auf. Neugierig sahen wir uns in den Städten um und waren jeden Tag an einem anderen Ort. So kam es vor, dass wir unser Frühstück in Köln einnahmen, ein paar Stunden später auf der Flaniermeile der Königsallee in Düsseldorf shoppen gingen, um den Abend in einem schicken Restaurant auf dem Marktplatz von Bonn ausklingen zu lassen. Da wir in der Regel immer genug Geld bei uns hatten, setzten wir gelegentlich auch mal aus und drehten keine krummen Dinger. Stattdessen amüsierten wir uns und machten Party.

Wir besuchten die angesagtesten Klubs der Stadt. Wir feierten im „Dorian Grey" in Frankfurt, ließen im „E-Werk" in Köln die Puppen tanzen und tranken Champagner im „Osho" in Hannover. Wir fuhren mit den dicksten Schlitten vor, immer top gestylt und die feinsten Klamotten am Leib. Wir schliefen in den besten Hotels. Das Geld schien uns gar nicht mehr ausgehen zu wollen. Und das, obwohl wir es jeden Tag mit vollen Händen ausgaben und zum Fenster hinauswarfen.

Wir lachten viel auf unseren Reisen durchs Land. Lachkrämpfe waren da an der Tagesordnung. Wir erlebten die lustigsten und kuriosesten Situationen. Als wir einmal eine Anhalterin, die in den Mittvierzigern gewesen sein müsste, in unserem Auto ein Stück weit mitnahmen, bemerkten wir recht schnell, dass sie nicht alle Latten am Zaun hatte.

Mitten im Gespräch und wie aus heiterem Himmel zog sie plötzlich ihr T-Shirt hoch und zeigte uns, mit dem Oberkörper wackelnd, ihre prallen Riesenmöpse. Dabei lachte sie so schräg, als wäre sie total irre. Florian und ich waren so baff, dass es uns völlig die Sprache verschlug. Wir starrten beide so entgeistert auf ihre Milchtüten, dass ich beinahe von der Straße abgekommen und gegen die Leitplanke gefahren wäre.

Überhaupt ging es uns neben dem Kohlemachen hauptsächlich nur darum, Mädels aufzureißen. Frauen standen ganz oben auf unserer To-do-Liste. So lernte ich eines Nachts in einem Klub eine attraktive Schwedin kennen, mit der ich mich angeregt unterhielt.

Nur zu doof, dass ich damals bloß die Hälfte von dem verstand, was sie mir ans Ohr drückte. In nahezu fließendem Englisch versuchte sie mit mir zu kommunizieren. Schade nur, dass meine Englischkenntnisse zu jener Zeit ziemlich dürftig waren und ich daher die ganze Zeit über lediglich blöd nickte und außer Bahnhof kaum etwas verstand. Ehrlich gesagt interessierte es mich auch herzlich wenig, was sie so von sich gab. Viel zu sehr war ich auf ihr prall gefülltes Dekolleté fokussiert und meine Gedanken kreisten einzig darum, wie ich sie am schnellsten ins Bett bekomme.

Ein paar Wodka später legte sie plötzlich ihre Hand auf mein Knie, um mir mit anschmachtendem Blick zu gestehen, dass sie „SO HORNY" sei. Ich wusste mit ihrer Aussage nicht viel anzufangen, und weil das Wort „horny" für mich so ähnlich klang wie „Hunger", bestellte ich ihr im Bistro nebenan einen Riesenburger mit Pommes. In meinem gebrochenen Englisch wünschte ich ihr einen guten Appetit, während ich ihr mit einem dämlichen Grinsen im Gesicht den Teller zuschob.

Sie sah mich daraufhin an, als hätte ich nicht alle Tassen im Schrank. Als sie den Teller beiseiteschob, sich noch enger an mich schmiegte und dabei ihre Aussage wiederholte, erkundigte ich mich bei einem Sitznachbarn, was es mit dem Wort „horny" auf sich hatte. Als der Groschen endlich fiel, nahm ich das Busenwunder umgehend an die Hand und verließ augenblicklich den Klub. Keine zehn Minuten später lag sie auf dem Beifahrersitz meines Autos, wo wir uns wie verrückt die Seele aus dem Leib vögelten.

Ein anderes Mal saß ich mit Florian in einem Klub an der Bar, wo wir gut gelaunt Unmengen an Tequila in uns reinschütteten. Wie aus dem Ei gepellt saßen wir da und sahen uns dabei nach weiblicher Beute um. Als Florian später ausgelassen die Tanzfläche stürmte, widmete ich mich derweilen der attraktiven Bardame. Sie hatte eine täuschende Ähnlichkeit mit dem Hollywoodstar Sharon Stone aus „Basic Instinct". Eine wahnsinnig erotische Erscheinung mit enorm viel Sex-Appeal.

Während ich mächtig am Flirten war, sorgte sie dafür, dass mein Glas nie leer dastand, indem sie immer weiter von dem Tequila nachschenkte. Und da Alkohol ja bekanntlich die Hemmschwelle sinken lässt und ich schon ordentlich einen im Tee hatte, fragte ich sie irgendwann ganz unverblümt, ob sie nicht Lust hätte, mit mir nach draußen zu kommen, um mit mir Sex zu haben.

Für den Bruchteil einer Sekunde glaubte ich, dass sie mir eine scheuern würde. Doch als sie sich plötzlich zu mir nach vorn beugte, um mir in mein Ohr zu hauchen, dass sie bereits den ganzen Abend daran dachte, mir einen Blow-Job zu verpassen, freute ich mich wie ein kleiner Schuljunge. Hocherfreut machte ich ihr daraufhin den Vorschlag, mit mir ins nächstgelegene Hotel zu fahren. Sie aber lehnte ab, darauf verweisend, ihren Arbeitsplatz nicht verlassen zu können. Stattdessen machte sie mir eine noch viel bessere Offerte.

So schlug sie vor, sie am nächsten Tag gemeinsam mit Florian bei ihr zu Hause zu besuchen. Dabei erwähnte sie ihre hochattraktive bisexuelle und vor allem tabulose Freundin, mit der sie zusammenlebte, und ließ mich dann noch wissen, dass sie sich jetzt schon darauf freue und es kaum abwarten könne, wenn wir am nächsten Tag bei ihr aufschlagen würden, um sich zu viert ordentlich auszutoben. Sie schien ein richtig durchtriebenes Luder zu sein.

Sie schrieb mir ihre Adresse auf meine Eintrittskarte, bevor sie sich mit einem intensiven Kuss auf bald von mir verabschiedete. Als ich Florian auf der Tanzfläche von unserem bevorstehenden

Vierer in Kenntnis setzte, freute dieser sich so sehr, dass er mich gleich mal in den Arm nahm und herzlich drückte.

Doch die Freude hielt nur ein paar Stunden an. Denn als ich am nächsten Morgen völlig verkatert aufwachte und sogleich nach der Eintrittskarte samt Adresse suchte, war diese unauffindbar. Ganz offensichtlich hatte ich sie im Vollrausch verloren.

Als ich Florian wenig später beichten musste, dass aus unserem ersehnten Treffen mit den heißen Miezen leider nichts würde, wollte dieser mir am liebsten an die Gurgel. Sämtliche Versuche, sie später noch einmal zu kontaktieren, scheiterten aufgrund von sturen Türstehern, die uns plötzlich den Zutritt verwehrten.

Eines Tages deckten wir uns im Baumarkt mit allem Möglichen an Werkzeug ein, was wir für unsere nächtlichen Aktivitäten benötigten. Brecheisen, Schraubendreher, Taschenlampen, Handschuhe etc. standen da auf unserer Einkaufsliste. Als wir die Sachen dann an der Kasse aufs Laufband legten, um sie zu bezahlen, ließ es sich eine ältere Kassiererin nicht nehmen, uns ganz unverblümt laut zu fragen, ob wir vorhätten, irgendwo einzubrechen.

Es wurde mucksmäuschenstill. Die Leute in der Warteschlange hinter uns sahen uns an, als wüssten sie genau, was hier vor sich ging. Schnell versuchten Florian und ich die überaus peinliche Situation mit einem künstlichen Lachen zu überspielen. Wir saugten uns eine Story aus dem Ärmel, indem wir der älteren Dame weiszumachen versuchten, dass wir beide auf dem Bau arbeiten würden und das viele Werkzeug im Auftrag unseres Chefs besorgen müssten.

Dabei sahen wir damals wie zwei geschniegelte Hänflinge aus, und nicht gerade wie muskelbepackte Typen, die man sonst so auf dem Bau sieht. Mit einem „Wenn das mal so wahr ist“ und einem ungläubigen Kopfschütteln zog die Kassiererin schließlich die Ware über das Laufband, bevor Florian und ich mit hochroten Köpfen im Eiltempo den Baumarkt verließen.

Wir waren ständig auf Zack und völlig rastlos. Heute hier, morgen schon wieder ganz woanders. So brachen wir in einer Nacht in ein Geschäft in den Harzer Bergen ein, um keine 24 Stunden später Hunderte Kilometer weiter nördlich in der Fußgängerzone von Westerland auf Sylt eine noble Boutique zu plündern. Dabei interessierte es uns herzlich wenig, dass direkt nebenan noch eine Gaststätte geöffnet war, in der sich dem Vernehmen nach reichlich Publikum aufhielt.

Als sei dies unser eigenes Geschäft, hielten wir – an Kaltschnäuzigkeit kaum zu überbieten – in unserem geliehenen Chrysler Voyager unmittelbar vor dem Laden und verstauten Unmengen hochwertiger Bekleidung in unseren Mietwagen. Nach getaner Arbeit verließen wir die Insel am frühen Morgen mit dem ersten Autozug.

Für alle unsere Ware, die wir die Zeit über erbeuteten, hatten wir einen festen Abnehmer. Ein Sinti aus Florians Bekanntenkreis kaufte uns alles ab. In der Regel trafen wir uns zum Frühstücken bei ihm zu Hause, wo wir ihm nebenbei die Beute der letzten Nacht präsentierten. So waren wir die vielen Sachen auf einen Schlag gleich wieder los und bekamen unser vereinbartes Geld. Alles schien wie am Schnürchen zu laufen.

Ich konnte damals nicht still sitzen und hatte ständig Hummeln im Hintern. Ich erinnere mich noch daran, dass ich eines Abends gerade erst von einem Date mit einer hübschen Chinesin aus dem Ruhrpott zurück nach Hause kam, um etwas Schlaf nachzuholen. Kaum hatte ich mich aufs Ohr gelegt, als es plötzlich an meinem Schlafzimmerfenster klopfte. Sven und Cem standen draußen, bereit, mal wieder irgendwohin zu düsen. Obwohl ich soeben erst Hunderte Kilometer auf der Autobahn zurückgelegt hatte, raffte ich mich gleich wieder auf, um spontan mit ihnen in die Niederlande zu fahren und dort ein paar Spaß-Tage zu verbringen.

Als ich mich nach Wochen der Abwesenheit mal wieder zu Hause blicken ließ, erkundigte sich mein Vater, ganz der Spaßvogel, bei meiner Mutter, wer ich sei. Meine Eltern hatte sich mittlerweile daran gewöhnt, mich kaum noch zu Gesicht zu bekommen. Sie wollten weiterhin daran glauben, dass ich mich die ganze Zeit über bei meiner Freundin aufhielt. Wenn sie nachhakten, wann ich sie ihnen endlich mal vorstellen würde, vertröstete ich sie auf einen späteren Zeitpunkt. Dabei war Florian inzwischen so was wie meine Freundin. Weil wir pausenlos unterwegs waren, um irgendwo Beute zu machen, hockten wir rund um die Uhr wie ein altes Ehepaar aufeinander.

Uns beide interessierten nur noch drei Dinge: Geld, Frauen und ganz viel Spaß. Wir taten nur noch das, wozu wir gerade Lust hatten. Wir machten uns um überhaupt nichts mehr Gedanken. Ständig am Rumflirten und Rummachen mit irgendwelchen Mädels, die wir auf unseren Touren durch Deutschland kennenlernten. Wir waren mobil, flexibel und uns mangelte es an nichts. Verpflichtungen hatten wir keine. Dafür ausreichend Zeit und Geld. Wir genossen unser Neureichen-Dasein.

So quartierten wir uns eines Tages für ein Spaß-Wochenende in einem Luxushotel in Köln ein und nächtigten dort in einer schicken Suite. Während Florian sich am späten Abend im Bad laut singend für unseren bevorstehenden Party-Streifzug auf der Kölner Amüsiermeile zurechtmachte, lag ich wie P. Diddy dekadent nach einem ausgiebigen und wohltuenden Wellness-Programm eingemummelt in einem flauschigen Morgenmantel auf meinem Kingsize-Bett und ließ mir vom Roomservice fruchtige Erdbeeren aufs Zimmer bringen, die ich mit einem Glas Cristal Champagner herunterspülte. Dabei ließ ich ein im Pay-TV laufendes Barry-White-Konzert durchs Zimmer schallen, um uns so richtig in Stimmung zu bringen. Ich fühlte mich einfach großartig.

Während ich mein Leben in vollen Zügen genoss, zog meine Familie in meiner Abwesenheit in eine etwas bessere Gegend. Nur leider wohnten wir jetzt unmittelbar gegenüber einer riesigen Polizeiwache. Da mich ein permanent schlechtes Gewissen plagte, war es schon ein mulmiges Gefühl, so viele Polizeiautos direkt vor dem eigenen Haus stehen zu sehen. Im Falle einer Vorladung hätten sie mich praktisch von ihrem Fenster aus zu sich winken können.

Wenn wir auf Tour waren, um Geld zu machen, liefen wir tagsüber in den Städten herum, um nach geeigneten Objekten für die Nacht Ausschau zu halten. Sagte uns ein Geschäft zu, spähten wir es genau aus. Dabei interessierte uns in erster Linie, welche Sicherheitsvorkehrungen sie getroffen hatten. So konnten wir einschätzen, ob es später ein Leichtes sein würde, in den Laden zu gelangen, oder aber wir lieber Abstand davon nahmen.

Gezielt sahen wir uns nach Bewegungsmeldern und Kameras um, die oftmals im Inneren des Geschäfts angebracht waren. Aber auch die Anzahl der Schlösser an den Eingangstüren spielte eine wichtige Rolle. Denn je mehr Riegel es gab, umso schwieriger und zeitaufwendiger würde es für uns sein, sie aufzubrechen.

Glastüren ließen wir außer Acht, da diese nur sehr schwer zu öffnen waren. Oftmals gab es Personal- und Hintereingänge, die nicht so gut gesichert waren. Durch diese verschafften wir uns dann Zutritt. Auch die Gegend rund um das Objekt nahmen wir genauestens in Augenschein. Lag es an einem viel zu belebten Platz, wägten wir ab, ob sich das Risiko lohnte.

Wenn es dann Nacht wurde und wir uns an die Arbeit machten, waren wir mehr als angespannt bei der Sache. Da wir mittlerweile ziemlich routiniert ans Werk gingen, benötigten wir in der Regel weniger als eine Minute, um uns Zutritt zu den Geschäften zu verschaffen.

Ließen sich die Türen oder Fenster nur schwer öffnen, setzten wir Brachialgewalt ein, um unser Ziel zu erreichen. Rein kamen wir fast immer. Auch spielte der Wetterbericht eine wichtige Rolle. Wenn in einer Region Schlechtwetter vorhergesagt wurde, fuhren wir direkt dorthin, weil wir wussten, dass mieses Wetter die Leute von den Straßen vertrieb.

Durch unsere Routine wurden wir jedoch nachlässig und auch ein wenig überheblich. So hätte es uns eigentlich als Warnung dienen müssen, als wir eines Nachts dabei waren, die Tür einer riesigen Parfümerie aufzuhebeln, und plötzlich die Alarmanlage, die für uns nicht sichtbar auf der Rückseite des Gebäudes angebracht war, losheulte. Die Sirene machte solch einen Lärm, dass sie Tote zum Leben hätte erwecken können.

Überstürzt ergriffen wir die Flucht. Dabei stolperte ich über meine eigenen Beine, sodass ich mich auf dem Asphalt langmachte. Als ich mich schnell wieder aufrappelte, stand urplötzlich ein Typ mit seinem Hund, den er Gassi führte, vor uns. Sichtlich schockiert sah er zu uns herüber, schien aber so dermaßen erschrocken und eingeschüchtert gewesen zu sein, dass er kein Wort herausbrachte.

Stattdessen baute ich mich vor dem Typen auf und riet ihm, dass es das Gesündeste für ihn sei, wenn er nichts gesehen hätte. Wie erstarrt blieb er einfach stehen, während Florian und ich schnell in unser Auto sprangen und mit quietschenden Reifen davonbrausten.

Weil der Typ der Polizei eine vollständige Täterbeschreibung hätte geben können und wir uns absolut sicher waren, dass er sich auch unser Nummernschild gemerkt hatte, stellten Florian und ich uns auf einen baldigen Besuch der Polizei ein. Doch zu unserer Verwunderung tauchten sie nicht auf. Auch Tage nach dem Vorfall blieb alles ruhig. So hakten wir die Sache schnell wieder ab und machten uns auch keine weiteren Gedanken mehr darum.

Was wir zu diesem Zeitpunkt jedoch nicht ahnen konnten, war, dass die Polizei uns schon längst auf ihrem Radar hatte. So kam es für uns völlig überraschend, als wir eines Nachmittags in der Autovermietung in Kiel auftauchten, um erneut einen Mietwagen zu wechseln, und die Betreiberin uns mit brisanten Neuigkeiten aufhorchen ließ.

Sie informierte uns darüber, dass die Kriminalpolizei bei ihr angerufen hätte, um sich genauestens nach uns zu erkundigen. Sie berichtete von Informationen, welche die Polizei von ihr verlangt hatte. Darüber, in welchen Fahrzeugen wir in den vergangenen Monaten unterwegs waren und in was für einem Auto wir uns aktuell bewegten. Außerdem waren sie dabei, die Aufenthaltsorte der vergangenen Wochen in Erfahrung zu bringen sowie genaueste Bargeldbeträge, die wir für die vielen Leitfahrzeuge hinblätterten.

Sie erzählte davon, dass man sie mit Fragen nach uns beiden nur so gelöchert hatte. Nachdem sich die Kriminalpolizei brauchbare Informationen eingeholt hatte, verlangte sie von der Inhaberin der Autovermietung absolutes Stillschweigen. Auf gar keinen Fall dürfe sie uns gegenüber etwas von ihrem Anruf erwähnen. Was die Kripo nicht wissen konnte, war, dass wir mittlerweile ein beinahe freundschaftliches Verhältnis zu der Inhaberin pflegten und sie uns wohl auch deshalb umgehend von dem Anruf in Kenntnis setzte.

Die Bullen schienen richtig heiß auf uns zu sein. Spätestens in diesem Moment hätten bei uns alle Alarmglocken läuten müssen und wir wären gut beraten gewesen, unsere Aktivitäten unverzüglich einzustellen. Doch wir waren derart geblendet von unserem Erfolg der vergangenen Zeit und dem vielen Geld, dass wir auch dies nicht weiter ernst nahmen und nur abwinkten. Wir hielten uns für unangreifbar. Wir nahmen tatsächlich an, dass sie uns nichts anhaben könnten, und wähnten uns weiterhin in vollkommener Sicherheit. Wir waren so dämlich.

Erst viel später sollten wir erfahren, dass die Polizei die Fährte schon längst aufgenommen hatte. Sie waren uns schon länger auf den Fersen, ohne dass wir dies überhaupt bemerkten. Durch Unachtsamkeit und auch durch Leichtsinnigkeit, die sich so langsam bei uns einschlichen, hinterließen wir an Tatorten Fingerabdrücke. Und weil ich dann auch noch bei einem Einbruch von einer im Geschäft versteckt angebrachten Videokamera aufgenommen und wiedererkannt wurde, konnte die Kripo fleißig Beweise gegen uns sammeln.

Zudem gab es zu jener Zeit einen neidischen Spitzel aus unserem direkten Umfeld, welcher der Polizei steckte, dass wir seit Längerem obenauf waren, worauf sie sich noch mehr auf uns fokussierten. So zählten sie eins und eins zusammen.

Während Florian und ich weiterhin ahnungslos und unbekümmert durch Deutschland tourten, um krumme Dinger zu drehen, zog sich die Schlinge immer weiter zu. Die Kriminalpolizei hatte in der Zwischenzeit eine mehrköpfige Sonderkommission gebildet, die akribisch darauf hinarbeitete, uns dingfest zu machen.

Gelegentlich gönnten wir uns auch mal eine kurze Pause. Dann nämlich, wenn unsere Taschen prall gefüllt mit Geld waren. Dann nahmen wir uns eine kurze Auszeit. Während Florian sich dann meist um seine Freundin kümmerte, die damals zeitlich viel zu kurz kam, fuhr ich allein durch die Republik.

Ich war wirklich überall. Ein richtiger Vagabund. Ein Streuner, der es liebte, in den Städten umherzulaufen und sich alles anzusehen. Oftmals fuhr ich völlig ziellos in meinem schnieken gemieteten Cabrio durch Deutschland und übernachtete dabei wie immer in irgendwelchen feinen Hotels. Schon als junger Kerl liebte ich die Atmosphäre der verschiedenen Hotels und mochte die Gesellschaft der Leute dort. Des Öfteren fand man mich bei einer Weinschorle an der Hotelbar oder in der Lobby sitzen, wo ich mich nett mit Hotelgästen unterhielt. Ich konnte dabei ein wenig abschalten.

Wenn es mir in einer Stadt zu langweilig wurde, fuhr ich gleich weiter in einen anderen Ort, der mir gerade in den Sinn kam. Heute Frankfurt, morgen München und den Tag darauf vielleicht weiter nach Konstanz am Bodensee. Das Reisen wurde für mich zur Selbstverständlichkeit und etwas, worauf ich auf keinen Fall mehr verzichten wollte.

Mir war schon klar, dass ich einen falschen Weg eingeschlagen hatte und mein Handeln früher oder später zwangsläufig ein schlechtes Ende nehmen würde. Doch das blendete ich gekonnt aus. Mögliche Konsequenzen ignorierte ich schlicht und einfach. Zu sehr hatte ich mich bereits an all die Privilegien gewöhnt, die mir meine Geschäfte einbrachten, und ich wurde zu bequem. Die Gier nach vielem Geld und die Möglichkeiten, die sich dadurch auftaten, ließen meinen Verstand aussetzen.

Überdies trieb mich meine mittlerweile enorme kriminelle Energie ständig dazu, krumme Dinger zu drehen. Da ich ja auf meine Weise schnell und einfach eine Menge Geld machte, hielt ich es für völlig überflüssig, einer geregelten Arbeit nachzugehen. Meine Denkweise war total eingeschränkt. Ich wollte und konnte auch nicht mehr auf all das verzichten.

Zu Hause hockte ich höchstens nur noch dann herum, wenn ich mein erbeutetes Geld bis auf den letzten Pfennig verprasst hatte. Mir glitt die Kohle nur so durch die Finger. Sobald wir Bares erbeuteten, überlegte ich auch schon wieder, wie ich es ausgeben könnte. Ich haute es umgehend auf den Kopf.

Ich besaß überhaupt keinen Bezug zu Geld. Ich war noch keine 20 Jahre alt und hatte in den vorausgegangenen fünf Jahren mehr als 150.000 DM just for fun ausgegeben. Eine gewaltige Summe, für die ein normal Arbeitender lange stricken muss. Kein Wunder, dass ich dabei die Bodenhaftung verlor und abhob.

Allein für unsere Spritztouren durch ganz Deutschland, Mietwagen, Hotels, Restaurantbesuche, Partys, ausgiebige Shoppingtouren und natürlich Frauen gab ich ein Vermögen aus. Mal etwas weiter zu denken und etwas Geld beiseitezulegen, kam mir nicht in den Sinn. Ich war noch nie der große Sparfuchs; eher die Verschwendung in Person.

Wenn wir gut essen waren, durfte sich der Kellner im Restaurant über ein üppiges Trinkgeld freuen, das war die Regel. Ebenso wenn mir im Klub eine Bardame gefiel; dann schob ich ihr ein paar Scheine extra zu. Einmal gab ich einem Anhalter, den Florian und ich aufgabelten, einfach so aus Mitleid 100 DM in die Hand. Er sah mich daraufhin an, als hätte er eine Marienerscheinung. Den Wert des Geldes habe ich nie zu schätzen gewusst.

Private Rechnungen dagegen überließ ich gewissenlos meinen armen Eltern. Pausenlos trudelten Bußgelder wegen Falschparkens aus ganz Deutschland ein, die meine Eltern dann begleichen durften, was sie nur noch misstrauischer machte, als sie ohnehin schon waren.

Dagegen schien unsere Glückssträhne nicht abreißen zu wollen, ganz im Gegenteil. Als wir eines Nachts in ein Telefonfachgeschäft einbrachen, stießen wir auf einen massiven Tresor, der bis in Kopfhöhe reichte und sich scheinbar nur mit Sprengstoff öffnen ließ. Da uns die Sache aussichtslos erschien, wollten wir das Geschäft unverrichteter Dinge gleich wieder verlassen. Doch ein kleiner Blechkasten, der direkt neben dem Tresor an der Wand hing, erweckte meine Neugierde.

Auf den ersten Blick war er nicht von einem Erste-Hilfe-Kasten zu unterscheiden. Doch bei genauerem Hinsehen entpuppte er sich als Schlüsselkasten. Als wir ihn aufbrachen, war dieser wie zu erwarten voll mit diversen Schlüsseln. Einer davon stach direkt heraus. Er überragte alle anderen um das Dreifache. Wir konnten uns gar nicht vorstellen, dass es sich hierbei eventuell um den Tresorschlüssel handeln könnte.

Schnell nahmen wir ihn heraus, um ihn auszuprobieren. Seiner ganzen Länge nach schoben wir ihn ins Tresorschloss. Und als wir den Schlüssel dem Uhrzeigersinn nach herumdrehten, sprang die Tür des zentnerschweren Safes mit einem leisen Klicken plötzlich auf.

Florian und ich sahen uns ungläubig an und wussten gar nicht, wie uns geschah. Hastig zogen wir an der schweren Tresortür, um in Erfahrung zu bringen, was sich dahinter verbarg. Zahlreiche Aktenordner, etlicher Papierkram und sonstige Unterlagen verwahrten sie darin. Doch meine ganze Aufmerksamkeit galt den vielen Briefkuverts, die akkurat im obersten Fach nebeneinandergereiht lagen.

Als ich einen Umschlag herausnahm und aufriss, traute ich meinen Augen nicht. Gleich mehrere Tausend DM befanden sich darin, sauber abgezählt in Geldscheinen. Die Freude steigerte sich noch mehr, als Florian ein weiteres Kuvert aufriss und ihm ebenfalls Tausende von DM um die Nase wedelten. Schnell nahmen wir alle Kuverts an uns und verließen unverzüglich das Geschäft. Über 15.000 DM erbeuteten wir allein in dieser Nacht.

Das Geschäft gehörte zu einem riesigen deutschen Telefonkonzern, der bundesweit zahlreiche Filialen hatte. Da wir uns ziemlich sicher waren, dass auch in diesen Läden nach demselben Schema vorgegangen wurde – dass also der Tresorschlüssel direkt im Geschäft verwahrt wurde –, entschieden Florian und ich uns dazu – wie schon zuvor bei den Confiserien –, sie allesamt aufzusuchen.

Tatsächlich waren sie in einigen Filialen so nachlässig, den Schlüssel direkt vor Ort zu platzieren. Einmal waren sie sogar so leichtsinnig, dass sie das viele Geld noch nicht einmal in ihrem Safe einschlossen und es stattdessen in einer offenen Geldkassette in einer Schublade liegen ließen. Ich wollte gerade anfangen, nach dem Schlüssel zu suchen, als mich Florian mit einem fetten Grinsen im Gesicht dabei unterbrach, indem er mit einem Batzen Geldscheinen wedelte.

Über 10.000 DM brachte uns dieser Coup ein, und das in weniger als fünf Minuten. Die Telefongeschäfte brachten uns beträchtliche Beträge ein. Noch dazu war es ganz simpel, an das viele Geld heranzukommen. Sie machten es uns aber auch gar zu einfach.

So auch eines Nachts, als ich mich dazu entschied, nach längerer Zeit mal wieder ein Ding mit Cem zu drehen. Wir fuhren nach Aurich in Ostfriesland, um dort in eine ihrer Filialen einzusteigen. Wie gewohnt brachen wir die Eingangstür in Windeseile auf und standen Sekunden später auch schon vor ihrem massiven, baugleichen Tresor. Auch hier war der Schlüsselkasten wie bei den anderen ihrer Läden an der Wand angebracht.

Wieder nahmen wir den Schlüssel heraus und öffneten damit den Tresor. Vor lauter Aufregung übersah Cem zunächst die vielen Kuverts. Stattdessen griff er wahllos nach einem Haufen Telefonaufladekarten, die er sich rasch in die Hosentaschen stopfte. Erst als ich ihn darauf aufmerksam machte, ob er nicht doch lieber das viele Geld wolle, das unmittelbar vor ihm im offenen Tresor lag, griff er nach den vielen Briefkuverts.

Während ich auf der Autobahn mit Vollgas Richtung Zuhause fuhr, nahm Cem derweilen neben mir die viele Kohle aus den Briefkuverts und machte sich daran, das Geld zu zählen. An seinem überaus positiven Gesichtsausdruck konnte ich schon erahnen, dass wir mal wieder fette Beute gemacht hatten. Über 10.000 DM flossen in dieser Nacht erneut in unsere Taschen.

Da wir uns gerade inmitten der besten Jahreszeit befanden und ich dank der vielen gut laufenden Geschäfte der letzten Zeit mehr als flüssig war, entschieden Cem und ich uns ganz spontan dazu, noch am selben Tag nach Spanien zu fahren, um das viele Geld dort in einem luxuriösen Urlaub auf den Kopf zu hauen. Doch es hätte nicht viel gefehlt und wir beide wären um ein Haar beinahe ganz woanders gelandet.

Die Taschen voller Geld, saßen Cem und ich am Morgen nach dem Einbruch an einer Autobahnraststätte und tranken Kaffee. Voller Vorfreude planten wir unsere anstehende Reise. Doch als wir eine Weile später in bester Laune das Raststättenrestaurant verließen und vor die Tür traten, wurden wir beide starr vor Entsetzen.

Unmittelbar hinter unserem Mietwagen hatte sich ein Polizeifahrzeug positioniert. Die Polizisten hielten merklich Ausschau nach dem Führer des Fahrzeugs. Ich rief Cem zu, nicht auf das Auto zuzugehen. Wir taten beide so, als würde uns das Auto nicht gehören, indem wir einfach am Wagen vorbeiliefen.

Nach einer Runde auf dem Parkplatz betraten wir erneut das Restaurant der Raststätte und bestellten bei dem Personal, von dem wir uns soeben freundlich verabschiedet hatten, sichtlich nervös einen Kaffee. Dieses wunderte sich offensichtlich über unser Auftreten. Waren wir Minuten zuvor noch total entspannt gewesen und hatten mit ihnen herumgescherzt, wirkten wir nun völlig geistesabwesend.

Cem und ich gingen davon aus, dass wir aufgeflogen waren. Wir waren uns sicher, dass die Polizei wegen des Einbruchs in Aurich nach uns fahndete. Bestimmt hatte uns dort jemand beobachtet und das Nummernschild der Polizei weitergegeben. Und nun warteten sie draußen auf Verstärkung, bevor in Kürze die Handschellen klicken würden.

Weil Cem so smart war, die vielen gestohlenen Telefonkarten in eine Mappe zu stecken, wo auch die Fahrzeugpapiere drinlagen, wäre die Polizei bei einer etwaigen Kontrolle mit ziemlicher Gewissheit darauf gestoßen. So wäre es ein Leichtes gewesen, uns den Einbruch nachzuweisen. Als nach einer gefühlten Ewigkeit der Warterei noch immer nichts passierte, entschieden wir uns, einen Blick nach draußen zu riskieren.

Und tatsächlich, zu unserer Verwunderung war von der Polizei weit und breit nichts mehr zu sehen. Da wir schon mit dem Schlimmsten gerechnet hatten, fiel uns ein zentnerschwerer Stein vom Herzen, als wir aus der Ferne auf der Windschutzscheibe des Autos einen Strafzettel heften sahen. Erst jetzt realisierten wir, dass die Polizei nur Ausschau nach dem Halter des Fahrzeugs gehalten hatte, weil ich Vollidiot mich unwissend auf einem deutlich beschilderten Behindertenparkplatz breitgemacht hatte.

Jetzt stand unserem Urlaub nichts mehr im Wege. Da wir uns dazu entschlossen hatten, mit dem Auto in den Süden zu fahren, düsten wir am frühen Morgen noch schnell nach Kiel, um uns für einen Monat einen nagelneuen Mercedes C-Klasse auszuleihen. Wir verabschiedeten uns bei unserer Freundin, der Inhaberin der Autovermietung, die uns noch viel Spaß wünschte. Ich würde sie nie wiedersehen.

Obwohl wir zu diesem Zeitpunkt bereits eineinhalb Tage kein Auge zugetan hatten, machten wir uns noch am selben Nachmittag auf den Weg zur Costa Brava. Wir einigten uns darauf, dass Cem die erste Teilstrecke bis zur französischen Grenze fahren würde und wir erst in Trier einen Fahrerwechsel machen würden. Er fuhr die Strecke in einem Rutsch durch. In der ältesten Stadt Deutschlands legten wir einen längeren Zwischenstopp ein, um uns den Magen mit Fast Food vollzustopfen. Obwohl wir beide zu diesem Zeitpunkt völlig übermüdet waren, setzten wir unsere Reise fort. Diesmal musste ich hinters Lenkrad.

Wir erreichten Frankreich gegen Mitternacht. Kaum hatten wir die Grenze passiert, wurden wir von postierten Zollbeamten zur Kontrolle herausgewunken. Diese staunten nicht schlecht, als sie zwei Milchbubis in einem Luxusschlitten erblickten. Als sie nach Ausweispapieren, Führerschein und Fahrzeugschein verlangten, konnte ich ihm weder das eine noch das andere aushändigen. In all der Eile hatte ich meine persönlichen Ausweisdokumente und meinen Führerschein zu Hause vergessen. Auch die Fahrzeugpapiere konnte ich nicht vorlegen. Cem hatte sie zuvor samt Mappe mit den darin enthaltenden Telefonkarten einfach auf dem Rastplatz in den Mülleimer geworfen, nachdem die Polizei uns dort beinahe kontrolliert hätte.

Die Zöllner befahlen uns daraufhin auszusteigen, um das Auto genauer unter die Lupe zu nehmen. Sie nahmen den Wagen völlig auseinander und zogen sogar einen Spürhund hinzu, der in unseren gepackten Klamotten nach Drogen schnüffelte. Ein Zöllner wollte ziemlich forsch von mir wissen, wie wir uns das vorstellten, einfach so durch mehrere Länder reisen zu wollen, ohne gültige Ausweisdokumente mit uns zu führen.

Da er uns ganz offen wissen ließ, dass er annahm, wir hätten den Wagen gestohlen, ließ er sich von uns dazu überreden, in Kiel anzurufen, um sich bestätigen zu lassen, dass alles mit rechten Dingen zuging. Weil es aber mitten in der Nacht war und zu dieser Schlafenszeit natürlich niemand in Kiel zu erreichen war, mussten

Cem und ich stundenlang auf einer kleinen Bank im Vorflur des Zollbüros ausharren. Erst als ein Zollbeamter am frühen Morgen in Kiel einen Mitarbeiter der Mietwagenfirma erreichte und dieser ihm telefonisch zusicherte, dass alles rechtens war, gab man uns grünes Licht, worauf wir unsere Reise fortsetzen durften.

Während Cem in einen sofort einsetzenden Tiefschlaf fiel, fuhr ich völlig übermüdet durch ganz Frankreich. Als wir Spanien und unser Endziel Lloret de Mar endlich erreichten, wich unsere Vorfreude einer Beinahe-Ohnmacht. Drei Tage ohne Schlaf ließ uns fast zusammenklappen. Als wir uns direkt nach unserer Ankunft an der belebten Strandpromenade in ein Café setzten, um etwas zu essen, taten wir dies in einem tranceähnlichen Zustand.

Weder das schöne Wetter noch die traumhafte Kulisse noch die vielen knapp bekleideten Frauen um uns herum in ihren heißen Bikinis konnten uns in diesem Moment wirklich beeindrucken. Als Cem noch beim Essen seines halben Hähnchens beinahe vom Stuhl gerutscht wäre, wollten wir beide nur noch schlafen. Schnell checkten wir in einem direkt an der Strandpromenade gelegenen Hotel ein. Als wir unsere Zimmer betraten und die Betten sahen, fielen wir überglücklich in einen sofort einsetzenden Tiefschlaf.

Obwohl ich in meinem späteren Leben noch etliche Reisen unternahm, würde dieser Urlaub für immer unvergessen bleiben. Zehn Tage blieben wir in Lloret de Mar. Jeder einzelne davon war unbeschreiblich. Abgesehen davon, dass wir von unserem Balkon aus eine wundervolle Aussicht auf die von Palmen gesäumte Strandpromenade hatten, wo vor allem abends Zigtausende Menschen ihren Urlaub in Cafés, Bars und Restaurants genossen, blickten wir überdies direkt auf den gegenüberliegenden Sandstrand, der nur einen Steinwurf entfernt war, und das unendliche Meer hinaus.

Die ganze Zeit über hatten wir durchweg strahlend blauen Himmel. Es verging kein Tag, an dem wir nicht ausgiebig Spaß hatten. Tagsüber lagen wir am Strand, ließen uns in der Sonne brutzeln, aßen kalte Wassermelone und ließen uns nebenbei von asiatischen Masseurinnen durchkneten. Wir düsten auf Jetskis die Küste entlang, ließen uns beim Paragleiten übers Meer ziehen und erkundeten mit geliehenen Motorrädern die Gegend.

Einen traumhaft schönen Tag verlebten wir als Sightseeingtouristen im nahe gelegenen Barcelona. Wir ließen uns in Toprestaurants kulinarisch verwöhnen. Und wenn es Nacht wurde auf Llorets Straßen, unternahmen wir top gestylt einen Streifzug durch die vielen Klubs und Großraumdiskotheken, wo wir angeheitert die Tanzflächen stürmten. Wir waren pausenlos am Flirten mit attraktiven Mädels, die im Urlaubsfeeling so wie wir meist auf eine schnelle Nummer aus waren.

Mit einer flüchtigen Bekanntschaft aus Deutschland hatte ich Sex auf einem Tretboot mitten auf dem Meer, was bei hohem Wellengang nicht sonderlich zu empfehlen ist. Als uns beim Vögeln eine Riesenwelle traf, wären wir beinahe kopfüber ins Wasser gestürzt.

Cem schleppte nach einer durchzechten Nacht gleich zwei Mädels ab. Ich sah ihn erst am nächsten Morgen am Frühstücksbüfett wieder, wo ich mich über seinen Egoismus beschwerte.

Eines Abends fuhren wir in unserem Luxusschlitten im Schritttempo die belebte Strandpromenade entlang. In bester Laune rollten wir bei offenem Fenster und feinster R&B-Musik von Montell Jordan die Straßen hinunter. Durch reichlich Sangria hatten wir schon ordentlich einen im Tee, als wir nach sexy Frauen für die Nacht Ausschau hielten.

Ich legte beinahe eine Vollbremsung hin, als ich zwei scheinbar heiße Miezen an einer Ampel stehen sah. Ich rief direkt zu ihnen hinüber, um sie zu fragen, ob sie Deutsch sprächen. Als sie antworteten, sie kämen aus der Schweiz und verstünden uns, rief Cem laut und frech dazwischen, ob sie nicht Lust hätten, mit uns zu ficken.

Wir brachen in einen Lachflash aus und waren uns absolut sicher, dass umgehend eine Retourkutsche in Form eines „Verpisst euch!“ folgen würde. Doch ihre Antwort ließ uns augenblicklich verstummen. Die beiden tuschelten kichernd miteinander, bevor sie uns mit einem deutlichen Ja zu verstehen gaben, unser Angebot annehmen zu wollen. Wortlos stiegen sie zu uns ins Auto, um gemeinsam ins Hotel zu fahren. In unserem Zimmer angekommen, ließen wir das Licht auch gleich aus. Jeder von uns schnappte sich eines der beiden Mädels und verzog sich mit ihm ins dunkle Kämmerlein. Doch das große Erwachen kam am nächsten Morgen.

Als ich meine Augen öffnete, war Cem bereits wach. Mit einem angewiderten Gesichtsausdruck bedeutete er mir, mir meine auf der nackten Brust noch schlafende Nachtgespielin mal genauer anzuschauen. Als ich meine Bettdecke ein wenig herunterzog, wäre ich vor Schreck beinahe aus dem Bett gefallen. Die Frau, mit der ich die vergangene Nacht Sex gehabt hatte, sah bei Tageslicht aus wie Gollum aus „Herr der Ringe“.

Ihr Kopf war so groß wie ein Medizinball. Ihr Gesicht war lang gezogen, als wäre man mit einem Nudelbrett darübergefahren. Ein Omelett mit Augen! Und ihr Kinn stand so weit hervor, dass man ein Glas Wasser darauf hätte abstellen können. Ganz abgesehen davon, dass sie mich während der Nacht vollsabberte, war ich echt schockiert. Dabei galt meine Bekanntschaft noch als die attraktivere. Cems Betthase übertraf optisch den meinen um ein Vielfaches.

Wir konnten sie nicht schnell genug loswerden. In gekünstelter Hektik rissen wir sie aus dem Schlaf und gaben vor, unter Zeitdruck zu sein. Wir machten ihnen weis, unser Urlaub wäre vorbei und wir müssten in Kürze das Zimmer räumen. Cem warf ihnen ihre Klamotten zu, bevor wir sie flüchtig verabschiedeten und halb nackt vor die Tür setzten.

Danach waren Cem und ich uns einig, nie wieder Frauen abzuschleppen, wenn man nicht Herr seiner Sinne ist! Als die beiden

Mädels uns Tage später rein zufällig noch einmal vor einem Klub wiederentdeckten, warfen sie uns ziemlich wütende Blicke zu. Wir tauchten daraufhin schnell im Gewusel unter.

Einen einprägsamen Augenblick erlebte ich während des Urlaubs, als wir eines Nachts durch die Gegend fuhren und vor den Toren Llorets auf einem Hügel stehen blieben, um von dort aus einen fantastischen Ausblick auf den malerischen Ort zu genießen. Mit zwei Flaschen Bier bewaffnet stiegen wir aus dem Auto und setzten uns auf die Motorhaube des Wagens, während wir der entspannenden Loungemusik lauschten, die aus dem Radio ertönte.

Wir sprachen über die Geschehnisse der vergangenen Zeit und darüber, dass wir nicht ewig die kriminelle Schiene fahren könnten. Cem war der Meinung, dass man sich besinnen müsste und es vernünftiger wäre, umzudenken. Wobei er der Auffassung war, dass es an der Zeit wäre, mit all dem Scheiß aufzuhören und einen vernünftigen Weg einzuschlagen. Wir führten eine ernste und tiefsinnige Unterhaltung, sprachen über Zukunftspläne und fragten uns, was das Schicksal wohl für uns bereithielt. Bis wir beide nur noch schweigend und nachdenklich an unseren Bierflaschen nippten und weit auf das Meer hinausblickten.

Da saß ich nun also völlig planlos auf der Motorhaube eines Luxusschlittens, trank mein Budweiser und erfreute mich bester Gesundheit. Meine Taschen prall gefüllt mit Geld, verbrachte ich mit die schönsten Tage meines noch so jungen Lebens. Wir waren damals noch nicht einmal 20 Jahre alt, Jungspunde, deren Welt bis dahin ganz angenehm gewesen war. Und obwohl es in jenem Moment scheinbar keinen Grund zur Besorgnis gab, beschlich mich ein Gefühl der Traurigkeit. Gut möglich, dass sich genau in diesem Moment mein schlechtes Gewissen regte.

Minutenlang saß ich einfach nur da und genoss ein traumhaftes Panorama auf die Küste Llorets. Ich saugte diesen Augenblick so intensiv in mich hinein, als ahnte ich instinktiv, dass etwas in der Luft lag. Ich hatte eine Lawine ins Rollen gebracht, für die ich schon bald die Quittung präsentiert bekommen sollte.

Schon in Kürze würde ich mich von diesem paradiesischen Leben verabschieden müssen, um mich auf dem Boden der Tatsachen wiederzufinden.

Unser Urlaub neigte sich dem Ende zu. Nach zehn Tagen voller Partyspaß war es an der Zeit, die Heimreise nach Deutschland anzutreten. Wir entschieden uns spontan dazu, in Frankreich einen Abstecher nach Lyon zu machen und von dort aus noch nach Luxemburg zu fahren, bevor wir Tage später unsere Heimatstadt Neumünster erreichten.

Kaum waren wir zu Hause angekommen, verabschiedete sich Cem auch schon gleich wieder von mir, um einen weiteren Urlaub in seinem Heimatland der Türkei anzutreten. Ich dagegen war völlig abgebrannt und hatte meine Kohle mal wieder bis auf den letzten Pfennig verprasst. Daher führte mich mein erster Weg umgehend zu meinem Kumpel Florian, der bereits sehnsüchtig auf meine Ankunft wartete.

Kaum waren wir beide wieder vereint, steckten wir auch schon wieder unsere Köpfe zusammen und überlegten, welche Route wir einschlagen könnten. Keine 24 Stunden später wühlten wir in alter Manier weit weg von zu Hause bei dunkelster Nacht in irgendeinem Geschäft nach Beute.

Eines frühen Morgens hielten wir – den Kofferraum voll mit gestohlener Einbruchsware – auf einer menschenleeren Landstraße an einer roten Ampel. Als ich in den Rückspiegel blickte, sah ich erschrocken, wie sich uns langsam ein Polizeiwagen näherte. An der Ampel blieb dieser zu allem Überfluss auch noch direkt neben unserem Mietwagen stehen. Außer unseren beiden Autos war weit und breit kein weiteres Auto zu sehen. Wie versteinert sahen Florian und ich stur nach vorn.

Zu unserem Pech schien die Ampel gar nicht mehr auf Grün umspringen zu wollen. Minutenlang saßen wir unter Hochspannung direkt neben der Polizei und regten uns keinen Millimeter. Als Florian einen flüchtigen Blick riskierte, schaute er in die Gesichter zweier Polizisten, deren Interesse wir anscheinend geweckt hatten. Ich schwitzte Blut und Wasser und betete inbrünstig, sie mögen uns nicht kontrollieren.

Als Florian ein weiteres Mal zu ihnen hinübersah, machte einer der beiden Polizisten eine Geste, die Florian zunächst nicht verstand. Daraufhin ließ er das Fenster ein wenig herunter, um sich von dem Polizisten verdeutlichen zu lassen, sich gefälligst anzuschnallen. Als hätten wir nichts zu verbergen, lachten wir scheinheilig, und Florian folgte umgehend der Anweisung des Polizisten. Nachdem die Scheißampel nach einer gefühlten Ewigkeit endlich auf Grün umsprang und die Polizei rechts abbog, fuhr ich in die entgegengesetzte Richtung, obwohl ich eigentlich in dieselbe Richtung hätte fahren müssen. Ich konnte nicht genug Abstand gewinnen und war heilfroh, glimpflich aus der Nummer herausgekommen zu sein.

Wieder einmal hatte ich es nur purem Glück zu verdanken, einer Verhaftung entkommen zu sein. Doch meine Schonfrist war mittlerweile abgelaufen und meine Zeit des Glücks vorbei. Am 22.07.1995 verließ mich mein bis dahin gepachtetes Glück. Gemeinsam mit Florian fuhr ich nach Herford in Nordrhein-Westfalen, um in einem Desaster zu enden.

Knast Teil II

Wir hatten in dieser Nacht bereits einige erfolglose Dinger hinter uns gebracht und dabei nicht einen Pfennig erbeutet. Wir zogen von Stadt zu Stadt und landeten tief in der Nacht eher zufällig in Herford. Als wir durch die menschenleere Fußgängerzone liefen, um nach einem geeigneten Objekt Ausschau zu halten, entdeckten wir aus der Ferne einen der Telefonläden, aus denen wir in der Vergangenheit Tausende von DM erbeutet hatten.

Durch ein Seitenfenster des Geschäfts verschafften wir uns in Windeseile Zutritt und standen direkt in dem Raum, wo sie ihren zentnerschweren Tresor verwahrten. Und auch hier hing der Schlüsselkasten wie in allen anderen Geschäften neben dem Tresor an der Wand. Doch dieser hier war anders. Er schien aus massivem Stahl zu sein. Mit vereinten Kräften und Brachialgewalt versuchten wir ihn aufzubrechen. Wir scheiterten kläglich. Robust und widerstandsfähig schafften wir es lediglich, die Tür des Kastens ein wenig zu verbiegen, sodass sich ein kleiner Spalt auftat.

Als ich mit meiner Taschenlampe ins Innere leuchtete, erkannte ich sofort den Tresorschlüssel darin liegen. Doch durch die schmale Lücke und die verbogene Tür war es uns unmöglich, ihn da irgendwie herauszubekommen. Sämtliche Versuche scheiterten.

Florian kam auf die Idee, es mit einem dünnen Stück Draht zu versuchen. Wir verließen daraufhin kurzzeitig das Geschäft, um aus unserem Auto einen Drahtbügel zu holen, den wir rein zufällig im Kofferraum liegen hatten. Zurück im Geschäft setzten wir unsere Arbeit am Schlüsselkasten fort. Doch auch mit dem Drahtstück gelang es uns nicht, den Tresorschlüssel herauszuziehen, da der Spalt viel zu schmal war.

Getrieben von dem Gedanken, gleich wieder mehrere Tausend DM in den Händen zu halten, gaben wir unser Bestes. Beinahe eine Stunde lang bemühten wir uns vergebens, bis uns schließlich die Kräfte ausgingen und wir resigniert aufgaben. Uns beiden war klar, dass uns in diesem Moment sicherlich Tausende DM durch die Lappen gingen. Diesmal aber blieben wir chancenlos.

Frustriert und erneut ohne einen Pfennig gemacht zu haben, verließen wir das Geschäft durch das Fenster, durch das wir zuvor eingestiegen waren. Genau in diesem Augenblick muss uns irgendwer dabei beobachtet haben. Seelenruhig und als ob nichts gewesen wäre, liefen wir in Richtung unseres geparkten Wagens, der in sicherer Entfernung auf einem Parkplatz stand, um Herford den Rücken zu kehren. Wir wollten schnell weiter, um unser nächstes Ding in dieser Nacht zu starten. Doch dazu sollte es nicht mehr kommen.

Wir hatten den soeben begangenen Einbruch schon abgehakt und amüsierten uns über den Flop, indem wir uns gegenseitig aufzogen und verarschten. Als wir unser Auto erreichten, nahmen wir an, dass alles wie immer wäre und wir wie gewohnt in Kürze unser nächstes Ziel ansteuern würden, als nichts ahnend plötzlich jemand direkt hinter unserem Auto hervorsprang und uns anschrie, stehen zu bleiben.

Florian und mir war sofort klar, dass das nur ein Bulle sein konnte. Wir sahen uns an und unser Respekt galt weniger dem Typen als vielmehr seinem einem Werwolf ähnelnden Schäferhund, den er an einer kurzen Leine mit sich führte. Er gab sich daraufhin als Polizist zu erkennen und befahl uns, uns nicht mehr zu rühren.

Ich aber hielt nicht viel von seiner Ansage und schiss darauf. Gerade als er sein Funkgerät in die Hand nahm, um sich mit seinen Kollegen zu verständigen, dessen Polizeisirenen wir bereits deutlich vernehmen konnten, nutzte ich diese kurze Ablenkung, um die Flucht zu ergreifen. Blitzschnell spurtete ich los und rannte so schnell ich nur konnte davon.

Der Polizist schrie mir noch hinterher, stehen zu bleiben, bevor er seinen Scheißhund von der Leine ließ und ihm den Befehl gab, mich zu fassen. In einem Riesentempo hetzte der Hund hinter mir her.

Ich rannte in einen Park. Während ich wahrscheinlich Weltbestzeit lief, hörte ich das Hecheln meines Verfolgers immer näher kommen. Als ich mich umsah, erkannte ich, dass ich nur noch wenige Meter Vorsprung hatte. Um dem Köter zu entkommen, sprang ich panisch auf eine hohe Mauer. Genau in dem Moment, als ich zum Sprung ansetzte, erreichte der Hund meine Höhe. Unvermittelt biss er mir herzhaft in meine linke Arschbacke, sodass ich völlig erschrocken kopfüber von der Mauer in ein Brennnesseldickicht fiel und mich dort versteckte.

Während ich mucksmäuschenstill in meinem Versteck verharrte, vernahm ich Polizeisirenen und Stimmen von Polizisten, die ganz in der Nähe nach mir suchten. Sie rückten mir ziemlich dicht auf die Pelle, ich blieb aber zunächst unentdeckt. Nach einer gefühlten Ewigkeit nahm der Lärm um mich herum ab, bis schließlich wieder totale Stille einkehrte.

Dass ich jetzt von der Polizei gejagt wurde, war in diesem Moment jedoch nicht mein einziges schwerwiegendes Problem. Ich musste schon seit Stunden scheißen und ausgerechnet jetzt plagten mich schmerzhafte Magenkrämpfe. Dass ich nun zusammengekauert auf dem Boden saß, führte nicht gerade zur Entspannung meines Leidens bei.

Nachdem ich irgendwann das Gefühl hatte, dass die Luft rein war, traute ich mich aus meinem Versteck heraus. Ich kletterte erneut über die Mauer und schlich mich unauffällig in Richtung unseres geparkten Autos, insgeheim hoffend, schnell davonbrausen zu können, was wohl einer meiner dämlichsten Einfälle seit Langem war. Als ich unser Fahrzeug erreichte und vorsichtig um die Ecke lugte, war von Polizei weit und breit keine Spur. Und auch mein Kumpel Florian hatte sich in Luft aufgelöst.

Was ich erst viel später erfahren sollte, war, dass es ihm trotz angelegter Handschellen ebenfalls gelungen war, davonzurennen.

Allerdings endete seine Flucht schon nach wenigen Minuten. Auf einem belebten Platz lief er der Polizei direkt in die Arme.

Ich war gerade dabei, den Autoschlüssel ins Türschloss zu schieben, und wähnte mich in Sicherheit, als genau in dem Moment, in dem ich die Fahrertür öffnete, in unmittelbarer Nähe Scheinwerfer eines Autos aufleuchteten, die in meine Richtung schienen. Blaulicht erleuchtete erneut den Nachthimmel, und wieder heulten Polizeisirenen auf. Die Polizei hatte sich auf die Lauer gelegt und wohl schon fest damit gerechnet, dass ich zum Fahrzeug zurückkehren würde. Und ich Vollidiot tat ihnen dann auch den Gefallen.

Wieder tauchte der Bulle mit seiner Bestie im Schlepptau direkt vor mir auf. Wie schon zuvor schrie er mich erneut an, stehen zu bleiben. Doch auch diesmal ignorierte ich seinen Befehl und spurtete los. Und Kommissar vier Pfoten wieder hinter mir her. Doch diesmal war mein Vorsprung einfach zu gering, um ihn abhängen zu können. Nur wenige Augenblicke später erreichte er meine Höhe, um mich mit einem gezielten Biss in meine Kniekehle außer Gefecht zu setzen.

Der Hund biss sich so heftig in meinem Bein fest, dass ich im vollen Lauf ins Straucheln geriet und dermaßen auf die Fresse flog, dass ich mir beim Rutschen über den harten Asphalt gefühlt ein Hektar Haut aufschürfte. Als ich wieder aufstehen wollte, gelang mir dies nur mühsam. Durch den Biss gehandicapt, blieb ich einfach stehen und versuchte mit ruhigen Worten auf den Polizeihund einzureden, der noch immer völlig aggressiv um mich herumsprang, mich anbellte und dabei seine bedrohlich wirkenden, messerscharfen Zähne fletschte. Erst als sein Herrchen herbeieilte, ließ er von mir ab. Obwohl ich regungslos dastand und mich offensichtlich ergeben hatte, drückte mich der Polizist mit ziemlicher Brutalität gegen eine Mauer.

In Handschellen gefesselt wurde ich in einen Polizeibus gesetzt. Durch das Adrenalin, das mir in diesem Moment durch meinen Körper schoss, bemerkte ich zunächst gar nicht, dass ich schwer verletzt war. Dadurch dass mir der Hund zuvor in die Kniekehle gebissen hatte, blutete mein Bein sichtbar stark. Es trat so viel Blut aus der Wunde, dass meine weiße Trainingshose, die ich an diesem Tag trug, sich in ein dunkles Rot verwandelte. Sie war dermaßen blutdurchtränkt, dass sie an meiner Wade klebte. Ich spürte keinerlei Schmerzen. Erst als der vor mir sitzende Polizist auf mein Bein starrte, realisierte ich, wie verletzt ich war.

Als der Polizist mir noch im Fahrzeug das Hosenbein hochkrempelte und ich das viele Blut sah, musste ich würgen. Der Hund hatte mir so tief in meine Ader gebissen, dass das Blut nur so aus der Wunde schoss. Mir wurde regelrecht schwarz vor Augen. Auf direktem Wege fuhr man mich auf ihr Revier, wo ich in einer ihrer Gewahrsamszellen von einem herbeigerufenen Arzt in Augenschein genommen wurde. Eine von mir beanspruchte Fahrt ins nächstgelegene Krankenhaus wurde allerdings scheinbar aus Risikogründen abgelehnt. Man wollte einen weiteren möglichen Fluchtversuch verhindern.

Der Arzt verpasste mir eine riesige Tetanusspritze in meine ohnehin schon lädierte Arschbacke, bevor er die Blutung schließlich mit einem dicken Druckverband zum Stoppen brachte. Und weil ich nun nicht mehr normal laufen konnte, bekam ich zwei Krücken gereicht, um mich fortzubewegen.

Was zu diesem Zeitpunkt aber keiner der Anwesenden um mich herum bemerkte und auch mir erst auffiel, als man mich später allein in der Zelle zurückließ, war die Tatsache, dass ich mir bei der Flucht vor dem Hund schlicht und ergreifend in die Hose geschissen hatte. Den ganzen Abend über hatte mich ein menschliches Bedürfnis geplagt, dessen ich mich während der Flucht vor dem Köter unfreiwillig entledigt hatte. Notdürftig wusch ich mich später auf ihrer Toilette und schmiss dort meine eingesaute Unterwäsche in den Mülleimer.

Zwei lange Nächte mussten ich und Florian, der ein paar Zellen neben mir eingesperrt war, auf ihrem Revier ausharren, bevor man uns am frühen Montagmorgen aus den Zellen holte, um uns getrennt voneinander zu verhören. Da Leugnen völlig zwecklos gewesen wäre, gaben wir den Einbruch in das Telefongeschäft zu, in der Zuversicht, unseren Kopf noch irgendwie aus der Schlinge ziehen zu können.

Doch unsere Hoffnung, im Anschluss nach Hause gehen zu dürfen, starb in dem Moment, als sich die Kriminalpolizei von Herford telefonisch mit ihren Kollegen in Neumünster in Verbindung setzte und diese ihnen mitteilten, wer ihnen da ins Netz gegangen war. Als diese sie nämlich darüber in Kenntnis setzten, dass gegen uns bereits wegen zahlreicher Einbruchsdelikte im gesamten Bundesgebiet ermittelt werde, riet man ihnen dazu, uns auf keinen Fall laufen zu lassen. Das überzeugte die Kripo in Herford, uns einem Haftrichter vorzuführen, der jetzt über unser weiteres Schicksal bestimmen sollte.

Im Gerichtsgebäude traf ich dann auf Florian, der von mehreren Polizisten bewacht auf einer Bank sitzend ebenfalls darauf wartete, zum Richter gebracht zu werden. Man setzte mich direkt neben ihn. Da sie aber Absprachen befürchteten, verbot man uns, miteinander zu sprechen. Stillschweigend, umzingelt von einer Horde Polizisten, die alle darauf aufpassten, dass wir nicht erneut die Biege machten, saßen wir teilnahmslos da. Lädiert, müde und gezeichnet von den Strapazen der letzten Nächte, starrten wir ins Leere. Ein echt beschissenes Gefühl, wenn man realisiert, dass das weitere Schicksal in den Händen eines wildfremden Menschen liegt.

Dennoch hatte ich in diesem Moment noch immer die Hoffnung, gleich nach Hause entlassen zu werden. Bis zu diesem Zeitpunkt hatte ich keinen blassen Schimmer, was für eine Aufmerksamkeit wir auf uns zogen. Auch wussten wir nicht, dass unser Fall damals oberste Priorität für die Kriminalpolizei von Neumünster hatte und sie unseretwegen sogar mit dem Landeskriminalamt in Wiesbaden in Verbindung standen, ebenso wenig wie die Tatsache, dass sich mittlerweile eine Sonderkommission intensiv mit unserem Fall beschäftigte.

Als sie Florian nun zum Richter ins Büro brachten und es nicht lange dauerte, bis er wieder hinaustrat, glaubte ich schon an ein Happy End. Als er mir sichtlich erleichtert zurief, nach Hause gehen zu dürfen, freute ich mich mit ihm. Jetzt ging ich felsenfest davon aus, dass auch ich in Kürze als freier Mann das Gerichtsgebäude verlassen und gemeinsam mit meinem Freund die Heimreise antreten würde.

Was ich jedoch in keiner Weise bedachte, war der Fakt, dass Florian im Gegensatz zu mir sehr viel weniger vorbelastet war. Ich dagegen war bereits mehrmals polizeilich in Erscheinung getreten. Ich stand unter einer laufenden Bewährung, aber das wohl Ausschlaggebendste war, dass ich vor noch nicht einmal einem Jahr aus meiner letzten Haft entlassen worden war. Dazu galt ich jetzt als mutmaßlicher Kopf einer Bande, die Hunderte von Einbrüchen in ganz Deutschland beging. Ganz zu schweigen von der Flucht vor der Polizei.

Der Richter sah es letztlich genauso. Er wertete all diese Argumente gegen mich. Nach einem kurzen Gespräch ließ er mich schließlich wissen, dass er mich aufgrund der gegebenen Fluchtgefahr und der laufenden Ermittlungen in Untersuchungshaft nehmen müsse. Schnell erließ er einen Haftbefehl, bevor er die anwesenden Polizisten aufforderte, mich ins Gefängnis zu bringen.

Als wäre er im Unrecht, verließ ich völlig uneinsichtig kopfschüttelnd und ohne ein Wort zu sagen, humpelnd auf meinen Krücken sein Büro. Bewacht von zwei Beamten der Kriminalpolizei fuhren sie mich im Anschluss auf direktem Wege in die JVA Herford.

Ich erinnere mich noch gut daran, dass wir auf der Fahrt dorthin an einer roten Ampel hielten. Während ich geistesabwesend auf dem Rücksitz ihres Polizeiautos hockte, radelte eine Reihe luftig gekleideter Mädels in meinem Alter in bester Laune auf ihren Fahrrädern an mir vorbei. Ihren Utensilien nach zu urteilen, die sie mit sich führten, waren sie im Begriff, in ein nahegelegenes Freibad zu fahren, um sich zu amüsieren. Es waren Ferien und

Hochsommer und einer dieser Tage, an denen keine einzige Wolke den strahlend blauen Himmel trübt. Und während die Mädels lachend und unbeschwert davonfuhren, saß ich in Handschellen gefesselt in Mitleid badend traurig auf der Rückbank und sah ihnen hinterher.

Als wir das Gefängnis erreichten und ich aus dem Auto stieg, humpelte ich in Begleitung der zwei Polizisten wie in Zeitlupe auf das riesige Tor zu. Ein letztes Mal war es mir gestattet, Frischluft einzuatmen, um sie in Kürze erneut gegen gesiebte Luft einzutauschen. Als ich das Gefängnis betrat und das riesige Tor sich mit einem lauten Knall hinter mir schloss, war es so, als hätte ich ein Déjà-vu. Ich war nun wieder im Knast. Ich ahnte augenblicklich, dass ich dieses Mal nicht so glimpflich wie beim letzten Mal davonkommen würde.

Vier Wochen blieb ich in Herford. Dort musste ich mir mit einem durchgeknallten Sinti eine Zelle teilen. Ein Typ, der sich voller Stolz damit brüstete, dass seine gesamte Familie in Haft säße. Einem Zeitungsartikel, den er mir beinahe euphorisch präsentierte, entnahm ich, dass tatsächlich seine Eltern, seine Geschwister, seine Onkel und Tanten, seine Cousins und selbst seine Ehefrau wegen verschiedenster Delikte in Gefängnissen einsaßen. Er freute sich so sehr darüber, als wären sie die Kennedys.

Als ich seinen Haftgrund erfahren wollte, erzählte er mir allen Ernstes, dass er 300 Milliarden DM gestohlen und sie in einem Wäschekorb versteckt hatte. Er war völlig irre. Trotzdem war ich froh, dass ich jemanden zum Quatschen hatte. Denn die Tatsache, Hunderte Kilometer von zu Hause am Arsch der Welt eingesperrt zu sein, mit einem mulmigen Gefühl der Ungewissheit, stimmte mich nicht gerade freudig.

Und wenn ich nicht gerade unentwegt in die Glotze schaute oder mit meinem hochintelligenten Zellengenossen Gespräche auf höchstem Niveau führte, vertrieb ich mir meine Zeit damit, bei brütender Hitze gemeinsam mit anderen Knackis auf dem Gefängnishof Basketball zu spielen. Umso erfreuter war ich, als ich nach einem Monat erfuhr, dass ich in meine Heimatstadt nach Neumünster ins dortige Gefängnis verlegt werden sollte.

Früh im Morgengrauen ging es für mich „auf Transport". Das ist die animalische Bezeichnung für die Überstellung von Gefangenen in andere Gefängnisse. Allerdings fährt man die Strecke zum Leidwesen eines jeden Häftlings nicht in einem Ruck durch, sondern in Etappen, weil jeder verdammte Knast, der auf dem Weg liegt, angesteuert wird. Man wird zwischengeparkt und muss dort nächtigen. Aus diesem Grund kann sich die Fahrt je nach Entfernung des Zielortes Tage oder gar Wochen hinziehen, was mit erheblichen Strapazen verbunden ist.

In einem riesigen Gefangenenbus setzte man mich in eine der engen, nicht einmal einen Quadratmeter großen Kabinen, in der ich die Fahrt gemeinsam mit drei weiteren verwahrlost wirkenden Knackis antrat. Für mich als ewiger Nichtraucher war es natürlich ein Hochgenuss, dass meine Mitreisenden die ganze Fahrt über in dem kleinen Raum ihre selbst gedrehten Zigaretten quarzten.

Der erste Zwischenstopp war das Hochsicherheitsgefängnis von Bielefeld. Dort war dann auch gleich Endstation und ich musste in diesem Horrorknast eine Nacht verbringen. Hier waren nur Schwerstkriminelle untergebracht, einer schlimmer als der andere. Viele von ihnen sahen wirklich Furcht einflößend aus. Muskelbepackt und breit wie Kühlschränke. Tätowiert von Kopf bis Fuß. Wenn Blicke töten könnten, waren dies definitiv alles Mörder. Von anderen Gefangenen erfuhr ich, dass einer der berühmt-berüchtigten Geiselgangster von Gladbeck zu jener Zeit dort einsaß, um seine lebenslange Freiheitsstrafe zu verbüßen.

Als ich in eine Zelle gesteckt wurde, war dort bereits ein älterer farbiger Häftling untergebracht, der genau wie ich auf seine Überstellung in ein anderes Gefängnis wartete. Ganz schweigsam saß er auf einem Stuhl, schälte mit einem Messer einen Apfel und starrte durch das vergitterte Fenster in die Ferne hinaus. Als ich ihn freundlich begrüßte, ignorierte er mich. Ich versuchte daraufhin, mit meiner kindlich klingenden Stimme ein Gespräch zu erzwingen und fragte ihn auf meine naive Art direkt nach seinem Haftgrund, was man im Knast lieber unterlassen sollte. Da widmete er mir seine volle Aufmerksamkeit.

Als er sich nun zu mir umdrehte, erkannte ich, dass er eine Augenklappe trug; das war mir zuvor gar nicht aufgefallen. Ich schiss mir aus Angst beinahe in die Hose, als er die Augenklappe hochklappte und ich in eine hohle Augenhöhle blickte. Als ob das nicht schon gereicht hätte, ließ er mich mit einer bedrohlichen, tief klingenden Bassstimme in gebrochenem Deutsch wissen, dass er wegen Mordes einsitze. Mir lief es eiskalt den Rücken herunter. Ich wollte das alles nicht wahrhaben. Hatte ich gefühlt eben noch am Strand an der Costa Brava in Spanien gesessen und die schönsten Tage meines jungen Lebens erlebt, fand ich mich nur wenig später in einem Hochsicherheitsgefängnis wieder. Dazu eingesperrt mit einem Mörder im selben Raum. Was für ein Kontrast.

Ich tat die ganze Nacht kein Auge zu, weil ich dem Typen nicht über den Weg traute. Ich erinnere mich noch gut daran, wie ich ihn von meinem Hochbett aus dabei beobachtete, wie er geschätzt 20-mal zur Toilette ging, um Wasser zu lassen. Das Seltsame daran war, dass er überhaupt nichts trank und trotzdem jedes Mal minutenlang laut urinierte. Seine Blase hielt mich die ganze Nacht wach. Ich war heilfroh, als es endlich hell wurde und es für mich weiter auf Transport ging.

Die nächste Station auf meinem Weg zurück in meine Heimatstadt war die JVA Hannover. Ein riesiges Gefängnis mit über tausend Inhaftierten, das als eines der größten Drecklöcher in Deutschland galt. In dem Gebäude, in dem ich untergebracht wurde, war Hygiene ganz offensichtlich ein Fremdwort.

Ich landete in einer Zelle, die so dermaßen verdreckt war, dass ich mir ernsthafte Gedanken um meine Gesundheit machte. Eine zentimeterdicke Staubschicht bedeckte das Inventar. Die Wände waren mit Fäkalien beschmiert und die Matratze meines Bettes völlig zerfetzt. Die Toilette sah derart menschenunwürdig aus, dass mir die Galle hochkam. Unbenutzbar!

Ich platzierte einen Stuhl auf dem Toilettendeckel, weil mir Mitgefangene dazu rieten. Sie setzten mich darüber in Kenntnis, dass es durchaus sein konnte, dass sich Ratten und Mäuse ihren Weg durch die Kanalisation direkt in die Zellen bahnten. Nachts, wenn es still war und man im Bett lag, konnte man tatsächlich hören, wie sie in Rohren direkt hinter der Wand ihre Bahnen zogen. Ich schlief die ganze Zeit in meinen Klamotten. Zu sehr ekelte mir nur bei dem Gedanken, die Matratze mit meiner Haut zu berühren.

Gleich fünf Tage und Nächte musste ich in dieser schicken Suite verweilen. Meine erste Nacht dort verbrachte ich gemeinsam mit einem mazedonischen Möchtegernzuhälter, der mit schmierigen Lametta-Goldketten behangen war und einen aus der Mode gekommenen Nylon-Jogginganzug trug. Er hielt mich mit seinen Rotlichtgeschichten die halbe Nacht vom Schlafen ab und quasselte ohne Punkt und Komma. Er ging mir richtig auf die Nerven. Ich war heilfroh, als er mich am nächsten Morgen wieder verließ.

Doch es wurde nicht besser. Ich blieb nicht lange allein. Noch am selben Tag steckten sie zwei stumpfsinnige Dumpfbacken von Skinheads ausgerechnet zu mir in die Zelle. Ihre kahl geschorenen Köpfen, ihre Bomberjacken und ihre schwarzen Springerstiefel ließen keinen Zweifel daran, wen man hier vor sich hatte. Ich stellte mich gleich auf eine wüste Prügelei ein, denn mit meinen damals langen gelockten schwarzen Haaren und meinem südländischen Teint galt ich unter ihresgleichen als das, was sie abwertend als „Kanaken" bezeichneten und am meisten verachteten.

Zu meinem großen Erstaunen blieben sie jedoch friedlich. Sie musterten mich von Kopf bis Fuß und begrüßten mich dann schon beinahe freundlich mit einem kumpelhaften Handshake und den Worten „Hallo Kamerad!". Nachdem das Eis gebrochen war und wir so langsam ins Gespräch kamen, fanden wir uns bereits kurz darauf wie drei alte Kumpels, die sich schon ewig kennen, laut plaudernd am Tisch wieder, wo wir uns gemeinsam die Zeit mit Kartenspielen und Kaffeetrinken vertrieben. Schon sonderbar, wenn man bedenkt, dass man sich draußen mit Sicherheit gegenseitig die Köpfe eingehauen hätte. Im Knast allerdings galten andere ungeschriebene Gesetze. Man saß im gleichen Boot und respektierte dies auch.

Nach mehreren Tagen in Hannover, die sich wie eine Ewigkeit anfühlten, schritt meine Verlegung endlich voran. Im Untersuchungsgefängnis von Hamburg legten wir noch einmal einen mehrstündigen Zwischenstopp ein, wo ich mich bei einem Teller Erbsensuppe stärken durfte, bevor ich am späten Nachmittag nach einer über einmonatigen Tortur endlich zurück in meiner Heimatstadt Neumünster war und in dem dortigen Knast ankam.

Doch Zeit zum Verschnaufen bekam ich nicht. Viel zu brisant war damals unser Fall. Ich war noch keine 24 Stunden in altgewohnter Umgebung, als man mich am frühen Morgen aus meiner Zelle holte und zum Haupttor brachte. Schon von Weitem erblickte ich alte Bekannte. Exakt dieselben zwei Kripobeamten, die mich im Jahr zuvor zu Hause verhaftet hatten, standen bereit, um mich mit auf ihr Revier zu nehmen und dort zu verhören.

Auf der Fahrt zu ihrer Wache rief mir einer der beiden Polizisten mit einem Hauch von Süffisanz in der Stimme zu, dass wir uns ja ordentlich ausgetobt hätten. Da ich annahm, dass er auf den Abend unserer Verhaftung anspielte, ging ich nicht weiter auf seinen blöden Kommentar ein. Was er mir damit eigentlich sagen wollte, sollte ich in wenigen Augenblicken erfahren.

Als wir das Revier erreichten, legte man mir vorsorglich Hand- und Fußfesseln an, um einen erneuten Fluchtversuch zu verhindern. Gesichert wie Hannibal Lecter führten sie mich durch einen langen Korridor zu ihnen ins Büro. Während ich in kleinen Schritten durch ihre Abteilung tapste, lehnten sich weitere Kripobeamte wie Nutten im Puff in den Türrahmen und klatschten höhnisch Beifall.

Einer zischte mir zu: „Haben wir dich endlich, du Arsch“, während andere Polizisten mich wie einen Promi begafften. Ich dagegen begriff noch immer nichts und dachte mir im Stillen, was für einen Aufstand die doch machten, und das alles nur wegen ein paar Einbrüchen, die wir begangen hatten. Ich hatte noch immer keinen blassen Schimmer, dass das Kartenhaus schon längst in sich zusammengefallen war.

Als man mich nun in ihr Büro führte, wäre ich vor lauter Schreck beinahe aus den Latschen gekippt. Riesige weiße Plakate pflasterten ihre Wände, darüber prangte mit einem Edding fett gedruckt mein Name. Unmittelbar darunter deutlich zu erkennen eine Auflistung der von uns begangenen Einbrüche aus jüngster Zeit. Als ich sie flüchtig überflog, registrierte ich schon allein über hundert. In einer daneben angebrachten Deutschlandkarte symbolisierten Stecknadeln Orte, in denen wir aktiv gewesen waren. Die Karte war von Stecknadeln nur so übersät. Völlig perplex stand ich da und brachte kein Wort mehr heraus.

Mein Gesichtsausdruck muss Bände gesprochen haben. Der Kripobeamte riet mir gleich zu Beginn des Verhörs dazu, dass es das Beste für mich sei, alles zu gestehen, da sie ohnehin schon genug Beweise gegen mich und die Jungs vorbringen könnten. Sie ließen mich jetzt wissen, dass sie bereits seit Monaten hinter uns her gewesen waren und es nur eine Frage der Zeit gewesen wäre, bis man uns verhaftet hätte, wären ihnen nicht ihre Kollegen in Nordrhein-Westfalen bereits zuvorgekommen.

Die Kriminalpolizei hatte ganze Arbeit geleistet. Sie legten Beweise gegen mich vor, um mich für Jahre hinter Gitter verschwinden zu lassen. So waren sie im Besitz von beschlagnahmtem Diebesgut, das sie bei Hausdurchsuchungen gefunden hatten und uns zweifellos zuordnen konnten. Belastende Foto und Videoaufzeichnungen, auf denen wir klar als Täter zu identifizieren waren. Zeugenaussagen, die gegen uns sprachen, sowie hinterlassene Fingerabdrücke an verschiedensten Tatorten. Und auch Geständnisse von Cem, Ismael und Sven, die man in meiner Abwesenheit über Delikte in zurückliegenden Fällen verhört hatte.

Die Kripo riet mir dazu, dass es für mich das Beste sei, reinen Tisch zu machen. Nach reichlicher Überlegung kam auch ich zu der Erkenntnis, dass es für mich von Vorteil sein könnte, zumindest die Einbrüche zu gestehen, die sie mir ohnehin zweifelsfrei nachweisen konnten. Und das waren eine ganze Menge.

So konfrontierten sie mich mit einer Vielzahl von Einbrüchen, die schon einige Jahre zurücklagen. Zu jedem einzelnen Einbruch musste ich Stellung beziehen. Die Kripo hatte Puzzleteil für Puzzleteil zusammengesetzt. Doch was das Schlimmste für mich gewesen ist, war die Tatsache, dass sie mich auch wegen der Einbrüche in die vielen Confiserien und Telefongeschäfte an den Eiern hatten. Allein in diesen Fällen ging der Schaden in die Hunderttausende.

Über drei Tage zog sich das Verhör hin, wobei ich jedes Mal am frühen Morgen aus dem Knast geholt und am späten Nachmittag wieder zurückgebracht wurde. Am Ende des Verhörs schlugen über 200 nachweisbare Einbrüche zu Buche, dazu ein entstandener Schaden von über 320.000 DM. Sowohl der Kripo als auch mir war klar, dass dies nur die Spitze des Eisbergs war.

Als am Ende meine Aussage zu Papier gebracht wurde und ich sie unterschrieb, war ich mir sicher, das Tageslicht für Jahre nicht mehr wieder zu sehen. Ich ging davon aus, dass sie mich jetzt bis zu meiner Rente wegsperren würden.

Doch damit nicht genug. Die beiden Kripobeamten hatten zu guter Letzt noch eine hocherfreuliche Nachricht für mich. Mit einem dreckigen Grinsen im Gesicht teilte man mir mit, dass der Richter, der mich im Jahr zuvor unter der Bedingung, ein straffreies Leben zu führen, aus der Haft entlassen hatte, nun das dringende Bedürfnis verspürte, mich zu sprechen.

Sie fuhren mich zu ihm ins Gerichtsgebäude, wo er in seinem Büro bereits auf mich wartete. Mit verschränkten Armen lässig in seinem Lederstuhl lehnend, begrüßte er mich gespielt freundlich. Ich nahm direkt vor ihm auf einem Stuhl Platz. Weil mir die Tragweite meines Handelns noch immer nicht bewusst war, nutzte ich gleich mal die Gelegenheit, um den Richter ganz unverblümt zu fragen, ob ich in die Freiheit entlassen würde.

Er warf sich daraufhin fast weg vor Lachen. Auch die anwesenden Polizisten lachten laut auf. Nur ich saß da und verzog keine Miene. Postwendend wollte der Richter nun von mir wissen, ob ich einen an der Waffel hätte. Wie einem begriffsstutzigen Kind machte er mir so verständlich wie möglich klar, dass nachdem man über so einen langen Zeitraum versucht hatte, uns das Handwerk zu legen und dingfest zu machen, sie mich wohl kaum wieder in die Freiheit schicken würden.

Von einer Sekunde auf die andere verfinsterte sich sein Gesichtsausdruck. Er gab mir nun deutlich zu verstehen, mich bis zu meiner Gerichtsverhandlung in Untersuchungshaft schmoren zu lassen, was allein schon Monate dauern konnte, und dass er auch danach keine Chance auf eine baldige Entlassung sah. Stattdessen riet er mir, mich auf eine empfindliche Strafe einzustellen, die ich dann noch im Anschluss verbüßen müsste.

Während der Richter mit mir sprach, geisterten in meinem Kopf schon die schlimmsten Szenarien. Er zischte mich an, dass ich nun, wie im Jahr zuvor angekündigt, alle Härte der Justiz zu spüren bekäme. Er ließ mich wissen, dass er sich deutlich verarscht fühlte, indem ich ihm im Jahr zuvor versprochen hatte, sauber zu bleiben. Hätte er geahnt, was ich auf dem Kerbholz hatte, wäre ihm damals nicht im Traum eingefallen, mich schon nach nur einem Vierteljahr aus der U-Haft zu entlassen. Sichtbar angesäuert und mit hochrotem Kopf drückte er mir einen erweiterten Haftbefehl in die Hand und gab daraufhin den beiden Kripobeamten mit einem Fingerzeig die Anweisung, mich zurück ins Gefängnis zu bringen.

Meine zweite Haftstrafe begann praktisch dort, wo meine letzte aufgehört hatte. Nach ein paar Tagen auf der Zugangsstation wurde ich auf dieselbe Abteilung verlegt, auf der ich auch schon während meiner ersten Haftstrafe untergebracht worden war. Hier traf ich dann auch gleich alte Bekannte aus dem Vorjahr wieder, die noch immer ihre Strafen verbüßten.

Da mir nun so langsam dämmerte, in nächster Zeit so schnell nicht wieder auf freiem Fuß zu sein, versuchte ich mich so gut es ging allmählich mit dem eintönigen Knastalltag anzufreunden, was mir jetzt noch schwererfiel als im Jahr zuvor. Denn hatte ich die Monate vor der Haft wie ein King gelebt, mit jedem erdenklichen Luxus, und mir alle Freiheiten gegönnt, kam es mir nun so vor, als lebte ich in einem Käfig.

Es war ein äußerst beklemmendes Gefühl, wieder eingesperrt zu sein, das jeden Morgen aufs Neue in einem entfacht wurde, sobald man seine Augen öffnete und realisierte, an was für einem schrecklichen Ort man sich befand. Dazu kam, dass man sich ständig mit der noch ausstehenden Strafe befasste, die in meinem Fall nur sehr hoch ausfallen konnte. Der Gedanke daran, vielleicht für Jahre an diesem Ort verweilen zu müssen, fraß mich regelrecht auf. Denn erst jetzt nahm ich mir – nach all den turbulenten Monaten – notgedrungen Zeit, über das Vergangene nachzudenken, sodass ich kaum Schlaf fand.

Zusätzlich zu dem psychischen Druck setzte mir die mangelnde Hygiene im Knast zu. Als überaus reinlicher, fast schon penibler Mensch verlangte mein Körper nach täglichem Duschen. Jedoch musste man sich strikt an die Duschzeiten halten. Drei Mal wöchentlich war das Maximum, das einem zur körperlichen Reinigung gewährt wurde. Versäumte man die Gelegenheit aus irgendeinem Grund, blieb einem nur das Waschbecken in seiner Zelle, um eine Katzenwäsche vorzunehmen. Für mich war es immer das Highlight des Tages, wenn ich für 15 bis 20 Minuten gemeinsam mit einem Haufen Knackis, die mir zum Teil wildfremd waren, aus der Zelle gelassen wurde, um in den Gemeinschaftsduschen zu duschen.

Schon bald bekam ich das große Privileg, außerhalb der Anstalt in einer Einrichtung arbeiten zu dürfen. Zusammen mit vielen anderen Gefangenen ging es im riesigen Knastbus frühmorgens zu der am Stadtrand gelegenen Einrichtung.

Unmittelbar nach unserem Eintreffen wurden wir auf Vollzähligkeit durchgezählt. Jeder Gefangene bekam seine eigene Identitätsnummer, die man laut aufsagen musste, sobald man das Gebäude betrat. Als ich an meinem ersten Tag unwissentlich meinen Namen anstatt der Nummer aufrief, baute sich direkt ein fetter Justizbeamter vor mir auf und schrie mir mitten ins Gesicht, dass ihn mein Scheißname einen Scheißdreck interessiere, und drohte, mir in Zukunft meine Nummer besser auswendig zu lernen, ansonsten könne ich was erleben. Ich hätte ihm am liebsten eine reingehauen, wollte aber auf keinen Fall gleich am Anfang meiner Haftstrafe negativ auffallen, weswegen ich ihm nur ins Gesicht lachte und an ihm vorbeilief. Das war der typische Umgangston im Knast; auf Nettigkeiten konnte man hier nicht setzen.

In der Einrichtung gab es wie an meinem alten Lehrplatz mehrere Arbeitsbereiche. Ich als ehemaliger Kochlehrling wurde erneut der Küche zugewiesen. Hier musste ich gemeinsam mit anderen auserwählten Knackis für alle weiteren Gefangenen, die in der Einrichtung arbeiteten, und die uns bewachenden Justizbeamten das Essen zubereiten.

Zu meiner Freude wurde die Hygiene zumindest hier großgeschrieben. Bevor wie auch nur einen Fuß in die Küche setzten, wurden wir zuvor allesamt zum Duschen geschickt. Diese Maßnahme war zwingend erforderlich, denn es gab Typen, für die Hygiene ein Fremdwort war. Einige Gefangene sahen so ungepflegt aus, als hätten sie noch nie zuvor ein Stück Seife gesehen.

Als ich einem Mithäftling beim Duschen auf die Füße blickte, wurde mir übel. Seine Fußnägel waren so lang, dass er problemlos die Wände hätte hochkrabbeln können. Sie waren schwarz wie die Nacht und bogen sich bereits so weit nach vorn, dass sie Tiertatzen ähnelten. Trotz der Aufforderung anderer erboster und angewiderter Mitgefangener weigerte er sich, die Nägel zu kürzen. Erst als sie ihm Gewalt androhten, tauchte er mit frisch pedikürten Füßen wieder auf.

Mein Vorgesetzter in der Küche war solch ein unsympathisches Arschloch, wie mir selten eines in meinem Leben begegnet ist. Er ließ keine Gelegenheit aus, seine Machtposition auszuspielen, indem er Gefangene schikanierte oder sie bloßstellte. Dabei empfand er sichtlich Freude. Mir kam er wie einer von der Gestapo vor. Um ihm keinen Grund zu liefern, mich blöd anzumachen, versuchte ich meine Arbeit gewissenhaft zu erledigen. Er fand dennoch Gründe, auch mich blöd von der Seite anzuquatschen. Ich versuchte ihm so gut es ging aus dem Weg zu gehen.

Dass man im Gefängnis saß, ließ sich auch daran leicht erkennen, dass man es überwiegend mit geistig beschränkten Typen zu tun hatte, die ziemlich kaputt daherkamen. Es kam vor, dass sich Häftlinge beim gemeinsamen Frühstück urplötzlich an die Gurgel gingen, nur weil sie sich nicht darauf einigen konnten, wem das letzte verbliebene Brötchen zustand.

Ohne Vorwarnung sprangen sie vom Tisch auf, um sich wie die Neandertaler gegenseitig die Fressen zu polieren. Um zu schlichten, schob ich schnell meines hinüber, womit wieder Ruhe einkehrte und sie weiterfrühstückten, als sei nie etwas geschehen. Viele Gefangene trugen ein enormes Gewalt- und Aggressionspotenzial mit sich herum, das sich mitunter wegen Nichtigkeiten entlud.

Dennoch war ich froh, zu denen zu gehören, die außerhalb der Gefängnismauern arbeiten durften. So hatte ich zumindest das Gefühl, dass die Zeit schneller verstrich. Ich war abgelenkt und musste außerdem nicht die ganze Zeit allein in meiner Zelle hocken. Überdies war das Essen qualitativ sehr viel besser als im Knast. Fünf Tage in der Woche verbrachte ich halbtags in der Einrichtung, bevor es dann am späten Nachmittag wieder zurück ins Gefängnis ging.

Als es meinen Eltern nach einigen Wochen das erste Mal gestattet wurde, mich zu besuchen, mochte ich ihnen nicht gegenübertreten. Ich empfand eine gewisse Scham. Über Jahre hatte ich sie an der Nase herumgeführt und nun wussten sie über alles Bescheid. Als ich in den Besuchsraum trat, sah ich sie traurig am Tisch sitzen. Kaum hatte ich Platz genommen, als mein Vater seinen Gefühlen unvermittelt freien Lauf ließ. Mit tränenerstickter Stimme ließ er mich wissen, wie enttäuscht sie seien, und verlangte sogleich nach einer Erklärung, die ich ihnen schuldig blieb.

Er redete mir ins Gewissen und sagte mir, dass dies nicht die Erziehung sei, die ich genossen hätte. In ihrer Welt war es nicht einmal vorstellbar gewesen, dass ich zu solch einer kolossalen Serie von Straftaten fähig sein könnte und laut Aussage der Polizei gar als Kopf der Einbrecherbande eine Anführerposition innehatte. Sie wollten und konnten nicht glauben, dass ich nur ein Jahr nach meiner letzten Inhaftierung erneut hinter Gittern saß. Hinzu kam, dass ich mich in einer äußerst miserablen Ausgangssituation befand, wie es schien. Meine Eltern wussten wohl, dass ich keinen Heiligenschein hatte, so etwas aber überstieg selbst ihre Vorstellungskraft.

Während mein Vater seine Enttäuschung zum Ausdruck brachte, saß meine Mutter nur da und sagte kein Wort. Ihre Augen waren verweint und es schien so, als würde sie durch mich hindurchsehen. Sie so vor mir zu sehen, brach mir das Herz. Auf einen Schlag wurde mir bewusst, wie sehr ich meine Eltern verletzt haben musste. Sie müssen geglaubt haben, auf ganzer Linie versagt zu haben. Doch traf sie kein bisschen Schuld.

Die beiden hatten sich rein gar nichts vorzuwerfen. Und sie hatten mit allem recht, was sie sagten. Meine Eltern wollten immer nur das Beste für mich. Und jetzt sahen sie sich mit der Tatsache konfrontiert, dass ihr jüngster Sohn zu einem der aktivsten Kriminellen des Landes mutiert war. Für sie brach eine Welt zusammen.

Allein mein Egoismus und die Gier nach einem Leben, das mir nicht im Geringsten zustand, waren für die ganze Misere verantwortlich. Mit Sicherheit fühlten sich meine Eltern für meine Lage mitverantwortlich, und das tat mir unendlich leid. Mir war nach Heulen zumute. Doch wollte ich es ihnen nicht noch schwerer machen, als es ohnehin schon war.

Ich versuchte gefasst zu wirken und versprach, schon bald wieder auf freiem Fuß zu sein. Dabei hatte ich selbst keinen blassen Schimmer, was mir noch alles bevorstehen würde. Vor allem hatte ich keine Ahnung, wie lange ich diesmal hinter schwedischen Gardinen würde verweilen müssen. Denn meine Gerichtsverhandlung stand ja noch an. Mir graute davor. Trotz der Katastrophe, in die ich mich geritten hatte, versuchten mich meine Eltern zu ermutigen, den Kopf jetzt nicht in den Sand zu stecken. Sie sprachen mir Mut zu, das Beste aus der Situation zu machen. Eine andere Option blieb mir letztendlich auch nicht wirklich übrig.

Als die Besuchszeit sich dem Ende zuneigte und meine Eltern sich innig von mir verabschiedeten, hätte ich mich am liebsten selbst geohrfeigt. Die ganzen Jahre über hatte ich mir nie ernsthafte Gedanken darüber gemacht, wie sehr ich die Menschen, die mich wirklich liebten, in Mitleidenschaft ziehen könnte. Ich war sehr enttäuscht über mich selbst und zugleich tieftraurig. Ich fühlte mich richtig schlecht bei dem Gedanken, dies nagte die ganze Haft über an mir. Dennoch war meine Familie weiterhin für mich da, und ich bekam jeden Beistand und jede Hilfe, die ich mir von ihnen wünschte.

Viele Möglichkeiten, die Zeit im Knast totzuschlagen, hatte man nicht. Fernsehen war da die halbe Miete. Bei verschlossenen Türen saß ich meist vor der Glotze, um mir die Serien-Highlights der Neunzigerjahre reinzuziehen. „Melrose Place", „Baywatch", „Der Prinz von Bel-Air" mit Will Smith. Ich verschlang sie alle. Ich wurde ein richtiger Fan des Bürgerkriegsdramas „Fackeln im Sturm" mit Patrick Swayze. Ich konnte es damals kaum abwarten, bis die nächste Folge lief, die einmal wöchentlich ausgestrahlt wurde. Als hätte ich sonst keine weiteren Sorgen, saß ich mit einer Tüte Chips bewaffnet auf meiner Pritsche und verfolgte das spannende Südstaatendrama.

Wenn es uns erlaubt wurde, unsere Zelle zu verlassen, und die Türen für einige Stunden am Tag aufgeschlossen wurden, wanderte ich von Zelle zu Zelle, um mit Mitgefangenen zu quatschen. Nur um mich abzulenken und nicht in meiner Zelle hocken zu müssen, nahm ich beinahe an jeder Sport- und Freizeitaktivität teil. Meist aber lag ich gelangweilt auf meinem Bett, las ein schlaues Buch oder grübelte vor mich hin. Dabei ließ ich mich gern mit Musik von Whitney Houston oder Sade berieseln.

Regelmäßig bekam ich Besuch von meinen Eltern und Geschwistern, die mir dann den neusten Klatsch und Tratsch erzählten. Da man von der Außenwelt abgeschottet und isoliert war, war dies immer eine willkommene Abwechslung. Dagegen bekam ich meine engsten Freunde gar nicht zu Gesicht. Da sie in meinem noch laufenden Verfahren involviert waren und als Mittäter galten, bekamen sie ein richterliches Besuchsverbot erteilt.

Die Tage verstrichen und so verbrachte ich meinen 20. Geburtstag traurig und allein eingesperrt in meiner kahlen Zelle. Noch gefühlsduseliger wurde es an den Weihnachtstagen. Obwohl ich als Moslem dieses Fest nicht feiere, ließ man sich von der stark sentimentalen Stimmung, die im gesamten Knast herrschte, zwangsläufig anstecken. Auch trug es nicht gerade zur Verbesserung meiner Gemütslage bei, dass während ich im Gefängnis versauerte, mir meine beiden Brüder per Postkarte sonnige Urlaubsgrüße aus Florida schickten.

An Silvester konnte ich miterleben, wie sich der Knast in ein Tollhaus verwandelte. Pünktlich zum Jahreswechsel drehten alle Gefangenen durch. Sie zündeten Toilettenpapier und andere Gegenstände an und warfen sie aus dem Fenster zum Hof hinaus. Sie grölten und schrien herum und benahmen sich wie die Verrückten. Justizbeamte, die dem Treiben unbekümmert zusahen, ließen sie gewähren. Ich dagegen sah dem Szenario eine Weile unbeteiligt zu, bevor ich kurz nach Mitternacht auf meiner knochenharten Pritsche zu Bett ging.

Pünktlich zum Jahresbeginn empfing ich meine Anklageschrift. Die Mithäftlinge staunten nicht schlecht, als sie die über 300 Seiten umfassende Anklage zu Gesicht bekamen, und rieten mir, mich besser gleich auf eine längere Haftstrafe einzustellen. Allein bei dem Gedanken drehte sich mir der Magen um.

Ein paar Wochen später war es dann so weit. Nach über einem halben Jahr in Untersuchungshaft und nach Monaten quälender Ungewissheit stand endlich die Gerichtsverhandlung an. Nun bekam ich die Rechnung für mein skrupelloses Vorgehen der letzten Jahre.

Als würde ich bei der Oscar-Verleihung über den roten Teppich laufen, lief ich top gestylt in meinen Privatklamotten – in Handschellen und bewacht von mehreren Justizbeamten – ins benachbarte Gerichtsgebäude. Schon von Weitem erblickte ich eine riesige Menschenansammlung vor dem Verhandlungssaal stehen. Alles, was Rang und Namen hatte, hatte sich dort versammelt.

Meine gesamte Familie war erschienen, ebenso mein halber Freundeskreis, um mir seelischen Beistand zu leisten. Nach und nach trudelten meine mitangeklagten Freunde Cem, Sven und Ismael ein, die ich bis zu diesem Zeitpunkt über Monate nicht mehr zu Gesicht bekommen hatte und die sich jetzt wegen vorausgegangener Straftaten vor Gericht verantworten mussten. Abgerundet wurde die illustre Runde von zahlreichen Kriminalbeamten, geladenen Zeugen, Rechtsanwälten, die uns vertraten, Bewährungshelfern und Justizbeamten. Auch die Presse fand sich ein, um von unserem Fall zu berichten.

Ich staunte nicht schlecht, als zu guter Letzt plötzlich mein Kumpel Florian in Handschellen gefesselt ins Gerichtsgebäude gebracht wurde. Die Staatsanwaltschaft hatte nur wenige Tage vor der Verhandlung kurzfristig einen Haftbefehl gegen ihn erlassen – wegen Bedenken, er könnte sich der Verhandlung durch Flucht entziehen. Sie fesselten uns in Handschellen aneinander, und so bekamen wir seit unserer schicksalhaften Nacht in Herford die erste Gelegenheit, wieder miteinander zu sprechen.

Als wir in den Gerichtssaal gebracht wurden, platzte dieser aus allen Nähten. Kein Sitzplatz blieb leer. Ich war ein wenig erleichtert, als ich erfuhr, dass diesmal ein anderer Richter den Vorsitz führte, und nicht jener, der mich schon zweimal zuvor verknackt hatte. Denn während ich jenem ein Dorn im Auge war, galt dieser hier als human und war dafür bekannt, straffällig gewordenen Menschen auch mal eine zweite und sogar dritte Chance zu gewähren. Es sollte sich im Nachhinein als absoluter Glücksfall erweisen, dass dieser Richter unser Urteil sprechen würde.

Denn was erst später ans Tageslicht kommen sollte und keiner von uns zu jenem Zeitpunkt jemals für möglich gehalten hätte, war die Tatsache, dass dieser ehrenwerte Mann, zu dem alle mit größtem Respekt aufsahen, es selbst faustdick hinter den Ohren hatte. Schon bald sollte dieser angesehene Richter seine schwarze Robe gegen ein 5 DM-Knastoutfit eintauschen und wegen begangener Straftaten selbst für Jahre hinter Gitter verschwinden. Bis dahin ein Novum in der deutschen Justizgeschichte.

Ich bin mir heute nicht ganz sicher, aber vielleicht war die Tatsache, dass der Richter selbst nicht ganz koscher war, mit ein Grund, weshalb unsere Verhandlung lockerer ablief, als wir es allesamt erwartet hatten. Während meine mitangeklagten Freunde nebeneinanderhockend wie Vögel auf der Stromleitung direkt in der ersten Reihe vor dem Richterpult Platz nahmen, setzte man mich als angebliches Oberhaupt und Kopf der Bande etwas abseits auf einen einzelnen Stuhl. Unmittelbar hinter uns sitzend befanden sich die Rechtsanwälte, die uns jeweils vertraten.

Allein das Verlesen der Anklageschrift durch den Staatsanwalt nahm beinahe zwei Stunden in Anspruch. Auf Anraten unser aller Rechtsanwälte und um die Verhandlung nicht unnötig in die Länge zu ziehen, gaben wir geschlossen die gegen uns erhobenen Delikte ausnahmslos zu. Ein Leugnen bei dieser erdrückenden Beweislage erschien uns zwecklos, wenn nicht sogar lächerlich.

Allerdings gab es im Laufe der Verhandlung eine ganze Menge Ungereimtheiten zu klären. Viele der von uns geschädigten Geschäftsinhaber machten bei der Polizei offenbar bewusst falsche Angaben zu der von uns entwendeten Ware. So gaben sie wesentlich höhere Verluste an, als es der Wahrheit entsprach. Dadurch konnten sie höheren Schadensersatzanspruch bei ihren Versicherungen geltend machen. Obwohl dies ganz offensichtlich einen Versicherungsbetrug darstellte, wurden sie von der Justiz nicht dafür belangt. Für einige der Inhaber schien ein Einbruch in ihr Geschäft ein Glücksfall zu sein.

Zu jedem einzelnen der 200 angezeigten Einbrüche mussten wir Stellung beziehen. Sowohl der Richter als auch der Staatsanwalt löcherten uns mit Fragen. Die Gerichtsverhandlung zog sich über den halben Tag hin, sodass mir vom vielen Sitzen schon mein Hintern wehtat. Als ich mich während der laufenden Verhandlung einen kurzen Moment dem anwesenden Publikum zuwendete, entdeckte ich ganz hinten in der letzten Reihe meinen Vater sitzen. Per Augenkontakt und mit einem aufmunternden Kopfnicken versuchte er mir zu signalisieren, dass am Ende alles gut werden würde. Denn obwohl ich äußerlich scheinbar gelassen und cool wirkte, war ich im Inneren nervös und ziemlich angespannt.

Als sich die Verhandlung am späten Nachmittag endlich dem Ende zuneigte und der Staatsanwalt in seinem Schlussplädoyer mehrjährige Haftstrafen für alle Angeklagten forderte, konnte ich meinen Kumpels ihre Nervosität regelrecht ansehen. Als sich das Gericht im Anschluss in eine Beratungspause zurückzog, um wenig später in den Gerichtssaal zurückzukehren und die Urteile zu verlesen, war es so mucksmäuschenstill, dass man eine Stecknadel hätte fallen hören können.

Das Gericht verurteilte alle meine mitangeklagten Freunde zu mehrjährigen Haftstrafen nach dem Jugendstrafrecht. Zu ihrem großen Glück blieb ihnen jedoch das Gefängnis erspart, da die Strafen zu Bewährungen ausgesetzt wurden. In seiner Erklärung hielt der Richter uns allen zugute, dass trotz der unfassbar vielen über Jahre begangenen Straftaten niemals Gewalt gegen irgendjemanden angewendet worden war. Und auch dass keinerlei Drogen oder Waffen im Spiel gewesen waren. Dass es uns nach ihrer Erkenntnis offensichtlich „nur“ darum gegangen war, bei den Hunderten von uns begangenen Einbrüchen unseren aufwendigen und vor allem kostspieligen Lebensstil zu finanzieren, wurde letzten Endes strafmildernd bewertet.

Dagegen war ich als Einziger der fünf Angeklagten in allen der 200 Einbrüche involviert und nach Einschätzung des Gerichts auch die treibende Kraft hinter dem Ganzen, weshalb ich zu einer Gefängnisstrafe von zwei Jahren ohne Bewährung verurteilt wurde.

Dennoch wurde ich irgendwie nicht den Eindruck los, dass wir dem Richter auf irgendeine Weise sympathisch gewesen sind. Über Monate hatte ich mir den Kopf zermartert und weit Schlimmeres erwartet. Rückblickend ein Witzurteil und ein Skandal sondergleichen. Eigentlich hätte ich bei dieser milden Strafe Luftsprünge machen und dem Richter aus Dankbarkeit um den Hals fallen müssen. Hunderte von Einbrüchen hatte ich in den vergangenen Jahren begangen und dabei Hunderttausende DM erbeutet, dabei einen Sachschaden in Millionenhöhe verursacht. Und alles, was mich nun erwartete, waren 24 Monate Knast, die ich am Ende noch nicht einmal komplett absitzen sollte. Ein skandalöses Urteil! Mir aber sollte es recht sein.

Der Richter ließ uns in seinem Schlusswort noch einmal wissen, dass wir fünf Angeklagten alle froh sein konnten, wegen der Größe und der Brisanz unseres Falles nicht vor dem Landgericht gelandet zu sein, wo mit Sicherheit empfindlichere Strafen gegen uns verhängt worden wären. Wir könnten uns überaus glücklich schätzen, dass stattdessen alles vor dem Amtsgericht abgeurteilt wurde. Für den Richter, der seit einem Vierteljahrhundert im Amt war, war laut seiner eigenen Aussage unser Fall sein bisher größter.

Weil ich als einziger Angeklagter zu einer Haftstrafe ohne Bewährung verurteilt worden war, musste ich nun wieder zurück in den Knast, um meine Strafe weiter abzusitzen. Während sich meine Kumpels nach und nach sichtlich erleichtert mit Shakehands und Durchhalteparolen von mir verabschiedeten, legte man mir währenddessen erneut Handschellen an. Ich bekam noch kurz die Gelegenheit, mich bei meiner enttäuscht wirkenden Familie zu verabschieden, bevor ich wieder aus dem Gerichtssaal geführt und zurück ins benachbarte Gefängnis gebracht wurde.

Als ich nur kurz darauf wieder in meiner Zelle für mich alleine war, kam es mir so vor, als wäre dies mein erster Tag in Haft. Absolut enttäuscht und traurig, nicht gemeinsam mit meiner Familie und meinen Freunden in die Freiheit entlassen worden zu sein, blies ich Trübsal. Obwohl mir klar war, einen Millionenschaden angerichtet zu haben, hatte ich mir zuvor ernsthafte Hoffnung gemacht, entlassen zu werden, was einfach nur zeigt, wie verzerrt meine Wahrnehmung damals gewesen sein muss, und vor allem, wie unreif und naiv ich war. Ich war damals kein bisschen bereit, Verantwortung für meine Taten und für mein Leben zu übernehmen.

Mir blieb nun nichts anderes mehr übrig, als meine Strafe anzunehmen und mich damit zu arrangieren. Schon bald hatte ich das große Glück, in einen Neubau der Anstalt verlegt zu werden. Dies war ausschließlich Gefangenen vorbehalten, die es sich durch gute Führung verdienten. Ich war heilfroh, dorthin umsiedeln zu dürfen, da hier alles sehr viel sauberer und steriler wirkte, was ganz in meinem Sinne war. Außerdem hatte man hier das Privileg, sich von frühmorgens bis spätabends bei geöffneten Zellentüren auf seiner Abteilung frei bewegen zu können.

Ein Billard- und Kickertisch sorgten für ein wenig Freizeitvergnügen. Oder aber man lenkte sich beim Dartspielen mit anderen Häftlingen ab. Wenn man wollte, gab es die Möglichkeit, sich in der Gemeinschaftsküche etwas Leckeres zuzubereiten. Doch worüber ich am frohesten war, das war die Tatsache, dass uns hier erlaubt wurde, unsere eigenen Klamotten zu tragen. Dadurch fühlte man sich wieder ein wenig wie ein Mensch. Ich empfand es als äußerst beruhigend zu wissen, meine eigene Unterwäsche am Leib zu haben – statt wie all die Monate zuvor irgendwelche verdreckten und meist übergroßen Anstaltsunterhosen, die zuvor wer weiß wer getragen hatte.

Ich verstand mich sehr gut mit den anderen Inhaftierten und kam super mit ihnen aus. Mein direkter Zellennachbar war einer der beiden Attentäter von Mölln. Anfang der Neunzigerjahre erlangte er traurige Berühmtheit, als er gemeinsam mit seinem Kumpel einen rechtsmotivierten Brandanschlag auf eine türkische Familie verübte, bei dem drei Menschen starben. Durch die

Jahre, die er bereits hinter Gittern verbracht hatte, wies er bereits erhebliche Verhaltensstörungen auf. Die meiste Zeit über saß er eingeschüchtert allein in seiner Zelle und traute sich kaum vor die Tür. Dass er von vielen türkischen Mithäftlingen umgeben war, machte ihm das Leben auch nicht gerade angenehmer. Ich ignorierte ihn und ließ ihn in Frieden.

Überhaupt versuchte ich, jeglichem Stress, der im Knast an der Tagesordnung war, so gut es ging aus dem Weg zu gehen, um in keiner Weise negativ aufzufallen, was sich ungünstig auf eine eventuelle vorzeitige Entlassung ausgewirkt hätte. Nur einmal wäre es um ein Haar zu einer handfesten Auseinandersetzung gekommen, als mich ein glatzköpfiger Skinhead zu provozieren versuchte.

Nur hatte er nicht mit dem Ehrenkodex gerechnet, den es im Knast unter Ausländern gab. Als sich plötzlich meine muslimischen Glaubensbrüder, türkische Mitgefangene, und auch die halbe arabische Liga hinter mir aufstellte, wurde der rechtsradikale Vollidiot plötzlich wortkarg. Kleinlaut verzog er sich schnell in seine Zelle und war seit diesem Vorfall wie ausgewechselt. Fortan grüßte er mich freundlich, als wären wir schon immer beste Freunde.

Ich glaube nicht, dass mich der Knast in dem Alter und in dieser Phase meines Lebens wirklich beeindruckt hat. Mir war zwar bewusst, dass ich großen Mist fabriziert hatte, ein schlechtes Gewissen plagte mich deswegen allerdings nicht wirklich. Mein Unrechtsbewusstsein schien nicht sehr ausgeprägt gewesen zu sein. Meine Schwächen und Fehler ignorierte ich gekonnt – wahrscheinlich weil ich mich sonst mit mir selbst und meinem Leben hätte befassen müssen. Und das wollte ich nicht. Das Einzige, was ich wollte, war, da so schnell wie möglich wieder rauszukommen.

Worüber ich mich einzig und allein ärgerte, war, im Gefängnis zu sitzen und deshalb nicht mehr meinem süßen Leben nachgehen zu können. Ich ließ die vielen schönen Erlebnisse der Vergangenheit ständig Revue passieren und trauerte den verpassten Momenten und all den schönen Dingen nach, die mir durch meine Inhaftierung verwehrt blieben. Schuldgefühle verspürte ich nur gegenüber meiner Familie. Moralische Skrupel waren mir fremd.

Mental war ich noch lange noch nicht so weit, die Folgen meines Handelns zu begreifen. Ein unreifes Kind ohne Bezug zur Realität. Dazu spielte mir jetzt noch das überaus milde Urteil in die Karten. So viel Geld und so ein schönes Leben für vergleichsweise so wenig Strafe ließ mich glauben, dies sei ein guter Deal gewesen und es würde womöglich immer zu meinen Gunsten laufen. Ich war so dumm.

Die Monate strichen dahin, während ich mich der Monotonie des Knastalltags ergab. Ich hatte mich mittlerweile mit der tagtäglichen Routine arrangiert, indem ich versuchte, die Zeit irgendwie so gut es ging totzuschlagen, und sei es, dass ich zum x-ten Mal zu meinem Zellennachbarn ging, um mir immer wieder dieselben Geschichten anzuhören, die er schon etliche Male zum Besten gegeben hatte.

Nach einer Weile kam es einem so vor, als ob man jeden Knacki und jedes seiner bestens gehüteten Geheimnisse kennen würde. Ich will gar nicht wissen, wie viel Liter Kaffee damals aus purer Langeweile durch meinen Körper flossen. Selbst ein Malbuch für Kleinkinder diente mir als Zeitvertreib. Jeder verstrichene Tag war einer weniger, den ich würde absitzen müssen.

Ich war mittlerweile etwas über einem Jahr in Haft. Draußen herrschten wieder hochsommerliche Temperaturen. Es war bereits der dritte Sommer in Folge, den ich hinter Gittern verbrachte. Nichts deutete auf eine vorzeitige Entlassung hin. Eines Vormittags saß ich im Vorflur der Einrichtung auf einer Holzbank und laberte nichts ahnend mit einem Mitgefangenen, als urplötzlich meine beiden Brüder in den gesicherten Bereich der Anstalt platzten.

Ich habe keine Ahnung, wie sie es geschafft hatten, bis dorthin vorzudringen. Sofort wurden sie von anwesenden Justizbeamten zur Umkehr aufgefordert und des Raumes verwiesen. Nicht aber ohne mir beim Hinausgehen noch freudestrahlend zuzurufen, dass ich in Kürze entlassen werden sollte. Ich war völlig überrascht über ihren Blitzbesuch. Ich hatte keinen blassen Schimmer, was hier vor sich ging.

Offensichtlich hatten sie erfreuliche Nachrichten erhalten, die sie mir umgehend übermitteln wollten. Als mich kurz nach diesem Vorfall ein leitender Angestellter der Anstalt zu sich rief, um mir mit einem Grinsen im Gesicht mitzuteilen, dass ich in Kürze zum Gericht gefahren werden würde, wusste ich, dass etwas im Busch war. Weiteres wollte mir der Beamte auf Nachfrage nicht mitteilen.

Kurze Zeit später trafen zwei Justizbeamte ein. Sie forderten mich auf mitzukommen. Als sie mir beim Verlassen des Gebäudes nicht wie üblich und vorgeschrieben Handschellen anlegten, schien die Sache für mich eindeutig. Auf direktem Wege ging es zum Amtsgericht und zu jenem Richter, der zuvor das milde Urteil gegen mich ausgesprochen hatte.

Als ich in sein Büro gebracht wurde und auf einem Stuhl vor ihm Platz nahm, ließ er unvermittelt die Bombe platzen. Er ließ mich wissen, dass er aufgrund der erreichten Halbstrafe und meiner während der gesamten Haftzeit guten Führung den laufenden Haftbefehl außer Vollzug setze und ich unverzüglich aus dem Gefängnis entlassen würde. Den Rest der Strafe sollte ich mal wieder auf Bewährung mitbekommen.

Eine zentnerschwere Last fiel von mir ab. Ich konnte im ersten Augenblick gar nicht glauben, von jetzt auf gleich wieder am Leben teilhaben zu dürfen. Überschwänglich bedankte ich mich bei dem Richter per Handschlag, der meine Danksagung allerdings nicht so recht annehmen wollte. Stattdessen empfahl er mir, mich lieber bei meinem Vater zu bedanken, der sich laut seiner Aussage während meiner gesamten Inhaftierung unentwegt für meine Entlassung starkgemacht hatte.

Erst viel später erfuhr ich von meinem Vater, dass er permanent in regem Kontakt zum Richter gestanden hatte und ihn immerfort dazu ermutigte, ja beinahe bedrängte, mich wieder auf freien Fuß zu setzen. Schließlich muss den Richter eine Herzattacke meines Vaters, die dieser im Büro des Richters vortäuschte, so erweicht haben, dass er aus Mitleid meine Entlassung unverzüglich in Gang setzte.

Nur dank dem stetigen Einsatz meines Vaters und dessen hervorragender schauspielerischen Leistung war ich nun wieder ein freier Mann. Ein ganzes Jahr Knast blieb mir durch diese Aktion erspart. Mein Vater war schon ein Gigant.

Freudestrahlend verabschiedete ich mich von dem Richter. Nur kurz darauf erfuhr ich aus der Zeitung von dessen Machenschaften. Ganz entspannt lief ich ins benachbarte Gefängnis, um mich dort von einigen Gefangenen, mit denen ich die Zeit über abgehangen hatte, zu verabschieden. Nach fast 13 Monaten in Haft marschierte ich anschließend durch das riesige Tor in die Freiheit.

Zur Feier des Tages entschieden meine Eltern, mit der ganzen Familie zu einem befreundeten Gastronomen zu fahren, um in dessen Restaurant meine Entlassung zu feiern. Ich erinnere mich noch gut an einen sehr harmonischen und ausgelassenen Abend, an dem viel gelacht wurde, ich endlich wieder gutes Essen genoss und wir jede Menge Spaß hatten. Meine Eltern strahlten um die Wette und mein Vater scherzte unentwegt. An diesem Abend konnte ich die Liebe und Geschlossenheit meiner Familie ganz besonders spüren. Mir wurde noch einmal so richtig bewusst, wie viel sie mir bedeuteten. Niemals wollte ich sie missen. Es sollte das letzte Mal sein, dass wir als gesamte Familie beisammensaßen.

Wie unvorhersehbar das Leben ist, zeigte sich keine 24 Stunden nach meiner Entlassung. Ich war irgendwie immer noch im Knastmodus und hatte noch gar nicht richtig realisiert, dass ich nun wieder ein freier Mann war, als mich am nächsten Morgen ein alter Freund zu Hause anrief, um mich wissen zu lassen, dass eine gemeinsame Freundin von meiner Entlassung erfahren hatte und nach einem Date fragte.

Selbstverständlich verspürt man nach über einem Jahr Abstinenz und nur umgeben von Kerlen wieder Lust auf weibliche Nähe. Weswegen ich auch nicht lange überlegen musste und dem Treffen spontan zusagte. Noch am selben Abend stand Melanie vor meiner Tür. Wir kannten uns von Partys, auf denen wir uns in der Vergangenheit immer wieder mal begegnet waren. Mit einem prall gefüllten Picknickkorb und einer Decke im Gepäck schlug sie vor, an die nahe gelegene Ostsee zu fahren.

Hatte ich noch am Morgen zuvor ahnungslos im Gefängnis geschmort, in meiner acht Quadratmeter kleinen Zelle, umgeben von kaputten Typen, kuschelte ich einen Abend später mit einer süßen Brünetten bei bestem Wetter am Strand, nur ein paar Schritte vom Meer entfernt, und genoss bei einem Glas Sekt meine neu gewonnene Freiheit. Der perfekte Einstieg zurück ins Leben! Zuvor hatte ich Drecksfraß gegessen und die erotischste Braut, die ich während der Zeit dort zu Gesicht bekam, war eine überaus maskuline Wärterin, die eine täuschende Ähnlichkeit mit Elton John aufwies.

Nach meiner Haft wollte ich die Uhren auf null stellen und mein Leben neu sortieren. Meine Bank hatte mir in der Zwischenzeit mein Konto gekündigt. Die Kripo hatte während meiner Abwesenheit Geld aus meinen krummen Geschäften konfisziert, sodass die Bank natürlich Wind davon bekommen hatte. Als ich eines Tages bei der Bank auftauchte in dem Glauben, noch Bares zu besitzen, erklärte mir ein junger schlipstragender Schnösel, dass sie von Kunden wie mir lieber „Abstand nehmen möchten", und zog sogleich meine EC Karte ein.

Außerdem forderte die Staatsanwaltschaft die Herausgabe meines Führerscheins. Weil ich diesen in der Vergangenheit immer wieder für Straftaten missbraucht hatte, wollten sie ihn mir auf Lebenszeit entziehen. Unfassbare 178 Punkte wies mein Punktekonto im Flensburger Verkehrszentralregister auf, angesammelt durch Straftaten während meiner Probezeit. Nur dank des Einsatzes eines guten Anwalts und der Teilnahme an einer medizinisch-psychologischen Untersuchung, die zu meinen Gunsten ausfiel, durfte ich den Führerschein schließlich doch behalten.

Auch bei meinen Freunden hatten ihre eigenen Verurteilungen und meine Haftstrafe offensichtlich abschreckende Wirkung gezeigt. Keiner von ihnen hatte seitdem wieder ein krummes Ding gedreht. Sie gingen jetzt einer ehrlichen Arbeit nach oder taten sonst was Sinnvolles. Sie hatten sich von illegalen Machenschaften völlig distanziert.

Florian erzählte mir bei unserem ersten Treffen nach meiner Haftstrafe, dass er seit unserer verhängnisvollen Nacht in Herford nicht mehr ein einziges Ding gedreht habe. Und das sollte schon was heißen. Als ich ihn auf Sven ansprach, riet er mir, lieber nicht nach ihm zu fragen. Er berichtete mir davon, wie er inzwischen davondriftete, indem er noch mehr kiffen würde als zuvor, und dass man sich scheinbar nicht mehr normal mit ihm unterhalten könne und er zudem auch noch angefangen hätte zu trinken. Weil ich ihn aber seit dem Tag unserer Einschulung kannte und er mir immer ein loyaler Freund gewesen war, wollte ich mir selbst ein Bild davon machen.

Als ich mich zu ihm nach Hause begab, um ihm einen Besuch abzustatten, nahm ich bereits im Treppenhaus einen starken Geruch von Marihuana wahr. Als ich dann an seiner Tür klopfte und Sven mir nach einer gefühlten Ewigkeit endlich öffnete, erschrak ich regelrecht – kannte ich meinen einst besten Freund doch immer als jemanden, der großen Wert auf sein äußeres Erscheinungsbild legte, schnieke daherkam und als Ladykiller bekannt war. Wenn du mit ihm unterwegs warst, hattest du kaum eine Chance, bei einem Mädel zu landen, weil alle Frauen auf ihn fokussiert waren. Jetzt stand ein Mensch vor mir, den ich nicht mehr wiedererkannte.

Sven sah völlig fertig aus, so als hätte er mehrere Nächte hintereinander durchgemacht. Er wirkte total übermüdet. Seine Augenringe hingen bis zum Fußboden, seine Haare waren völlig zerzaust und die Alkoholfahne, die mir entgegenkam, nahm einem nahezu den Atem.

Als ich seine Wohnung betrat, bemerkte ich, dass er diese komplett mit Decken abgedunkelt hatte, sodass kein Lichtstrahl mehr von außen eindringen konnte. Sven wirkte geistesabwesend, beinahe mysteriös. Von Ordnung und Frischluft hielt er scheinbar auch nichts mehr. Er sprach so leise mit mir, dass ich kaum ein Wort von dem verstand, was er da vor sich hin nuschelte. Als ich ihm Fragen stellte, brauchte er eine halbe Ewigkeit, um diese zu beantworten. Ganz eindeutig zeigten sich die Spuren seines jahrelangen Haschischkonsums. Das Rauschgift und seine Folgen hatten ihn voll im Griff.

Da er die ganze Zeit über nur unverständliches und wirres Zeug von sich gab, erteilte ich ihm einen freundschaftlichen Rat, indem ich ihn aufforderte, das Kiffen und Saufen besser einzustellen und lieber an seine Gesundheit zu denken. Doch ich zweifelte stark daran, dass Sven auch nur ansatzweise verstand, was ich ihm ans Herz legen wollte. Denn kaum hatte ich ihm den gut gemeinten Rat mit auf den Weg gegeben, als dieser praktisch zeitgleich anfing, sich die nächste Tüte zu bauen.

Ich hatte nun genug gesehen und verabschiedete mich ziemlich enttäuscht von meinem einst besten Freund. Obwohl ich seine Einstellung bezüglich der Drogen und des Alkohols komplett ablehnte, habe ich als Einziger aus unserem Freundeskreis weiterhin Kontakt zu ihm gehalten - bis zum heutigen Tage.

Irgendwie tat er mir leid, da er zeitlebens beinahe völlig auf sich allein gestellt war. Svens Familienverhältnisse waren nicht gerade die besten. Während ich und die meisten meiner guten Freunde immer das Privileg besaßen, Rückhalt an unserer Familie zu haben, ging es bei Sven daheim eher kühl zu. Als Scheidungskind wuchs er bei seinem Vater auf, zu dem er ein wenig harmonisches Verhältnis hatte; seine Mutter bekam er kaum zu Gesicht. Während ich mit der Liebe meiner Familie gesegnet war, misste Sven dieses Gefühl der Geborgenheit.

Sven wurde für mich zu einem erschreckenden Paradebeispiel, was Drogen und Alkohol aus einem Menschen machen können. Noch immer verharmlosen viele Menschen den Konsum sogenannter „weicher Drogen“ und plädieren dafür, sie zu legalisieren. Was die Einnahme solcher Drogen bewirken kann und vor allem was für irreparable Schäden sie auf Dauer anrichten können, dafür war Sven der lebende Beweis.

Seinen schleichenden Verfall mit anzusehen, machte mich sehr traurig und nachdenklich. Noch immer lebt Sven abwesend fernab der Realität. Obwohl bis zum heutigen Tag keine Besserung eingetreten ist und er weiterhin dem Alkohol und Marihuana verfallen ist, fahre ich gelegentlich noch immer zu ihm, um nach meinem alten Freund zu sehen.

Auch in meinen späteren Haftstrafen begegneten mir Menschen, die sich durch die Einnahme von Drogen und Alkoholkonsum vieles in ihrem Leben kaputt machten. Sie landeten dadurch im Gefängnis, wurden krank, verloren ihre Familie, ihre Freunde und sogar ihre ganze Existenz. All diese abschreckenden Beispiele sowie persönliche Gespräche, die ich mit diesen Menschen führte, bestärkten mich noch umso mehr in meiner ablehnenden und verachtenden Haltung gegenüber Drogen.

Der Bosnienkrieg war inzwischen beendet. Alle meine angereisten Verwandten wurden aufgefordert, das Land wieder zu verlassen. Doch weil sie aufgrund der Perspektivlosigkeit und mangelnder Chancen auf ein gutes Leben in ihrer alten Heimat skeptisch in die Zukunft blickten, entschieden sie, einen Neuanfang zu wagen, indem sie in die weite Welt auswanderten.

Beinahe meine komplette Verwandtschaft hatte Bosnien den Rücken gekehrt, um sich weltweit niederzulassen. So hatte ich plötzlich Familie auf mehreren Kontinenten. Einige zog es nach Amerika ins sonnige Kalifornien und nach Florida, während sich andere Verwandte in Australien niederließen. Auch Länder in

Europa wie Schweden, Frankreich und Italien galten als neue Lebensmittelpunkte.

Für meinen ältesten Onkel tat es mir besonders leid. Während sich alle seine Kinder von ihm verabschiedeten, indem sie nach und nach das Land verließen, blieb er als Einziger bei uns zurück. Er hatte nicht nur die schwere Bürde zu tragen, im hohen Alter seine Heimat fluchtartig verlassen und in ein ihm fremdes Land ziehen zu müssen; plötzlich verstarb in Deutschland auch noch unerwartet seine Frau, mit der er jahrzehntelang verheiratet war.

Der Tod meiner Tante machte ihm schwer zu schaffen. Und als ob es das Schicksal nicht schon schlimm genug mit ihm gemeint hatte, schlug es noch einmal erbarmungslos in Form einer tückischen Krebserkrankung zu. Fortan kümmerte sich mein ebenfalls kranker Vater liebevoll um seinen Bruder. Doch beiden sollte nur noch wenig Lebenszeit gewährt werden.

In der Zwischenzeit kehrte zu Hause eine ungewohnte Ruhe ein. Nach dem Wegzug meiner vielen Verwandten war ich mittlerweile das letzte Kind, das noch zu Hause lebte. Selbst meine Schwester war inzwischen ausgeflogen. Sie hatte es aus beruflichen Gründen nach Bremen verschlagen.

Ich bin fest davon überzeugt, dass manche Dinge im Leben vorherbestimmt sind. So verdanke ich das Kennenlernen meiner zukünftigen Ehefrau nur einer Reihe glücklicher Zufälle. Als ich Sandy zum ersten Mal sah und mit ihr sprach, war dies lediglich einem Versehen geschuldet.

Ich war erst ein paar Wochen wieder auf freiem Fuß und bei Freunden zu einem Geburtstag eingeladen. Die Party sollte in einem Reihenhaus steigen, das Sandys Eltern gehörte. Weil ich aber nicht genau wusste, wo die Fete stattfand, klingelte ich versehentlich an Sandys Haustür direkt nebenan. Da es schon recht spät am Abend war, öffnete sie nur ihr Schlafzimmerfenster direkt über mir, um mich freundlich darauf hinzuweisen, dass die

Geburtstagsfeier eine Tür weiter stattfand. Ich bedankte mich flüchtig bei ihr und ging zur Party.

Ich ahnte in jenem Moment nicht, dass ich soeben meiner zukünftigen Ehefrau begegnet war – dem Menschen, mit dem ich die nächsten zehn Jahre durch dick und dünn gehen würde. Es war der 9. Oktober – ein Datum, das für uns eine wichtige Bedeutung bekommen sollte.

So war es wieder nur einem dummen Zufall zu verdanken, der nur kurz nach unserer ersten Begegnung dafür sorgte, dass sich unsere Wege erneut kreuzten. Eines Abends fuhr ich ziellos mit dem Auto in der Gegend meiner Heimatstadt herum und träumte so vor mich hin, als plötzlich jemand mit einem Geländewagen dicht hinter mir auffuhr und mich mit dem Abblendlicht mehrfach anblitzte, um mich zum Anhalten zu bewegen.

Als der Wagen direkt neben mir hielt, erkannte ich Sandy sofort wieder. Diese glaubte einen Bekannten angehalten zu haben, der damals ein ähnliches Auto wie ich fuhr. Als ich verwundert mein Fenster herunterließ uns sie feststellen musste, dass ich einer Verwechslung zum Opfer gefallen war, entschuldigte sie sich peinlich berührt bei mir. Wir mussten beide lachen. Wir kamen ins Gespräch und fanden schnell heraus, dass wir viele gemeinsame Freunde hatten. Sie war sogar um einige Ecken mit meinem Kumpel Florian verwandt, was mir bis zu diesem Augenblick gänzlich neu war.

Ich kannte halb Neumünster. Sie hingegen war mir zuvor noch nie über den Weg gelaufen. Wir tauschten unsere Telefonnummern aus und blieben in der darauffolgenden Zeit in Kontakt. Nur kurze Zeit später kam es zu ersten Verabredungen.

Allerdings musste ich ziemlich schnell feststellen, dass diese Kennenlernphase anders ablief als alle meine vorangegangenen Dates. Sandy gehörte der Gruppe der Sinti an. Weil es sich in ihrem Kulturkreis nicht gehörte, sich einfach so mit einem Jungen zu treffen – es sei dann, es steckten ernsthafte Absichten dahinter –, durfte niemand von unseren Verabredungen wissen.

Nur ihre engsten Vertrauenspersonen waren damals eingeweiht. So brachte sie auch jedes Mal eine ihrer vielen Cousinen mit zu den Treffen, um zu Hause kein Misstrauen zu erwecken. Infolgedessen waren wir so gut wie nie für uns allein. Da auch ihre Zeit immer knapp bemessen gewesen ist, war ein entspanntes Kennenlernen unter diesen Bedingungen kaum möglich.

Diese Situation war mir gänzlich neu und ich hatte wenig Lust dazu, mich auf solche Kindereien einzulassen. Doch Sandy hatte irgendetwas an sich, was in mir den Wunsch weckte, sie weiterhin näher kennenlernen zu wollen. Auch als ich Anfang 1997 nach Sankt Peter-Ording an die Nordsee zog, um dort eine Stelle als Saisonkraft als Servicemitarbeiter in einem Restaurant anzunehmen, blieben wir weiterhin in Kontakt. So fuhr ich an meinen freien Tagen zurück nach Neumünster, um Sandy zu sehen.

Beinahe ein Jahr lief alles topsecret ab. Die Tatsache, dass ich mit ihren Cousins befreundet war, mit denen ich regelmäßig Partys feierte, und auch sie nichts von unseren Treffen wissen sollten, machte die ganze Sache nicht gerade einfacher. Es war schließlich ihr kleiner niedlicher Wollknäuel von einem Shih Tzu, der unser Schicksal besiegelte.

Als ich sie eines Abends zu Hause besuchte, während ihre Familie geschäftlich verreist war, saßen wir plaudernd auf der Couch. Ihr Hund hatte es sich derweilen direkt vor unseren Füßen bequem gemacht. Als wir uns irgendwann zeitgleich nach vorn beugten, um dem Wollknäuel ein paar Streicheleinheiten zu geben, berührten sich unsere Hände. Wir stellten unsere Gespräche ein. Nur Augenblicke später gab ich Sandy den längst überfälligen ersten Kuss.

Seit diesem Abend waren wir ein Paar. Und wie der Zufall es wollte, zeigte der Kalender erneut den 9. Oktober an. Doch wurde unsere Beziehung von Anfang an auf eine harte Probe gestellt. Keiner von uns beiden ahnte zu diesem Zeitpunkt, welche Brisanz und Dramatik unsere Beziehung mit sich bringen würde.

Ich selbst war es schließlich, der die ganze Sache ins Rollen und unsere amouröse Beziehung – ungewollt – ans Tageslicht brachte. Eines Nachts, als ich gerade mit meinen Freunden in einem Klub am Feiern war, nahm ich völlig unüberlegt ausgerechnet das Handy ihres Cousins, um meine Freundin anzurufen. Dieser schaute sicherlich blöd aus der Wäsche, als er später die Nummer seiner Cousine auf seinem Display entdeckte.

Als er mich am nächsten Morgen anrief, um mich zur Rede zu stellen, stritt ich es zunächst ab. Ob da was mit seiner Cousine laufen würde, fragte er. Doch weil mir die ganze Sache letztendlich zu blöd war und ich keinen Bock mehr auf Versteckspielchen hatte, gab ich schließlich zu, mit ihr zusammen zu sein.

Über seine darauffolgende Reaktion war ich dann mehr als enttäuscht. Als würden wir uns nicht schon Jahre kennen, sprach er plötzlich in einem Tonfall, der mir deutlich missfiel. Er gab mir unmissverständlich zu verstehen, dass sowohl er als auch alle anderen seiner Cousins absolut gegen eine Beziehung wären, und sprach dabei wohl nur für sich selbst. Für ihn stand definitiv fest, dass nur jemand aus der Reihen der Sinti für Sandy infrage komme, und er glaubte zu wissen, dass ich sowieso nicht der Richtige für sie sei.

Außerdem, versicherte er mir, sollten ihre Eltern Wind von der Sache bekommen, würden sie es niemals akzeptieren. Er glaubte wohl, mich damit verschrecken zu können, und hoffte darauf, dass ich Sandy in den Wind schießen würde, wenn er mir weiszumachen versuchte, dass ich nur unter der Voraussetzung mit Sandy zusammen sein könnte, wenn ich sie ehelichen würde. Obwohl ich es anfangs nicht in Betracht gezogen hatte, meine Freundin gleich zu Beginn unserer Beziehung zu heiraten, erwiderte ich trotzig, dass ich dies dann wohl tun müsste.

Seine Reaktion ließ unschwer erahnen, dass ihn meine Aussage wenig erfreute. Prompt brach er das Gespräch ab und beendete daraufhin das Telefonat. Doch nur um im Anschluss meinen

Bruder Nijo anzurufen, mit dem er ebenfalls befreundet war, um diesen gegen mich aufzuhetzen. Er schaffte es tatsächlich, dass wir uns in dieser Angelegenheit stritten und ich mich beinahe mit meinem Bruder prügelte, weil ich nicht, wie von ihm gefordert, von Sandy ablassen wollte.

Auch Sandy hielt weiter an unserer Beziehung fest, und das, obwohl ihr Cousin sie mächtig unter Druck setzte und damit drohte, ihren Eltern von unserer Beziehung zu erzählen, sollte sie sich nicht augenblicklich von mir trennen. Doch Sandy dachte gar nicht daran. Wir wollten einfach nur in Ruhe zusammen sein, ohne dass sich irgendjemand von außen einmischte.

Im Herbst 1997 bezog ich meine eigene Wohnung, um einen Rückzugsort für mich und meine Freundin zu haben. Doch ihr aufdringlicher Cousin hing uns weiterhin auf der Pelle. Wie ein Stalker fuhr er Patrouille, die Straße auf und ab, um zu kontrollieren, ob das Auto seiner Cousine vor dem Haus parkte. Er schien regelrecht besessen zu sein von dem Gedanken, Sandy und mich auseinanderzubringen. Dass mittlerweile viele unserer gemeinsamen Freunde und selbst einige ihrer Cousins die Beziehung befürworteten, brachte ihn nur noch mehr auf die Palme.

Zu den Weihnachtstagen verabschiedete Sandy sich kurzzeitig von mir, um die Festtage gemeinsam mit ihrer Familie in Österreich zu verbringen. Da ich gerade nichts Besseres zu tun hatte, lieh ich mir das Auto meines Vaters aus. Ich plante, meiner Freundin in die Alpenrepublik zu folgen, um sie dort zu überraschen, was sich als absolute Schnapsidee herausstellen sollte. Hätte ich geahnt, was ich durch meine Anwesenheit auslösen würde, wäre ich niemals dort aufgekreuzt.

Ich kam mitten in der Nacht in Kitzbühel an und quartierte mich in einem schicken Hotel mitten in der Innenstadt ein. Obwohl ich keinerlei Informationen über Sandys dortigen Aufenthaltsort hatte, war ich ziemlich zuversichtlich, Sandy dort zu begegnen. Ich sollte recht behalten. Kaum schlenderte ich am nächsten Abend durch das verschneite Kitzbühel, als mir plötzlich meine

Freundin gemeinsam mit ihrer Schwägerin im Schlepptau entgegenkam.

Als sie mich erblickte, glaubte sie, einen Geist zu sehen. Nachdem sie meine Höhe erreicht hatte und ich sie mit einem lässigen „Hey" begrüßte, war mir die Überraschung sichtlich gelungen. Mit weit geöffnetem Mund stand sie da und brachte kein Wort heraus. Ich musste lachen, sie so sprachlos vor mir zu sehen. Sie machte mich mit ihrer Schwägerin bekannt. Nachdem Sandy den ersten Schock hatte sacken lassen, ließ ich sie wissen, in welchem Hotel ich nächtigen würde. Darüber hinaus sagte ich ihr, dass ich mich freuen würde, wenn sie mich später dort besuchen käme.

Am späten Abend tauchte sie tatsächlich in meinem Hotel auf, natürlich wieder nicht allein, sondern ausgerechnet in Begleitung der Schwester jenes Cousins, der Sandy und mir die ganze Zeit auf die Nerven ging. Doch seine Schwester war cool und total nett. Im Gegensatz zu ihrem Bruder hatte sie überhaupt nichts gegen unsere Beziehung einzuwenden. Sie blieb für einen kurzen Plausch, um mich daraufhin mit Sandy allein zu lassen.

Während ihre Cousine ohne Sandy ins Hotel zurückkehrte, achteten wir in trauter Zweisamkeit – glücklich, wieder zusammen zu sein – überhaupt nicht darauf, wie schnell die Zeit verstrich und es immer später wurde. Während wir eng umschlungen beieinanderlagen und Zärtlichkeiten austauschten, machte sich ihre Familie derweilen Sorgen über Sandys Verbleib. Da auch ihre Cousine mittlerweile zurück im Hotel war und angeblich nicht wusste, wo Sandy steckte, machte sich daraufhin ihr Bruder auf den Weg, um nach seiner Schwester zu suchen.

Ausgerechnet in dem Moment, als ich sie mitten in der Nacht mit meinem Auto vor ihrem Hotel absetzen wollte, trat ihr Bruder auf die Straße und erblickte uns. Ohne sich großartig von mir zu verabschieden, sprang Sandy aus dem Auto und lief ihrem Bruder entgegen. Leicht irritiert, aber ohne mir groß Gedanken darüber zu machen, fuhr ich zurück in mein Hotel und legte mich aufs Ohr.

Ich war noch am Schlafen, als mich ihre Cousine am frühen Morgen anrief, um mir mitzuteilen, dass wir aufgeflogen seien. Sie erzählte mir, dass Sandy einen Riesenanschiss bekommen hätte. Ihre Familie würde nun von unserer Beziehung wissen und sie solle mir ausrichten, dass Sandy und ich uns fürs Erste nicht mehr sehen könnten. Ihre Eltern hatten augenblicklich jeglichen Kontakt zu mir verboten. Sie wollten nichts von einer Beziehung zwischen mir und ihrer Tochter wissen.

Ich verstand den ganzen Trubel nicht so recht und war ein wenig enttäuscht über die Reaktion ihrer Eltern sowie darüber, dass sie scheinbar so voreingenommen waren. Doch das wären wohl alle Eltern dieser Welt gewesen, wenn ihnen zu Ohren gekommen wäre, was Sandys Cousin über mich berichtete.

Als dieser nämlich erfuhr, dass ich nach Österreich gefahren war, um Sandy zu besuchen, machte er sich umgehend auf den Weg zu ihrer Familie, um weiterhin Stimmung gegen mich zu machen. Dabei goss er noch mehr Öl ins Feuer als schon zuvor, indem er mich bei ihrer Familie schlecht dastehen ließ.

Er lästerte voll über mich ab und ließ kein gutes Haar an mir. So erzählte er ihren Eltern und ihrem Bruder Märchen, dass ich Sandy schlecht behandeln würde, sie mit anderen Frauen betrügen würde und sie nur ein Mädchen unter vielen wäre. Dass es mir sowieso nicht ernst mit ihr wäre und ich sie mir nur zu meinem Vergnügen warmhalten würde. Das reichte ihrer Familie dann auch, um sich bestätigt zu fühlen, gegen unsere Beziehung zu sein.

Der Cousin heizte die Stimmung gegen mich immer mehr auf, besonders indem er Sandys Bruder unentwegt gegen mich aufzuhetzen versuchte. Um nicht noch weiteren Stress heraufzubeschwören, brach ich meinen Trip vorzeitig ab und fuhr zurück nach Deutschland. Doch der Ärger war noch lange nicht vorbei.

Das Jahr 1998 war gerade einmal zwei Tage alt, als es am späten Abend plötzlich an meiner Haustür klingelte. Ahnungslos drückte ich den Türsummer, da stürmten auch schon Sandys Bruder und der Anstifter-Cousin herein.

Ohne mir etwas dabei zu denken, gewährte ich den beiden Einlass in meine Wohnung. Kaum standen sie in meiner Bude, wollte Sandys Bruder ziemlich aufgebracht und ohne Umschweife von mir wissen, ob ich mit seiner Schwester zusammen sei. Da ich mir nichts vorzuwerfen hatte, antwortete mit einem ehrlichen Ja. Das war es dann aber auch schon mit unserer Konversation.

Völlig aggressiv ging ihr Bruder auf mich los. Wir fingen an zu rangeln und nahmen uns dabei gegenseitig in den Schwitzkasten. Da schoss es mir plötzlich wie ein Blitz durch den Kopf: Mich mit ihrem Bruder zu prügeln, war ein fataler Fehler, der mir niemals mehr unterlaufen durfte. So würde Sandys Familie erst recht nicht einer Beziehung zustimmen –nie im Leben!

In jedem anderen Fall, in dem ich von jemandem derart attackiert und respektlos angegangen worden wäre – dazu noch in meiner eigenen Wohnung! –, hätte ich demjenigen, ohne zu zögern, eine reingehauen – das steht außer Frage. Nie im Leben hätte ich mir das bieten lassen! In dem Moment empfand ich es aber als völlig unangebracht; er war schließlich ihr Bruder. Ich wollte die Situation nicht verschärfen und noch schwerer machen, als sie ohnehin schon war.

Während der Rangelei waren wir beide zu Boden gefallen. Ab diesem Moment stellte ich meine Gegenwehr bewusst ein. Ihr Bruder aber war so in Rage, dass er mir mit einem gezielten Faustschlag ins Gesicht einen tiefen Cut über meinem Auge verpasste, sodass ich stark zu bluten anfing. Damit nicht genug, trat er mir mit solcher Wucht in den Rücken, dass ich glaubte, mir einen Wirbel gebrochen zu haben. Erst jetzt schritt der Cousin ein. Er zog Sandys Bruder beiseite und half ihm hoch, um daraufhin gemeinsam fluchtartig meine Wohnung zu verlassen.

Ich rappelte mich langsam auf, um mich im Badezimmer notdürftig zu verarzten. Weil den Cousin wohl ein schlechtes Gewissen geplagt haben muss, schickte er mir einen weiteren befreundeten Cousin vorbei, der sich scheinheilig nach mir erkundigte. Und auch einige von Sandys Cousinen, die zwischenzeitlich von der Sache Wind bekommen hatten, schneiten herein. Sie alle waren beim Anblick meines lädierten Auges sichtlich schockiert und erbost darüber, was Sandys Bruder und sein Cousin sich hier geleistet hatten.

Als mein Bruder Nijo von der Sache erfuhr und mit eigenen Augen sah, was geschehen war, flippte er regelrecht aus. Er machte mir Vorwürfe, dass er mich ausdrücklich davor gewarnt hätte, mich auf eine Beziehung mit Sandy einzulassen. Doch als er realisierte, dass ich mir im Grunde genommen gar nichts hatte zuschulden kommen lassen, außer mich in Sandy zu verlieben, beruhigte er sich schnell wieder.

Da mir bewusst war, dass die ganze Angelegenheit ausarten und in einem dritten Weltkrieg enden könnte, beruhigte ich die Gemüter. Mir war klar, dass meine Geschwister, Verwandte und engsten Freunde die Angelegenheit jetzt zu ihrer machten und sich so etwas niemals bieten lassen würden. Noch niemals zuvor hatte es in unseren Reihen mit irgendjemandem Probleme gegeben. Wir hatten einen sehr großen Freundeskreis; wir waren allseits bekannt und genossen überall großen Respekt. Dieser Vorfall war eine Frechheit sondergleichen.

Mein Bruder war dafür bekannt, dass man ihn lieber zum Freund als zum Feind hatte – und als jemand, den man besser nicht provozieren sollte. Wenn man ihm blöd kam, war man gut beraten, lieber das Weite zu suchen. Da ich eine Eskalation unbedingt verhindern wollte, beschwichtigte ich meine Familie und legte ihnen nahe, nichts zu unternehmen, worauf sie von weiteren Vorhaben abließen. Ich bat sie, mich allein zu lassen. So erfuhr ich zum ersten Mal in meinem Leben, dass Liebe wahrhaft schmerzhaft sein kann.

In der nächsten Zeit bekam ich Sandy überhaupt nicht mehr zu Gesicht. Konsequent hielt man sie von mir fern. Sogar das Telefonieren mit mir verbot man ihr; wenn sie mit jemandem telefonierte, fand dies nur unter strenger Beobachtung statt. Da ihre Familie permanent geschäftlich unterwegs war und sie verhindern wollten, dass sie sich möglicherweise weiterhin heimlich mit mir traf, nahmen sie Sandy nun immer mit auf ihre Reisen. Sie meldete sich gelegentlich alle paar Wochen telefonisch bei mir, wenn es ihr möglich war, um mir weiterhin ihre Liebe zu bekunden. Auch ich hatte nach wie vor nicht die Absicht, sie aufzugeben. Doch die Situation war so zerfahren, dass ich keine Ahnung hatte, wie es mit uns weitergehen sollte.

In der Zwischenzeit hatte sich Janos, ein alter Freund aus meiner Kindheit, bei mir eingenistet. Gemeinsam gingen wir unserem gemeinsamen Hobby nach, der Liebe zur Musik. Wir schrieben Songtexte, sangen Lieder in professionellen Tonstudios ein und produzierten Demo-CDs, die uns beinahe einen Platten-Deal mit Dieter Bohlen einbringen sollten.

Anfang 1998 war ich wieder an einem finanziellen Nullpunkt angelangt. Ich hatte mich die Monate zuvor so sehr auf meine Beziehung zu Sandy konzentriert, dass ich nichts weiter tat und auch kein Geld verdiente. Ich war völlig pleite und gammelte nur so zu Hause rum. Anstatt mir einen Job zu suchen, tat ich schon bald wieder das, was ich immer tat, wenn es finanziell etwas eng wurde.

Eineinhalb Jahre nach meiner letzten Haftentlassung lieh ich mir Janos' letzten Notgroschen mit dem Versprechen, in einigen Tagen mit dem ganz großen Geld zurückkehren zu wollen. Wie so oft zuvor, lieh ich mir bei einer Autovermietung einen Mietwagen, um wieder auf Tour zu gehen. Doch diesmal plante ich, nicht wie früher ewig lange Dinger drehen zu wollen. Lediglich einige Einbrüche sollten dafür sorgen, dass ich wieder Oberwasser bekäme. Da es nur ein kurzer Abstecher in die Vergangenheit werden sollte, bequatschte ich meinen alten Kumpel Sven, mit mir ein paar Tage auf Beutejagd zu gehen.

Doch ich hätte mir das Ganze auch gleich sparen können. Eine Woche lang fuhren wir durch das ganze Land und kamen dabei bis ins tiefste Bayern. Uns gelang schlichtweg nichts. Wir brachen noch nicht einmal irgendwo ein. Da wir entweder durch irgendwelche Passanten mitten in der Nacht bei unserem Vorhaben gestört wurden oder ganz in der Nähe Polizei erblickten, die gerade auf Streife waren, ließen wir es lieber gleich bleiben.

So streunte ich gemeinsam mit meinem Kumpel Sven bei tiefster Nacht mitten im Winter durch idyllische Städte wie Bad Tölz, Berchtesgaden und Garmisch-Partenkirchen. Wir sahen uns um, ohne wirklich aktiv zu werden. Erst am südlichsten Zipfel Deutschlands brach ich schließlich die Aktion ab.

Pleite und entnervt durch das ständige wirre Gebrabbel Svens, das ich mir während der mehrtägigen Fahrt notgedrungen anhören musste, fuhr ich die tausend Kilometer zurück nach Hause, ohne einen Pfennig gemacht zu haben.

Und weil sich auch in der darauffolgenden Zeit finanziell nichts großartig tat und ich die Schnauze voll hatte, krumme Dinger zu drehen, sah ich mich mit der Tatsache konfrontiert, mir schleunigst einen Job suchen zu müssen.

Gemeinsam mit Janos machte ich mich auf den Weg zum Jobcenter, um uns am Computer einige Stellenangebote durchzulesen. Schon bald stießen wir auf eine Anzeige, die wie die Faust aufs Auge zu uns passte.

In Italien war man auf der Suche nach Animateuren, die auf riesigen Campingplätzen für Stimmung sorgen sollten. Bei freier Kost und Logis und entsprechendem Gehalt war es genau das, worauf wir Lust hatten. Wir setzten uns umgehend mit dem dortigen Arbeitgeber in Verbindung und bekamen prompt eine telefonische Zusage. Keine 24 Stunden später saßen Janos und ich in der Bahn Richtung „bella Italia".

Wir fuhren bis nach Florenz, wo wir am nächsten Abend von einem einheimischen Mitarbeiter des dortigen Campingplatzes in Empfang genommen wurden. Pietro war ein Italiener, der uns auf Anhieb sympathisch war. Gemeinsam mit ihm sollten wir die nächsten drei Monate unglaublich viel Spaß haben.

Er brachte uns zu unserem Bungalow auf einem nahe gelegenen Campingplatz, wo wir eine Nacht schliefen, um am nächsten Morgen unseren Vorgesetzten kennenzulernen. Dieser machte uns sogleich mit unseren bevorstehenden Aufgaben vertraut. Dabei sollte die Betreuung der zu erwartenden Gäste und deren Kinder zu unseren Hauptpflichten zählen.

Da die Firma, für die wir arbeiten sollten, über mehre Campingplätze in ganz Italien verfügte, durften Janos und ich zwischen Regionen wie Kalabrien, Sizilien oder einem Ort direkt am Gardasee frei wählen. Auch hatten wir die Option, direkt vor Ort zu bleiben und in Florenz als Animateure tätig zu werden. Da Pietro uns aber am Abend zuvor von seinem Arbeitsort, einem direkt am Meer gelegenen Campingplatz, vorgeschwärmt und uns diesen schmackhaft gemacht hatte, entschieden wir uns dazu, in der Toskana zu bleiben und dort zu arbeiten.

Noch am selben Tag machten wir uns auf den Weg. Pietro hatte nicht zu viel versprochen. Er brachte uns an ein malerisches Örtchen, das unweit der Stadt Grosseto gelegen ist. Der Campingplatz befand sich inmitten eines Pinienwalds nur ein Steinwurf vom Meer entfernt. Wir bezogen einen geräumigen Bungalow und machten uns als Erstes mit der Gegend vertraut. Nur kurz darauf stellten sich uns weitere Animateure aus verschiedensten Ländern vor, die für andere dort ansässige Firmen tätig waren.

Ich hatte noch nicht einmal meine Sachen ausgepackt, als mir gegenüber von unserem Bungalow eine süße Brünette auffiel, die vor einem Zelt auf einem Liegestuhl sitzend in ein Buch vertieft war. Von anderen Animateuren erfuhr ich, dass sie Amy hieß, aus England stammte und ebenfalls als Animateurin vor Ort jobbte.

Mit ihren langen Beinen und hervorstechenden Katzenaugen entsprach sie genau meinem Geschmack. Ich lief zu ihr hinüber, um mich mit ihr bekannt zu machen. Als ob wir uns schon ewig kennen würden, plauderten wir munter drauflos. Wir waren einander auf Anhieb sympathisch. Wir quatschten bis spät in die Nacht hinein. Und so kam es, dass ich meinen zweiten Abend in Italien nicht gemeinsam mit Janos im Bungalow schlief, sondern mir stattdessen eng umschlungen die Pritsche mit Amy teilte.

Janos und ich bereuten nicht einen Tag, nach Italien gekommen zu sein. Vom ersten Tag an war der Spaßfaktor sehr hoch. Das Wetter war durchgehend top. Wir empfanden es weniger als Arbeit, die stetig eintreffenden Gäste zu unterhalten; vielmehr als einen nicht enden wollenden Urlaub.

Unsere Tätigkeit als Animateure bestand darin, die vielen Kinder und Jugendlichen, die mit ihren Eltern angereist waren, halbtags zu bespaßen und für zumeist sportliche Aktivitäten zu begeistern. Während Janos es vorzog, sich mit älteren Jugendlichen beim Volleyball oder Fußball auszutoben, lief ich in der Regel mit einer Plastikschaufel und einem Plastikeimer in der einen Hand und einem Kleinkind an der anderen zum nahe gelegenen Strand, um dort mit den ganz Kleinen Sandburgen zu bauen, was mir recht gut gefiel, denn so heimste ich eine Menge Sympathiepunkte von den vielen anwesenden hübschen Müttern ein. Ich nutzte meinen Status als Animateur ungeniert aus, um attraktive Frauen anzubaggern. Ich ließ nichts anbrennen und nutzte jede Gelegenheit, um zu flirten.

Eines Nachmittags saß ich inmitten meiner fußballverrückten italienischen Kollegen an der auf dem Campingplatz eigenen Cappuccino-Bar und sah mir gemeinsam mit ihnen ein Weltmeisterschaftsspiel im Fernsehen an, als ich plötzlich eine weibliche Stimme vernahm, die laut in die Menge hineinrief, ob jemand Deutsch spräche. Als ich aufhorchte und mich fragend umsah, wäre ich vor Begeisterung beinahe vom Stuhl gekippt. Eine unfassbar heiße sexy Latina in einem hautengen Bikini stand Hilfe suchend inmitten der Leute. Da niemand sonst auf sie reagierte und alle weiterhin gebannt das Spiel verfolgten, sprang ich wie vom Blitz getroffen von meinem Stuhl auf, um ihr sogleich meine Hilfe anzubieten.

Sie erzählte mir, dass sie gerade erst aus Deutschland angereist sei und nun unbedingt zum Strand wolle. Selbstverständlich ließ ich es mir nicht nehmen, sie persönlich dorthin zu begleiten. Ich glaube, dass uns beiden in diesem Moment klar war, worauf dies hinauslaufen würde. Und obwohl sie laut ihrer eigenen Aussage daheim einen Freund hatte, in den sie angeblich wahnsinnig verschossen sei, ließ sie es sich nicht nehmen, nur eine halbe Stunde nach unserem ersten Wortwechsel hinter einer abgelegenen Düne sich nackt mit mir im feinen Sand herumzuwälzen.

Wir hatten eine tolle Zeit in Italien. Da wir nur bis in den frühen Nachmittag beschäftigt waren, blieb uns noch genügend Freizeit, am Strand spazieren zu gehen und uns in der Sonne zu aalen. Nach einer Weile waren Janos und ich so tief gebräunt, dass wir glatt als Italiener hätten durchgehen können.

An unseren freien Tagen bretterten wir mit unseren geliehenen Vespas die Küsten entlang. Wir entspannten bei einer Tasse Kaffee in Cafés inmitten der Altstadt des malerischen Ortes und ließen die Seele baumeln. Pietro, der uns inzwischen ein guter Kumpel geworden war, nahm uns zu Locations mit, die ganz nach unserem Geschmack waren. An den Wochenenden feierten wir gemeinsam mit anderen Animateuren in riesigen Freiraumklubs Partys.

Täglich lernten wir interessante Menschen aus ganz Europa kennen. Was Amy anging, so entwickelte sich während der Zeit eine freundschaftliche Affäre. Zu meiner eigentlichen Liebe, Sandy, hatte ich die Monate über, die ich in Italien weilte, kaum noch Kontakt.

Insgeheim glaubte ich, dass es das mit uns gewesen sei und wir nicht wieder als Paar zusammenfinden würden. Nach wie vor war es mir nicht möglich gewesen, sie irgendwie zu erreichen. Immer wenn ich versuchte, sie ans Telefon zu bekommen, ging eines ihrer Familienmitglieder an den Hörer, sodass ich gleich wieder auflegte.

Die Zeit in Italien verging wie im Fluge. Obwohl Janos und ich uns sehr wohlfühlten, entschlossen wir uns bei einem gemeinsamen Frühstück urplötzlich dazu, nach einem Vierteljahr in Italien unsere Zelte dort abzubauen und zurück nach Deutschland zu reisen.

Pietro brachte uns am kommenden Morgen zum Bahnhof nach Grosseto, wo wir Abschied voneinander nahmen, um weiter nach Rom zum Flughafen zu fahren. Mit der nächsten Alitalia-Maschine kehrten wir am späten Abend nach Hamburg zurück.

Meine Wohnung in Neumünster hatte ich mittlerweile aufgrund von Mietschulden verloren, sodass ich wieder bei meinen Eltern einzog. Doch kaum zurück in Deutschland, ging es für mich Schlag auf Schlag weiter. Es dauerte keine zwei Tage, bis es zu dem lang ersehnten Treffen zwischen mir und meiner Liebe Sandy kam.

Wir begegneten uns wie zuvor streng geheim an einem abgelegenen Ort, um uns gegenseitig wissen zu lassen, wie sehr wir einander vermissten. Auch nach über einem Vierteljahr, in dem wir uns nicht gesehen hatten und auch kaum miteinander Kontakt gehabt hatten, waren wir noch immer ineinander verliebt. Doch auch dieses Mal drang unser Wiedersehen schnell bis zu ihren Eltern durch, die noch immer strikt gegen eine Beziehung waren.

Ich erinnere mich noch gut an die schlaflose und unruhige Nacht. Ich blickte aus dem Fenster und fixierte den hell erleuchteten Mond am Nachthimmel. Ich muss erst im Morgengrauen eingeschlafen sein, als mich in der Frühe das Klingeln des Telefons unsanft aus dem Schlaf riss. Mein Vater nahm den Hörer ab und ich konnte an seinem versteinerten Gesichtsausdruck ablesen, dass ihn schlimme Nachrichten erreichten. Das Krankenhaus, in dem mein Onkel wegen seiner Krebserkrankung lag, rief an, um meinem Vater die traurige Nachricht vom Tod seines Bruders zu überbringen.

Jedoch blieb mir keine Zeit, Trauerarbeit zu leisten und meinem Vater in diesem schweren Moment beizustehen. Denn nur Minuten nach diesem schockierenden Anruf klingelte das Telefon erneut. Diesmal nahm ich den Hörer ab. Eine enge Cousine von Sandy teilte mir mit, dass unser Treffen aufgeflogen war und Sandy aus Angst vor zu erwartenden Konsequenzen seitens ihrer Familie sich mitten in der Nacht einfach von zu Hause fortgeschlichen hatte, um mit mir gemeinsam das Weite zu suchen.

Keine halbe Stunde später traf ich mich mit meiner Freundin an meiner ehemaligen Schule, um gemeinsam das weitere Vorgehen zu besprechen. Da uns beiden klar war, dass wir auf keinen Fall in der Stadt bleiben konnten, fassten wir kurzerhand den Entschluss, diese zu verlassen. Ich schlug vor, zu meiner Schwester nach Bremen zu fahren und dort so lange unterzutauchen, bis sich die Wogen wieder geglättet hätten. Wir setzten uns in die nächste Bahn und fuhren los.

Sandy ließ mich während der Fahrt wissen, dass wir nach dem Brauch der Sinti nun Mann und Frau wären. Während sie die ganze Zeit über verständlicherweise ziemlich angespannt war, betrachtete ich die ganze Angelegenheit eher locker, sogar mit einer Portion Humor. Ich wusste, dass ihre Familie sich nicht ewig querstellen würde und sie früher oder später unsere Beziehung tolerieren würden.

Ganze vier Wochen blieben wir bei meiner Schwester in Bremen. Sie empfing uns mit offenen Armen. Sandy und sie verstanden sich auf Anhieb, so als ob sie sich schon ewig kennen würden. Wir nisteten uns in ihrer kleinen Wohnung ein und hatten nun zum ersten Mal Zeit, uns überhaupt richtig kennenzulernen, was uns in der Vergangenheit stets verwehrt worden war.

Während unsere Treffen vorher immer zeitlich beschränkt gewesen waren und vor allem stets höchst geheim abliefen, waren wir nun Tag und Nacht zusammen. Wir führten stundenlange Gespräche und liefen abends Händchen haltend an der Weser entlang. Erst jetzt merkte ich, wie gut Sandy mit tat und wie exzellent wir zueinander passten. Es stimmte einfach alles und ich fühlte mich pudelwohl an ihrer Seite. Ich war glücklich, dass sie bei mir war, und genoss ihre Anwesenheit.

Andererseits machte es mich traurig zu sehen, wie sehr Sandy unter der Situation litt. Das Ganze machte ihr offensichtlich zu schaffen. Wegen mir hatte sie ihre Familie verlassen, die nach wie vor nicht bereit war, unsere Liebe zu akzeptieren. Ich tröstete meine zukünftige Frau, indem ich ihr zusicherte, dass am Ende alles gut werden und das Versteckspiel früher oder später ein Ende haben würde. Ich war mir sicher, dass sollten sie mich eines Tages persönlich kennenlernen, sie ihre Meinung über mich schon ändern würden.

Die meisten Menschen stellen sich das optimale Treffen mit ihren zukünftigen Schwiegereltern sicherlich folgendermaßen vor: Man wird zu ihnen nach Hause eingeladen, wo man gemütlich bei Kaffee und Kuchen zusammensitzt, sich nett unterhält und einander näher kennenlernt. Auch ich hatte diese Wunschvorstellung. Bis zu jenem Tag, als ich gemeinsam mit Sandy nach einem Monat Abwesenheit heimlich nach Neumünster zurückkehrte, um dort etwas zu erledigen.

Nichts ahnend liefen wir die Straße entlang, als plötzlich ein breiter Van vor uns auftauchte und mit quietschenden Reifen an einer gegenüberliegenden Tankstelle zum Stehen kam. Sandy rief mir noch zu, dass dies ihre Eltern seien, bevor sie auch schon die Straße überquerte und ihnen entgegenlief. Von der anderen Straßenseite aus konnte ich beobachten, wie ihr Vater sichtlich angefressen aus dem Auto sprang und anfing, eine hitzige Diskussion mit seiner Tochter zu führen.

Durch den fließenden Verkehr behindert, musste ich einen Augenblick warten, bevor auch ich die Straßenseite wechseln konnte. Mit einem nett gemeinten Handschlag lief ich ihrem Vater entgegen, um ihn freundlich zu begrüßen. Doch dieser dachte überhaupt nicht daran, mich kennenlernen zu wollen, und lehnte meine Begrüßung ab. Stattdessen unterstellte er mir, ich würde ihm seine Tochter rauben wollen, und was mir einfallen würde, mich so respektlos zu verhalten. Dabei hatte ich die ganze Zeit über genau das Gegenteil getan, ich hatte mich ruhig und fair gezeigt. Sogar Prügel hatte ich eingesteckt und trotzdem kein schlechtes Wort über sie verloren.

Ihr Vater aber redete sich in Rage und drohte sogar, mir mit einem Gummiknüppel, den er die ganze Zeit über in der Hand hielt, einen über den Schädel ziehen zu wollen. Ich ließ mich davon kein bisschen beeindrucken und blieb weiterhin besonnen. Ich versuchte ihn erneut davon zu überzeugen, einfach nur mit seiner Tochter zusammen sein zu wollen, und erklärte ihm, dass es uns dabei nur um Liebe gehe.

Nach einer Weile entspannte sich auch ihr Vater zusehends und wir fingen an, uns wie ganz normale Leute zu unterhalten. Zu meiner Überraschung ließ er uns zum Ende des Gespräches wissen, dass sollten wir unverzüglich nach Neumünster zurückkehren, wir fortan mit seiner vollen Unterstützung rechnen könnten. Ich fand diese Aussage nur fair und überaus glaubwürdig, worauf ich versprach, dass wir in Kürze zurückkehren würden. Tatsächlich verließen wir nur wenige Tage später Bremen und fuhren in unsere Heimatstadt zurück.

Wie versprochen verhalf uns ihr Vater zu unserer ersten gemeinsamen Wohnung. Das aber war es dann auch schon mit der Akzeptanz mir gegenüber. Sandys Familie ging es wohl in erster Linie darum, ihre Tochter wieder in ihrer Nähe zu haben, ich spielte dabei weniger eine Rolle. Mit mir wollten sie weiterhin nichts zu tun haben, und das ließen sie mich auch wissen.

Dass mich Sandys Familie anfangs nicht akzeptierte, war mir ehrlich gesagt egal. Ich hatte mir nichts vorzuwerfen und das Wichtigste für mich war ohnehin, Sandy an meiner Seite zu haben. Zum ersten Mal seit fast zwei Jahren konnten wir eine beinahe normale Beziehung führen. Wir mussten uns jetzt nicht mehr in der Öffentlichkeit verstecken, und alle waren eingeweiht. Endlich hatten wir uns die Situation geschaffen, auf die wir die ganze Zeit hingearbeitet hatten.

Meine Eltern dagegen hießen die neue Frau an meiner Seite herzlich willkommen und freuten sich riesig für uns. Sie mochten Sandy auf Anhieb und schlossen sie gleich ins Herz. Mein Vater kam beinahe täglich auf einen Plausch in unserer neuen Wohnung vorbei.

In der darauffolgenden Zeit ließ ich es ruhiger angehen und versuchte, ein normales Leben zu führen. Während Sandy die klassische Rolle der Hausfrau einnahm, jobbte ich als Kellner bei Bekannten in deren Restaurant und verdiente etwas Geld. Fairerweise muss ich sagen, dass obwohl sie mich ignorierten, Sandys Eltern uns in dieser Zeit finanziell unterstützten, sodass es uns an nichts mangelte. Seit langer Zeit stabilisierte sich mein Leben wieder und eine ungewohnte Ruhe kehrte ein. Es kam sogar ein wenig Beständigkeit in mein Leben – früher für mich etwas Befremdliches.

Obwohl Sandy und ich anfangs überhaupt keine Möglichkeit gehabt hatten, eine normale Kennenlernphase zu durchlaufen, waren wir beide glücklich, dass wir zwei uns zwar nicht gesucht, aber dennoch gefunden hatten. Wir harmonierten wunderbar miteinander und machten fortan fast alles gemeinsam. Dass wir den gleichen Freundeskreis hatten und viele gemeinsame Interessen teilten, machte es uns umso leichter. Wir waren glücklich und liebten einander sehr.

In der Zwischenzeit hatte sich mein ältester Bruder an der Nordsee mit einem sehr geräumigen Restaurant selbstständig gemacht. Gemeinsam mit meinem Bruder Nijo führte er das Lokal. Obwohl ich zuvor mit meinen älteren Brüdern aufgrund verschiedener Diskrepanzen und speziell mit Nijo wegen seiner anfangs ablehnenden Haltung gegenüber meiner zukünftigen Frau lange Zeit kein Wort gesprochen hatte, ließen wir die Vergangenheit nun ruhen und vertrugen uns wieder. Und so dauerte es nicht lange, bis auch ich ins Geschäft mit einstieg und im Laden meines Bruders im Service arbeitete.

Nach nur kurzer Zeit lief das Geschäft so gut, dass meine Brüder zwei weitere Restaurants in der Gegend eröffneten. Fortan waren meine Tage ausschließlich mit Arbeit ausgefüllt. Da die Restaurants in verschiedenen Städten lagen und ich dort eingesetzt wurde, wo ich gerade gebraucht wurde, pendelte ich von einem Laden zum nächsten, um mir bei bis zu 18-Stunden-Tagen regelrecht den Arsch aufzureißen.

Auch Sandy bekam dies zu spüren. Ich schaffte es gerade noch, mich mit einem Gutenmorgenkuss von ihr zu verabschieden, um erst kurz vor Mitternacht wieder zu Hause aufzutauchen und ihr Gute Nacht zu sagen, um daraufhin selbst todmüde ins Bett zu fallen. Immerhin fabrizierte ich keinen Blödsinn und ging einer rechtschaffenen Arbeit nach, was zuvor nicht gerade zu meinen Stärken gezählt hatte.

Als sich alles zu normalisieren schien, ich mich in einer gefestigten Beziehung befand, einer geregelten Arbeit nachging und ich auch sonst keinerlei Probleme hatte, brach – jäh und völlig unerwartet – der schlimmste Tag meines Lebens über mich herein, der für immer alles verändern sollte.

Kapitel III: 2000–2006

Meinen Eltern ging es zu jener Zeit prima. Sie waren mächtig stolz auf ihre Kinder, die gemeinsam an einem Strang zogen und in gleich drei eigenen Restaurants arbeiteten. Regelmäßig waren sie zu Besuch da, um sich von uns verwöhnen zu lassen. Wir freuten uns, dass sie glücklich und zufrieden waren. Sie hatten es sich mehr als verdient.

Im Frühsommer 2000 bat mein Vater mich, ihn und meine Mutter zum Flughafen nach Frankfurt am Main zu fahren. Sie freuten sich auf eine Reise nach Amerika, um in Kalifornien unsere zuvor zahlreich ausgewanderten Verwandten zu besuchen. Den ganzen Sommer planten sie für ihre Reise ein und waren dabei voller Vorfreude. Gemeinsam mit meinem Kumpel Isi fuhr ich sie zum Flughafen und wünschte ihnen eine tolle Zeit.

Sie kehrten schließlich früher als geplant nach Hause zurück. Nach nur einigen Wochen brachen sie ihren Urlaub ab und kehrten heim. Ich war der Annahme, dass sie sich bereits gut erholt hätten. Doch meine Eltern berichteten, dass die stetig herrschende Hitze in Kalifornien mit fast 40 Grad Celsius ihnen äußerst zugesetzt und zu schaffen gemacht hatte.

Es sei für sie ungewohnt und kaum auszuhalten gewesen ist. Speziell für meinen herzkranken Vater waren dies Strapazen, die ihm offensichtlich nicht guttaten. Außerdem hatten der Jetlag und der lange Flug nicht gerade zu seinem physischen Wohlbefinden beigetragen. Eigentlich war es ihm vor der Reise gesundheitlich besser gegangen und er hatte sich recht wohlgefühlt. Doch seit er wieder zurück aus dem Urlaub war, klagte er öfter über Unwohlsein.

Es gibt Situationen im Leben, die ein Mensch niemals vergisst. So werde ich immer an den Augenblick denken müssen, als ich meinen Vater das letzte Mal lebend sah. Nur kurz nach ihrer Amerikareise war ich zu Besuch bei meinen Eltern. Ich erinnere mich noch gut daran, wie ich mit meinem Vater herumalberte und dass es ihm an diesem Abend gesundheitlich gut ging.

Ich hatte mir zuvor sein Auto geliehen und ein Bußgeld bekommen. Er meinte scherzhaft, dass das Bußgeld von 10 DM auf meine Kappe gehen würde, was natürlich nicht ernst gemeint war. Ich nahm seinen Kopf in den Schwitzkasten und wuschelte ihm mit meiner flachen Hand in schnellen Kreisbewegungen durch die wenigen verbleibenden Haare, die er noch besaß. Meine Mutter, die mit auf der Couch saß, amüsierte sich köstlich darüber, und wir lachten herzhaft, als er hinterher so aussah, als hätte er in die Steckdose gegriffen.

Ein lustiger, harmonischer Abend, den ich gemeinsam mit meinen Eltern verbrachte. Nichts deutete darauf hin, dass dies die letzten Augenblicke in meinem Leben waren, die ich mit meinem Vater haben durfte. Als ich mich kurz darauf von den beiden verabschiedete, ahnte ich nicht, dass dies das letzte Mal war, dass ich mit meinem Vater sprechen sollte.

Ich kann es nicht genau sagen, doch vielleicht ist es Vorsehung gewesen, eine unbewusste Vorahnung, die mich dazu bewog, an der Haustür abrupt stehen zu bleiben und über meine Schulter einen Blick zurück auf meinen Vater zu werfen. Dieses Bild, wie er da ganz ruhig in seinem Sessel saß, aus einer Schale Kürbiskerne naschte und gebannt auf den Fernsehbildschirm schaute, hat sich für immer in mein Gedächtnis eingebrannt. Es war das letzte Mal, dass ich meinen Vater lebend sah.

Als ich am nächsten Abend im Restaurant meines Bruders gemeinsam mit dessen bestem Freund und meiner Freundin Sandy, die an diesem Tag mit aushalf, gut gelaunt auf den Feierabend hinarbeitete, ahnte ich nicht, dass meine Welt von einer Sekunde auf die andere zusammenbrechen würde.

Ich hatte den letzten Gast gerade zur Tür hinausgeleitet und wir waren wie üblich dabei, den Laden für den nächsten Tag vorzubereiten, als kurz vor Mitternacht plötzlich das Telefon läutete. Die

Stimmung hätte nicht besser sein können, als der Freund meines Bruders den Hörer abnahm. Doch ich ahnte augenblicklich, dass etwas Schlimmes passiert sein musste.

Seine Gesichtszüge entglitten ihm regelrecht, während er dem Gespräch lauschte. Ich hörte ihn nur etwas vor sich hin stammeln, bevor er den Hörer wieder auflegte und sofort zu weinen anfing. Als ich erschrocken nachfragte, was geschehen sei, rief er mir schluchzend zu, dass ich unverzüglich nach Hause fahren müsse, da mein Vater gestorben sei.

Ich weiß noch genau, wie ich in diesem Moment keine Art von Emotionen empfand. Vielmehr war ich in einem Schockzustand, in einer Schockstarre, und ich verstand überhaupt nicht, was geschehen war. Ungläubig sah ich den Freund meines Bruders an, wie dieser leise vor sich hin weinte. Und als auch Sandy zu weinen anfing, dämmerte es mir, dass ich soeben einen geliebten Menschen und einen Teil von mir selbst verloren hatte.

Ich lief zum Hinterausgang auf unsere Terrasse hinaus, wo ich in einem lauten Weinkrampf zusammenbrach. Minutenlang lag ich auf meinen Knien und schrie meinen Schmerz in den Nachthimmel hinaus. Sandy eilte zu mir und half mir wieder auf die Beine zu kommen. Während sie mich in die Arme nahm und fest an sich drückte, weinte ich mich hemmungslos an ihrer Schulter aus.

Auf der einstündigen Fahrt zurück nach Neumünster sprach keiner von uns auch nur ein Wort. Ich hatte Angst vor dem Ungewissen und vor dem, was jetzt folgen würde. Als ich das Haus meiner Eltern erreichte, hörte ich bereits im Treppenhaus meinen Bruder Nijo laut weinen. Als ich die Wohnung betrat und meine Mutter mir mit völlig verweintem Gesicht entgegentrat und mir bestätigte, dass mein Vater von uns gegangen sei, brach für mich eine Welt zusammen. Der Schmerz, der mich in diesem Moment übermannte, und die Gewissheit, dass er tatsächlich gestorben war, waren so gewaltig, dass ich erneut in mich zusammensackte und laut weinend auf dem Boden liegen blieb.

Irgendwie nahm ich an, dass sie meinen Vater bereits abgeholt und in die Leichenhalle gefahren hatten, als ich mich etwas später wieder aufraffte und zu meinem völlig aufgelösten Bruder auf die Couch setzte. Doch meine Mutter ließ mich wissen, dass er noch immer in dem Bett lag, in dem er seinen letzten Atemzug getan hatte.

Ich werde diesen Moment nie vergessen, als ich die Schlafzimmertür öffnete und ich meinen Vater tot in seinem Bett liegen sah. Zeitlebens hatte ich insgeheim Angst vor diesem Augenblick gehabt. Und jetzt erwischte mich genau dieser Augenblick eiskalt und völlig unvorbereitet.

Ich setzte mich zu ihm ans Bett und verweilte dort eine Weile stillschweigend. Absolut surreal wirkte die ganze Situation auf mich. Nur einen Abend zuvor hatten wir noch gemeinsam fröhlich zusammengesessen. Keine 24 Stunden später lag mein Vater tot da. Ich glaube, erst in diesem Moment begriff ich, dass er fort war und kein Leben mehr in ihm steckte.

Ich nahm ihn noch ein letztes Mal in meine Arme, um ihm in sein Ohr zu flüstern, was für ein wunderbarer Vater er gewesen war. Ich sagte ihm, dass ich ihn von ganzem Herzen liebte, und dankte ihm für alles, was er für uns getan hatte. Ich war so traurig. Noch so vieles hätte es gegeben, was ich ihn gerne hätte wissen lassen. Ein letztes Mal drückte ich ihn fest an mich und gab ihm einen Kuss auf die Stirn, bevor ich ihn wieder zudeckte und das Zimmer verließ.

Nach und nach erreichten meine restlichen Geschwister die elterliche Wohnung, um von Vater Abschied zu nehmen. Trotz seiner seit Jahren anhaltenden Beschwerden war niemand von uns darauf vorbereitet gewesen, dass er plötzlich sterben würde. Er war schließlich erst 59 Jahre alt.

Die Trauer in den darauffolgenden Tagen war unermesslich groß. Jeden Tag kamen Bekannte und Verwandte vorbei, um ihr Beileid zu bekunden. Die Anteilnahme war rührend. Das Telefon stand vor lauter Beileidsbekundungen nicht mehr still. Mein Vater war ein angesehener und überaus beliebter und vor allem respektierter Mann, den alle mochten, weil er ein sehr loyaler Mensch mit großem Herzen war.

Ich kann gar nicht beschreiben, wie sehr mir meine Mutter in diesen Tagen leidtat. Obwohl sie gerade erst die Liebe ihres Lebens verloren hatte - den Menschen, mit dem sie die letzten 33 Jahre verbracht hatte -, versuchte sie wegen ihrer Kinder stark zu sein und uns zu trösten.

Die Beerdigung fand einige Tage später an einem Freitag statt. Als Moslem wurde mein Vater, wie der Islam es vorschreibt, einer rituellen Waschung unterzogen. Ein Freund der Familie übernahm im Krankenhaus die Prozedur am Leichnam im Beisein meiner Geschwister und eines geistlichen Imans, der Verse aus dem Koran sprach. Ich war ebenfalls anwesend. Im Anschluss wurde der Körper meines Vaters in ein weißes Leinentuch gewickelt, bevor man ihn in den Sarg legte.

Noch bevor der Sarg zum Friedhof gefahren wurde, brachte man ihn zu einer Moschee, wo viele Muslime Gebete vor dem aufgebahrten Sarg meines Vaters sprachen. Erst danach fuhr man ihn zum Friedhof, wo bereits zahlreiche Freunde, Bekannte und Verwandte warteten, um ihn auf seinem letzten Weg zu begleiten.

Wie vergänglich das Leben ist, wurde mir noch einmal bewusst, als ich gemeinsam mit meinen Brüdern und all den anderen trauernden Gästen hinter seinem Sarg herlief, als dieser zu seiner letzten Ruhestätte gezogen wurde. Als ich mich mit einem von tiefstem Herzen kommenden Luftkuss ein letztes Mal an seinem Sarg von ihm verabschiedete und er kurz darauf zu Grabe gelassen wurde, brach die Trauer aus mir heraus. Ich umarmte meine beiden Brüder und gemeinsam weinten wir bittere Tränen. Es war der wohl schwerste Augenblick meines Lebens.

Von diesem Tag an war alles anders. Meine Mutter zog kurz nach der Beerdigung aus der gemeinsamen Wohnung, da die Erinnerungen an meinen Vater für sie zu schmerzlich wurden. Sie bezog eine schicke Neubauwohnung, in der wir Kinder dafür sorgten, dass sie sich schnell darin einleben konnte und es ihr an nichts fehlte. Wir ließen sie kaum eine Minute allein und sahen ständig nach dem Rechten. Die Situation war für uns alle ungewohnt. Keiner von uns wusste, wie es jetzt weitergehen sollte.

Die folgenden Monate blies ich nur Trübsal und war permanent traurig und nachdenklich. Mein Vater fehlte mir unermesslich. So ging es uns allen. Das Leben musste aber irgendwie weitergehen. Ich war heilfroh, dass Sandy zu jener Zeit an meiner Seite war. Sie tat alles in ihrer Macht Stehende, um mich wieder aufzumuntern. Ich stürzte mich in die Arbeit und versuchte, so gut es ging, mich abzulenken.

Als sich Cem zum Jahreswechsel mit einem Insiderjob bei mir meldete, bei dem es um eine mögliche Beute von Tausenden von DM ging, wollte ich eigentlich ablehnen und kein krummes Ding mehr drehen. Ich war noch immer im Trauermodus und hielt es für falsch und unangebracht, jetzt so etwas zu tun. Dennoch ließ ich mich dazu überreden mitzumachen.

Während ich Sandy dazu brachte, Silvester mit ihrer Familie zu feiern, fuhr ich gemeinsam mit Cem am Silvesterabend los, um ein Geschäft auszukundschaften. Doch leider hatte Cem die vielen Überwachungskameras auf der gegenüberliegenden Straßenseite übersehen, die das gesamte Gelände filmten. Wir ließen daraufhin von der Sache ab und fuhren unverrichteter Dinge wieder nach Hause.

Ich setzte Cem zu Hause ab, um im Anschluss auf den Friedhof zu fahren. Seelenmutterallein stellte ich mich auf den dortigen Parkplatz und versank kurz vor Mitternacht in Gedanken. Während Millionen von Menschen mit Vorfreude das neue Jahr erwarteten, saß ich traurig in meinem Auto und wollte einfach nur meinem Vater nahe sein. Als dann der Jahreswechsel einbrach und Feuerwerk den Nachthimmel von Neumünster erhellte, weinte ich bittere Tränen, weil ich meinen Vater so sehr vermisste. Ich wünschte ihm ein frohes neues Jahr und gleichzeitig alles Gute zu seinem 60. Geburtstag, den er am 1. Januar gefeiert hätte.

Ich muss meinen zukünftigen Schwiegereltern wohl irgendwie leidgetan haben. Denn nur kurz nach der Beerdigung meines Vaters luden sie mich zu sich nach Hause ein, um mich endlich näher kennenzulernen. Mittlerweile waren über drei Jahre vergangen, in denen ich bereits mit Sandy zusammen war. Die Wogen hatten sich in der Zwischenzeit geglättet. Sie hatten wohl erkannt, dass ich kein gar so schlechter Kerl sein konnte, wie zuvor behauptet worden war. Sie müssen im Laufe der Zeit eingesehen haben, dass ihre Tochter eine glückliche Beziehung führte.

Wir fuhren zu ihnen nach Hause, wo ich letztendlich doch noch bei Kaffee und Kuchen freundlich empfangen wurde. Wir lernten einander kennen, und ich glaube, dass sie sehr schnell erkannten, dass der Zoff, den wir zuvor miteinander gehabt hatten, völlig überflüssig gewesen war. Sie ließen uns spüren, dass wir nun ihren Segen hatten und sie nichts mehr gegen unsere Beziehung einzuwenden hatten.

Von diesem Tag an war alles anders. Ich hatte sehr schnell das Gefühl, von ihnen akzeptiert zu sein. Die Beziehung normalisierte sich zusehends und schon bald gaben sie einem das Gefühl, zur Familie zu gehören. Selbst das Verhältnis zu ihrem Bruder, dem ich anfangs spinnefeind war, entspannte sich, und nachdem wir einander besser kennengelernt hatten, dauerte es nicht lange, bis auch wir gut miteinander auskamen.

Es war nun die Regel, dass wenn es zeitlich gerade passte, wir sie auf ihren geschäftlichen Reisen begleiteten, sodass wir manchmal Tage oder gar Wochen mit ihnen verbrachten. Ich empfand das immer als sehr angenehm, da ich das Reisen aus meiner eigenen Vergangenheit her kannte und das etwas war, was ich von jeher liebte, besonders im Sommer, wenn wir einen Abstecher zu exklusiven Orten wie zum wunderschönen Starnberger See, zum Tegernsee oder zum Wolfgangsee in Österreich machten. Wir verlebten dort jedes Mal eine traumhaft schöne Zeit.

Das Jahr 2002 begann für mich mit einem Geldsegen. Ich hatte seit geraumer Zeit kein krummes Ding mehr gedreht und dies auch überhaupt nicht im Sinn gehabt, als sich nur einen Tag nach Neujahr wider Erwarten eine Gelegenheit auftat, was meinen alten Trieb, schnelles Geld zu machen, wieder entflammen ließ.

Als ich eines Nachmittags meine Stromrechnung bezahlen wollte und in dieser Angelegenheit die Stadtwerke aufsuchte, konnte ich meinen Augen kaum trauen, als ich am Schalter stehend durch die offene Tür eine Mitarbeiterin im Nebenraum erblickte, die völlig konzentriert deutlich sichtbar Hunderte von Geldscheinen zählte. Es war der erste Tag der Euro-Einführung, daher konnte ich nur schwer einschätzen, wie viel Bargeld die Mitarbeiterin vor sich liegen hatte. Meiner schnellen Einschätzung nach mussten es Tausende von Euro gewesen sein, welche die Frau da vor sich auf dem Tisch liegen hatte.

Nachdem ich meine offene Stromrechnung bezahlt hatte, wartete ich draußen in meinem Auto in sichtbarer Nähe zum Geschäft darauf, dass die Mitarbeiter Feierabend machten, um zu sehen, ob irgendeiner von ihnen eine Tasche oder Ähnliches bei sich trug, in dem das viele Geld zur Bank gebracht werden würde. Doch als ich sah, dass die Mitarbeiter – es waren drei Personen – das Geschäft verließen, ohne etwas in ihren Händen zu halten, war mir klar, dass sich das Geld noch im Inneren der Verkaufsstelle befinden musste.

Zu meinem großen Glück sollte der Einstieg in das Gebäude überhaupt keine Herausforderung darstellen. Weil zu dem Zeitpunkt Baumaßnahmen in dem tatsächlichen Verkaufspavillon nebenan stattfanden, nutzten die Mitarbeiter einen provisorischen Verkaufsraum in Form eines Plastikcontainers, der gleich nebenan aufgestellt worden war. Ich war überzeugt davon, dass wir problemlos Zugang zum Geschäft bekommen würden. Ich ging zu meinem alten Partner Florian, um ihm von der Sache zu berichten, und es bedurfte keiner großen Überredungskunst, um ihn zum Mitwirken zu bewegen.

Bei dunkelster Nacht fuhren wir in die Stadt und parkten das Auto in unmittelbarer Nähe zum Geschäft. Wie erwartet dauerte es nur Sekunden, bis wir die billige Holztür des Containers aufgebrochen hatten und auch schon mitten im Verkaufsraum standen. Doch als ich den Raum betrat, in dem nur Stunden zuvor die Mitarbeiterin das viele Geld gezählt hatte, war meine Enttäuschung groß, als ich einen riesigen Tresor erblickte.

Sofort wollte ich alles abblasen und das Geschäft umgehend wieder verlassen, als Florian mir zurief, dass es sich bei dem vermeintlichen Tresor bei näherer Betrachtung nur um einen Blechschrank handelte. Doch weil wir uns mitten im Zentrum der Innenstadt von Neumünster befanden, hielten wir es für keine so kluge Idee, den Schrank vor Ort aufzubrechen. Daher entschieden wir uns dazu, ihn mitzunehmen.

Obwohl es sich nur um einen Blechschrank handelte, war dieser nicht weniger schwer als ein Tresor. Als wir ihn mitten in der Nacht aus dem Container trugen und in das nur wenige Meter entfernt stehende Auto luden, zog ich mir einen schlimmen Bandscheibenvorfall zu, sodass ich Monate später operiert werden musste. Aber das war noch nicht alles. Ausgerechnet in dem Moment, als wir den Schrank aus dem Container schleppten, lief ein Passant direkt an uns vorbei und sah uns dabei zu, wie wir sichtlich angestrengt Diebesgut durch die Stadt trugen. Er konnte sich wohl keinen Reim darauf machen und lief einfach seelenruhig weiter.

Den Schrank legten wir in den Kofferraum des Autos und fuhren im Anschluss auf direktem Wege zu mir nach Hause. Wir stellten ihn fürs Erste in meinem Keller ab, um nach dieser Kamikaze-Aktion ein wenig in meiner Wohnung zu verschnaufen. Sandy, die nebenan im Schlafzimmer tief und fest schlief, bekam von dem ganzen Trubel nichts mit.

Als wir später in den Keller gingen und uns daranmachten, den Blechschrank aufzubrechen, glaubte ich fest daran, dass wir in Kürze mindestens ein paar Tausend Euro unser Eigen nennen würden. Als wir nach zähem Kampf, viel Muskelkraft und Schweiß den Blechschrank nach über einer Stunde endlich aufbrechen konnten, staunten wir nicht schlecht. Außer jeder Menge Akten und etlichem Papierkram war von dem erhofften Geld nichts zu sehen. Lediglich einige Hundert Euro, die in einer Wechselgeldkassette verwahrt wurden, fanden wir darin liegen.

Ich war stinksauer und bekam nahezu das Kotzen. Ich wollte nicht glauben, dass sich das Geld ganz offenbar nicht in dem Blechschrank befand. Ich hätte die Decke hochgehen können vor Wut, als Florian noch einmal ins Innere des Blechschrankes sah und dabei eine für uns auf den ersten Blick nicht auszumachende Schublade am Bodenende entdeckte. Als er dann am Griff zog, verstummten wir beide augenblicklich.

Im Inneren der Schublade lagen tatsächlich gleich mehrere prall gefüllte Geldtaschen. Als Florian eine herausnahm und sie öffnete, konnten wir unseren Augen kaum trauen. Allein in der ersten Geldtasche lagen abgezählt über 25.000 DM. Wir flippten beinahe aus, als beim Öffnen der anderen Geldtaschen sowohl Tausende von DM als auch weitere Zehntausende Euro zum Vorschein kamen. Uns verschlug es regelrecht die Sprache. Insgesamt fast umgerechnet 60.000 Euro befanden sich in dem Blechschrank.

Wir hatten keinen blassen Schimmer, weshalb sie so viel Geld darin verwahrten. Uns aber war das letztendlich scheißegal. Wir freuten uns wie Schulkinder über diesen letztendlich überaus erfolgreichen Coup. Immerhin hatten wir damit einen unserer lukrativsten Dinger überhaupt hinter uns gebracht.

Weil Florian und mir natürlich klar war, dass die Polizei bei solch einer Beute sämtliche Hebel in Bewegung setzen würde, um die Täter schnellstens dingfest zu machen, entschieden wir uns fürs Erste dazu, unterzutauchen und Neumünster so schnell wie möglich zu verlassen.

Ich ließ den Großteil meiner Beute bei meiner zukünftigen Frau und beichtete ihr den Einbruch. Ich bat sie, für einige Tage zu ihren Eltern zu fahren und während meiner Abwesenheit dortzubleiben. Natürlich war sie mehr als sauer und trotz des vielen Geldes kein bisschen angetan. Sie befürwortete überhaupt nicht, was ich getan hatte. Wir führten eine hitzige Diskussion und stritten heftig miteinander. Doch zu sehr liebte sie mich, weshalb sie letztendlich tat, worum ich sie bat.

Florian und ich dagegen setzten uns noch am selben Tag in ein Taxi, das uns zum Flughafen nach Hamburg brachte, um von dort aus mit der nächsten Lufthansa-Maschine nach München zu fliegen.

Ich erinnere mich noch gut daran, dass als wir am späten Abend in der bayrischen Hauptstadt an die Rezeption eines Fünfsternehotels traten, man uns verständlicherweise zunächst kein Zimmer geben wollte. Völlig übermüdet, abgekämpft und mit schmutziger Kleidung sahen wir nicht gerade vertrauenswürdig aus. Nachdem wir das Zimmer sofort und in bar bezahlen sollten, bekamen wir schließlich doch noch eines.

Einen Pretty-Woman-Moment erlebten wir, als wir am nächsten Abend nach einer ausgiebigen Shoppingtour durch die teuersten Boutiquen der Maximilianstraße, der Edelmeile von München, sichtlich erholt und wie aus dem Ei gepellt erneut das Hotel betraten. Wir waren kaum wiederzuerkennen. Wie Filmstars liefen wir in feinstem Zwirn durch die Lobby. Es amüsierte uns, dabei in die verblüfften Gesichter der Hotelangestellten zu blicken, die uns tags zuvor noch mit äußerster Skepsis begegnet waren.

Natürlich war der Einbruch in den nächsten Tagen das beherrschende Thema auf den Titelseiten der Zeitungen unserer Heimatstadt. Wie erwartet wurde intensiv nach den Tätern gefahndet. Selbst im Radio kamen Berichte über den Diebstahl.

Nachdem wir einige Tage in München verbracht hatten, kehrten wir heim, um den Blechschrank, der noch immer aufgebrochen in meinem Keller lag, loszuwerden. Florian und ich luden ihn im Schutze der Dunkelheit in mein Auto und schmissen ihn im

Anschluss in einem abgelegenen Waldstück in einen Graben. Damit war das Ding für uns erledigt und ich um Tausende Euro schwerer.

Da ich jetzt völlig unerwartet so viel Geld besaß, tat ich das, was ich am meisten liebte. Ich reiste um die Welt. Nur zehn Tage nach dem Einbruch ging ich zu meinem Bruder Nijo, um ihn mit Flugtickets nach New York zu überraschen. Er freute sich riesig, als ich die Tickets völlig unerwartet aus dem Hut zauberte. Doch mein erster Ausflug in die USA sollte sich als totaler Reinfall herausstellen.

Die Reise stand wohl unter keinem allzu guten Stern. Als wir von Hamburg aus nach Paris flogen, um dort unseren Anschlussflug zu bekommen, fiel dieser gleich mal aus. Doch weil wir auf Kosten der Fluggesellschaft eine luxuriöse Unterkunft und Verpflegung gestellt bekamen, fanden wir dies zunächst nicht weiter dramatisch und genossen den Aufenthalt in Frankreich. Zu sehr überwog die Vorfreude, nach Amerika zu reisen.

Als wir am nächsten Morgen losflogen und nach über elf Stunden Flug endlich New York erreichten, waren wir ziemlich platt. Der Jetlag war deutlich zu spüren und überhaupt hatte ich in den ganzen Nächten zuvor nicht besonders viel geschlafen. Dies machte sich nun stark bemerkbar. Doch die Probleme, die uns erwarteten, sollten erst noch kommen.

Nur drei Monate nach dem 11. September herrschten auf dem John-F.-Kennedy-Flughafen Hochsicherheitskontrollen. Ich musste damals gefühlt jedem Flughafenmitarbeiter meinen Reisepass regerecht ins Gesicht drücken.

Als wir im Anschluss – in Jogginganzügen und Badelatschen bekleidet – am Fließband vergeblich auf unsere Koffer warteten, teilte uns eine Angestellte der Fluggesellschaft auf Nachfrage lediglich mit, dass sich unser Gepäck aufgrund eines Streiks noch immer in Paris befinde. Sie gab uns daraufhin den Rat, in der Nähe des Flughafens zu bleiben, da unser Gepäck eventuell mit einer der nächsten Maschinen eintreffen könnte.

Am anderen Ende der Welt stehend, mit nichts weiter als den Sachen, die wir am Leib trugen, entschieden mein Bruder und ich uns dazu, uns in ein nahe gelegenes Hotel zu begeben, um später am Tage wieder zum Flughafen zurückzukehren, in der Hoffnung, unser Gepäck doch noch in Empfang nehmen zu können.

Als wir den Zoll passierten und dem angespannt wirkenden Zollbeamten erklären sollten, was der Grund unseres Aufenthalts in den USA sei, gelang uns dies aufgrund der Sprachbarriere und des Jetlags nicht wirklich. Er sprach so schnell und nuschelnd, dass wir beide Schwierigkeiten hatten, seine Fragen zu verstehen.

Da wir keine Bleibeadresse angaben und unser Auftreten scheinbar etwas sonderbar war, fühlte uns der Beamte nun etwas genauer auf den Zahn. In der Annahme, die Atmosphäre dadurch etwas aufzulockern, blickte mein Bruder dem finster dreinschauenden Zollbeamten schmunzelnd ins Gesicht und sagte zu ihm, dass wir zwei nette Terroristen seien, die sich nur ein wenig umsehen wollten. Natürlich meinte er *Touristen*. Die versteinerte Mimik des Beamten ließ unschwer erkennen, dass er das überhaupt nicht lustig fand. Dennoch schien er zu erkennen, dass wir wohl ein wenig zerstreut und neben der Spur waren und keine Gefahr darstellten, worauf er uns schließlich die Touristenvisa in unsere Pässe hämmerte und uns somit ins Land ließ.

An einem Wechselschalter wollte ich schnell noch etwas Geld in die Landeswährung wechseln. Ich muss dabei nicht ganz bei der Sache gewesen sein, denn Euro gab es erst seit wenigen Tagen und ich kannte den Wert noch nicht wirklich. Auch trug ich Hunderte von DM bei mir, als ich diese zwei Währungen in US-Dollar eintauschen wollte.

Der Mitarbeiter am Schalter muss wohl gemerkt haben, dass ich mit den verschiedenen Währungen überhaupt nicht vertraut war. Durch die Müdigkeit und die Aufregung um unser Gepäck entging es mir zunächst, dass er mich gleich mal um umgerechnet paar Hundert Euro betrog. Erst viel später fiel mir bei genauerem Nachrechnen der Beschiss auf. Als wir daraufhin zurück zum

Schalter liefen, war dieser bereits geschlossen und der Mitarbeiter unauffindbar.

Ich hatte fürs Erste die Schnauze voll und wollte mich erst einmal in einem Hotel ausruhen. Mit dem Taxi fuhren wir ins nahe gelegene Queens. Wir landeten in einem heruntergekommenen, schäbigen Hotel in einem Zimmer, in dem es von Kakerlaken nur so wimmelte. Über einhundert Dollar blätterte ich für dieses Rattenloch hin, in dem es nach alter Pisse stank und in dessen Hotelflur eine Schnapsleiche lag, die friedvoll ihren Rausch ausschlief und über die wir beim Verlassen des Fahrstuhls beinahe gestolpert wären.

Als ich nach einigen Stunden im Flughafen anrief, um mich nach unserem Gepäck zu erkundigen, teilte mir ein Angestellter der Fluglinie mit, dass die Aussichten, dass unser Gepäck in absehbarer Zeit in Amerika eintreffen würde, schlecht stünden. Überhaupt konnte er uns keinerlei Angaben zum Verbleib unseres Gepäcks machen.

Da ich jetzt nicht mehr genug Geld zur Verfügung hatte, um uns einen längeren Aufenthalt in New York zu genehmigen, unsere Klamotten bis auf Weiteres verschwunden blieben und es meinem Bruder zusehends immer schlechter ging – er hatte sich obendrein auch noch eine Grippe zugezogen –, hielt ich es für das Beste, unsere Reise abzubrechen und zurück nach Deutschland zu fliegen.

Doch dies sollte sich als nächste Hürde herausstellen. Weil der Rückflug unserer Flugtickets erst auf zehn Tage später datiert war, weigerte sich die Fluggesellschaft, uns zwei kostenlose Rückflugtickets auszustellen. Stattdessen nötigte man uns beinahe dazu, zwei neue Tickets zu kaufen, die jeweils über 600 US-Dollar gekostet hätten. Und dies, obwohl wir gültige Rückflugtickets besaßen, nur eben nicht auf diesen Tag datiert.

Mein Bruder und ich wurden sauer und fingen am Schalter der Fluggesellschaft mit einer Mitarbeiterin zu diskutieren an.

Schließlich war es die Fluggesellschaft, die uns überhaupt erst in diese missliche Lage gebracht hatte. Doch davon ließ sich die überaus sture Angestellte kein bisschen beeindrucken. Sie blieb bei ihrer Haltung, dass wir neue Tickets kaufen müssten.

Wir versuchten es daraufhin mit einer Schmierenkomödie, indem mein Bruder urplötzlich über Herzprobleme klagte. Er gab an, herzkrank zu sein. Er würde unbedingt seine Medizin benötigen, die im verschwundenen Gepäck lag, und müsse daher umgehend zurückkehren.

Als auch ich anfing, einen auf sterbenskrank zu markieren, konnte sich die Mitarbeiterin ein Lächeln nicht mehr verkneifen. Sie stellte uns daraufhin schließlich die erhofften Flugtickets aus und wünschte uns in einem perfekten Deutsch und mit einem Augenzwinkern eine gute Heimreise.

Ich erinnere mich noch daran, wie enttäuscht ich in der Abflughalle am Fenster stand und in die Ferne auf die Skyline von Manhattan blickte, während wir auf unseren Flieger warteten. Ich erkannte das Empire State Building und überhaupt war es ein atemberaubendes Panorama mit Blick auf New York. So vieles hatten wir unternehmen wollen und es uns schon im Vorfeld ausgemalt. Und jetzt musste ich notgedrungen nach nur einem Tag in Amerika gleich wieder zurückfliegen. Vielleicht war es das Karma, was ich in diesem Augenblick spürte.

Als wir am kommenden Tag wieder deutschen Boden unter den Füßen hatten, befanden mein Bruder und ich uns wie im Delirium. Wir standen völlig neben uns, gezeichnet von Strapazen und Übermüdung. Beinahe drei Nächte hatte ich nicht mehr richtig geschlafen und sehnte mich nur noch nach meinem Bett. Doch ein unerwarteter Zwischenfall sorgte dafür, dass mein Adrenalinspiegel noch einmal in die Höhe schoss.

Als wir nämlich aus dem Flugzeug stiegen und die Gangway hinunterliefen, erkannte ich bereits aus der Ferne ein massives Polizeiaufgebot am Ende stehen. Die Polizisten starrten in unsere

Richtung. Sofort beschlich mich ein mulmiges Gefühl. Irgendwie glaubte ich, dass die Polizei in der Zwischenzeit spitzbekommen hatte, wer für den Einbruch in Neumünster verantwortlich war, und nahm an, dass sie meinetwegen bereitstanden, um mich festzunehmen.

Als wir ihre Höhe erreichten und sie von allen herausströmenden Passagieren ausgerechnet mich aufhielten und beiseite nahmen, sah ich mein Schicksal bereits besiegelt. Ich war mir jetzt absolut sicher, dass es das gewesen war und ich mich in Kürze von meinem Bruder würde verabschieden müssen.

Ich konnte mein Glück kaum fassen, dass nachdem ein Polizist einen Blick in meinen Reisepass geworfen hatte, er mich daraufhin freundlich passieren ließ. Offensichtlich hatte es sich doch nur um eine Routinekontrolle gehandelt. Was war ich erleichtert! Ich nahm meine Beine in die Hand und verließ gemeinsam mit meinem Bruder eilig den Flughafen. Unser Gepäck wurde letztendlich gefunden und mit zehntägiger Verspätung nach Hause geschickt.

In den nächsten Monaten tat ich nichts weiter, als das Geld mit vollen Händen zu verprassen. Zum Valentinstag spendierte ich Sandy und mir selbst einen zweiwöchigen Luxusurlaub in Ägypten. Kaum wieder zurück in Deutschland, setzte ich mich mit meinem Kumpel Florian ins Auto, um einen weiteren Urlaub an der italienischen Riviera in Rimini zu verbringen.

Ich machte Städtetouren nach Verona, Kopenhagen und Amsterdam. Und natürlich war ich auch wieder wochenlang in ganz Deutschland unterwegs. Ich tat überhaupt nichts Sinnvolles mit dem Geld. Während Florian den größten Teil seiner Beute beiseitelegte, gab ich alles mit vollen Händen aus und warf es richtiggehend zum Fenster hinaus.

Ich kaufte mir Goldschmuck für mehrere Tausend Euro und lebte über Monate auf großem Fuß. So war es auch nicht weiter verwunderlich, dass ich nicht einmal ein halbes Jahr nach dem Einbruch alles von der vielen Beute bis auf den letzten Cent ausgegeben hatte.

Es war Sommer und ich war wieder daran gewöhnt, das zu tun, wozu ich Lust hatte. Nur leider fehlte mir jetzt das nötige Kleingeld, um mein kostspieliges Leben zu finanzieren. Eigentlich war es mir zuvor finanziell gut gegangen und ich hätte es gar nicht nötig gehabt, weitere Dinger zu drehen. Doch der Gedanke daran, wieder eine große Summe an Land zu ziehen, schien es mir wert, das Risiko einzugehen.

Knast Teil III

Meine letzte Verhaftung lag mittlerweile über sechs Jahre zurück und mein Leben verlief für meine Verhältnisse in normalen Bahnen. Ich war seit Jahren in einer glücklichen und gefestigten Beziehung. Auch gab es keinerlei Schwierigkeiten, die es zu bewältigen galt. Doch irgendwie brodelte es in mir.

Nachts, wenn ich wach im Bett lag, verspürte ich eine gewisse Unruhe, die mich beschlich. Ich liebte es zwar, in einer Beziehung zu sein, und die Beständigkeit, die diese mit sich brachte, gleichzeitig aber wurde mir zusehends bewusster, dass mir etwas fehlte. Ich fing an, den Nervenkitzel der vergangenen Zeit zu vermissen.

Ich spürte, dass ich den Adrenalinkick benötigte, der mit den Einbrüchen einherging. Als ich mit Florian darüber sprach, teilte dieser mir mit, dass es ihm ähnlich gehe. Irgendwie erschien es uns beiden so, als wären wir auf Entzug. Adrenalin-Junkies, die auf Nervenkitzel aus waren. So war es nur eine Frage der Zeit, bis wir uns dazu entschieden, wieder loszulegen.

Zur Abwechslung begaben wir uns jedoch auf neues Terrain und bewiesen uns als Panzerknacker. Dabei spezialisierten wir uns darauf, Tresore einer bestimmten Drogeriekette, in denen wir viel Geld vermuteten, mit einer mitgebrachten Flex aufzuschneiden. Gezielt brachen wir in deren Geschäfte ein, um den im Personalbüro aufbewahrten Tresor zu öffnen.

Während Florian aufpasste, dass draußen die Luft rein war, flexte ich über Stunden hinweg seitlich am Tresor ein Loch, bis wir im Inneren an das Geld herankamen. Dabei war mein Gesicht jedes Mal rußbedeckt und ich so schwarz wie ein Minenarbeiter, als käme ich gerade aus dem Bergbau. Die Beute war fast immer identisch. Ein paar Tausend Euro waren der Lohn für eine Nacht schweißtreibender Arbeit.

Einmal nutzte ich zum Aufschneiden versehentlich eine falsche Flexscheibe, die ausschließlich zum Steineschneiden gedacht war. Sie verursachte solch einen Höllenlärm, dass ich einen Hörsturz bekam und kaum noch ein Wort verstand, als Florian mich wissen ließ, dass wir viel zu laut seien. In diesem Fall brachen wir die Aktion ab und fuhren ohne Beute nach Hause. Ein anderes Mal brachte ich es fertig, das gesamte Geld, das im Safe bunkerte, versehentlich mit der Flex durchzuschneiden und durch Funkenflug so zu beschädigen, dass es völlig wertlos wurde.

Nachdem wir uns einige Male als Tresorknacker betätigt hatten, waren wir uns einig, dass sich der ganze Aufwand nicht lohnte. Lieber wollten wir es wieder so wie früher machen, uns einen Mietwagen besorgen, um deutschlandweit nach geeigneten Objekten Ausschau zu halten; dabei hatten wir immer ein gutes Händchen bewiesen. Wir besorgten uns also einen Leihwagen und fuhren los – um mir geradewegs meine nächste Haftstrafe abzuholen.

Schon unser allererster Einbruch führte direkt zu unserer Verhaftung. An einem schönen Sommerabend landeten wir im niedersächsischen Salzgitter-Bad. Es war noch nicht einmal Mitternacht, als wir ziemlich leichtsinnig in eine jener Confiserien einbrachen, wo wir in der Vergangenheit regelmäßig viel Geld erbeutet hatten.

Der Laden befand sich absolut ungünstig in einer dicht besiedelten Wohngegend. Bei den sommerlichen Temperaturen waren noch viele Fenster weit geöffnet. Aufgrund unserer Erfahrungen hätten wir eigentlich von unserem Vorhaben Abstand nehmen müssen und uns ein besser gelegenes Objekt suchen müssen. Obwohl Florian kein gutes Gefühl bei der Sache hatte, brachen wir die Tür zum Geschäft mit einem ziemlichen Krach auf und verschafften uns Zutritt.

Normalerweise hielten wir uns nie länger als einige Minuten in einem Geschäft auf. Doch dieses Mal verweilten wir viel zu lange darin. Vergeblich suchten wir im Personalbüro nach dem Blechschrank. Und Geld fanden wir auch nirgendwo. Während Florian mich immer wieder aufforderte, das Geschäft schnell wieder zu verlassen, wollte ich die Suche nach Barem partout nicht aufgeben. Eine gefühlte Ewigkeit wühlte ich nach Beute. Dabei ließ ich mir viel zu viel Zeit.

Als wir den Laden ohne einen Cent verließen, taten wir das ohne Hast oder Hektik. Seelenruhig liefen wir zu unserem in der Nähe geparkten Auto und hakten wie so oft den soeben begangenen Einbruch auch schon wieder ab. Während wir den Parkplatz verließen und auf die Straße fuhren, peilte ich gedanklich bereits unser nächstes Ziel an, als im nächsten Moment ein Auto von vorn auf uns zugerast kam und uns an der Weiterfahrt hinderte, indem es sich mitten auf der Fahrbahn querstellte. Als ich einen Blick in den Rückspiegel warf und nur Sekunden später mehrere Polizeiwagen sich mit Blaulicht hinter unser Auto platzierten, war das Spiel aus.

Florian und ich wurden festgenommen und auf eine Polizeiwache gebracht. Dort verbrachten wir eine Nacht jeder in einer Gewahrsamszelle. Weil ein Leugnen der Tat absolut irrsinnig gewesen wäre, gaben wir den Einbruch beim Verhör durch die Kripo am nächsten Morgen gleich zu.

Ein aufmerksamer Bewohner hatte uns von seinem Fenster aus beobachtet und die Polizei alarmiert. Weil wir beide längst keine unbeschriebenen Blätter mehr waren, ging es für uns nicht wie erhofft zurück in die Freiheit, sondern vor einen Haftrichter, der mal wieder über unser weiteres Schicksal entscheiden sollte.

Sandy, die telefonisch über meine Verhaftung informiert wurde, engagierte schnell einen Anwalt, der extra aus Hamburg nach Salzgitter-Bad angereist kam, um bei meiner Vorführung zugegen zu sein. Doch anstatt mich aus der misslichen Lage zu befreien, fing dieser eine völlig überflüssige Diskussion mit dem Richter an, der mir vom Gefühl her eigentlich wohlgesonnen war. So ging es für mich im Anschluss nicht nach Hause, sondern von Salzgitter-Bad aus in die Justizvollzugsanstalt nach Hildesheim.

Florian ereilte das gleiche Schicksal. Ihn brachte man im Anschluss ins Gefängnis nach Braunschweig.

Wieder einmal saß ich mitten im Hochsommer im Knast. Was das hieß, bekam ich dann auch gleich wieder ins Gedächtnis gerufen. Bei allen meinen Haftstrafen empfand ich weniger die Situation, eingesperrt zu sein, als Strafe als vielmehr den Umstand, in Gesellschaft völlig kaputter Typen sein zu müssen.

Ich war noch keine fünf Minuten in Haft, als man mich zu einem Junkie in die Zelle steckte, der zweifelsohne die Wiedergeburt Jesu Christi verkörperte. Sichtlich ungepflegt, mit langen zerzausten Haaren, einem langen Rauschebart und schmutzigen Händen, reichte er mir die Hand. Ich aber begrüßte ihn vorsichtshalber nur mit einem lockeren Kopfnicken. Nachdem er sich mit mir bekannt gemacht hatte, bat er mich dann auch gleich mal völlig ungeniert, mich zur Seite zu drehen, damit er seinem großen Geschäft nachgehen könne.

Er stank die kleine Zelle beim Kacken so zu, dass mir augenblicklich übel wurde und ich das Würgen bekam. Angewidert sprang ich auf das Hochbett, presste mein Gesicht gegen das Gitter und versuchte, mir durch das vergitterte Fenster Frischluft zuzuwedeln. Schon genial, einem wildfremden Menschen beim Scheißen zusehen zu müssen. So jedenfalls begann meine dritte Haftstrafe. Gott sei Dank meinten die Justizangestellten es gut mit mir und verlegten mich auf mein Bitten kurz darauf in eine andere Zelle.

Doch auch hier blieb ich nicht allein. Diesmal war mein Zellenmitbewohner ein Marokkaner, der nervlich am Ende zu sein schien. Dieser hatte seine Freundin daheim in flagranti dabei überrascht, wie sie gerade dabei war, einem Typen einen Blow-Job zu verpassen. Dass er dabei durchdrehte und den Kerl mit einem Messer verletzte, konnte man ihm eigentlich gar nicht mal so übelnehmen. Aufgrund seines Ausrasters war er nun wegen versuchten Mordes angeklagt worden und saß nun bis zu seiner Verhandlung gemeinsam mit mir in Untersuchungshaft.

Doch ich hatte Glück. Ich konnte mich ganz auf Sandy verlassen, die alle Hebel in Bewegung setzte, um mich da so schnell wie möglich wieder rauszuholen. Durch ihren unermüdlichen Einsatz übernahm eine renommierte Hamburger Anwaltskanzlei meinen Fall, sodass ich nach Absprache mit dem zuständigen Gericht nach nur drei Wochen im Gefängnis von Hildesheim nach Neumünster überstellt wurde.

Ich staunte nicht schlecht, als ich am Tage des Transports im Gefangenenbus auf meinen alten Kumpel Florian traf, der ebenfalls in unsere Heimatstadt überstellt werden sollte. Obwohl wir als Tatgenossen galten und daher unter keinen Umständen in Kontakt hätten treten dürfen, setzte man uns gemeinsam in eine Kabine. Ganz offensichtlich übersahen die Justizbeamten diesen Irrtum und begingen damit einen groben Fehler. So nutzten wir die Gunst der Stunde, um uns für die bevorstehende Gerichtsverhandlung abzusprechen.

Mit vielen anderen Gefangenen fuhren wir Richtung Norden und landeten dabei mal wieder im Drecksknast von Hannover. Florian und ich teilten uns dort zunächst noch eine Zelle, bevor der Irrtum auffiel und wir wieder voneinander getrennt wurden. Schon am nächsten Morgen ging es für uns weiter. Nach einem Zwischenstopp im Untersuchungsgefängnis in Hamburg, wo wir uns bei einem Teller Erbsensuppe stärken durften, erreichten wir am späten Nachmittag das Gefängnis von Neumünster.

Ich hatte eigentlich ein gutes Gefühl, schnell wieder entlassen zu werden, da ich glaubte, dass sie uns nur wegen dieses einen Einbruchs in Salzgitter-Bad anklagen würden. Was wir nicht wussten, war, dass die Polizei in der Zwischenzeit auch genügend Beweise vorliegen hatte, um uns für die zahlreichen Einbrüche der Drogeriemärkte zur Verantwortung zu ziehen, deren Tresore wir aufgeflext hatten. Als ich die Anklageschrift las, sah ich mich schon wieder für Jahre hinter schwedischen Gardinen verschwinden.

Doch es kam alles ganz anders als erwartet. Sandy hatte mir einen der besten Rechtsanwälte Deutschlands besorgt, einen, der in Juristenkreisen überaus angesehen und geschätzt wurde. Ein Senior, der über fünf Jahrzehnte hinweg erfolgreich Fälle im Strafrecht vertreten hatte und von dem ich wusste, dass sogar einige Richter aus Respekt zusammenzuckten, wenn er den Raum betrat. Sein Ruf eilte ihm voraus. Normalerweise konnte die übliche Wartezeit in Untersuchungshaft bis zur Gerichtsverhandlung bis zu sechs Monate betragen. Mein Anwalt aber sorgte dafür, dass meine Gerichtsverhandlung nach gerade einmal sechs Wochen anberaumt wurde.

Als ich ihn am Tage der Gerichtsverhandlung kurz vor dem Termin zum ersten Mal zu Gesicht bekam, zweifelte ich zunächst daran, ob er für mich der richtige Anwalt sei. Es schien so, als ob er überhaupt nicht bei der Sache wäre. Als er mich zu einem Gespräch im Gefängnis besuchte, ging er zunächst nicht auf meinen Fall ein. Stattdessen erzählte er mir tiefenentspannt völlig in sich ruhend und in Gedanken schwelgend von seinem letzten Toskana-Urlaub. Von dem leckeren Rotwein, den er dort immer zu sich nahm, und von der zauberhaften Landschaft. Da ich in der Vergangenheit selbst mehrere Monate in dieser Region verbracht hatte, war mir dies bestens vertraut und interessierte mich nicht sonderlich. Vielmehr brannte ich darauf, seine Aufmerksamkeit auf meinen Fall zu lenken, und hatte tausend Fragen, die ich ihm stellen wollte.

Als er sich dann irgendwann meiner Sache widmete, warf er nur einen flüchtigen Blick in meine Akte, um mir lediglich ein paar Fragen zu den von uns begangenen Straftaten zu stellen. Fast schon gelangweilt schloss er daraufhin meine Akte, um mich im nächsten Augenblick dazu aufzufordern, packen zu gehen. Er war sich sicher, dass ich gleich im Anschluss nach der Urteilsverkündung wieder nach Hause entlassen würde.

Ich dagegen war mir der Sache nicht so sicher. Er aber verwies darauf, dass der Richter, der gleich unsere Verhandlung führen sollte, ein alter Freund von ihm sei, und meinte, ich müsse mir keine Sorgen machen. Dennoch traute ich dem nicht so recht, immerhin ging es hier um einen entstandenen Sachschaden von über 25.000 Euro.

Doch als ich nur kurz darauf in das anliegende Gerichtsgebäude geführt wurde, stand vor dem Saal mein älterer Bruder, der als Zuschauer zugegen war, um mir mit einem Augenzwinkern mitzuteilen, dass es gleich für mich zurück in die Freiheit gehen würde. Anscheinend hatte er dieselben Informationen von meinem Anwalt gesteckt bekommen und die Sache schien bereits im Vorfeld geklärt zu sein. Doch noch immer war ich kein bisschen überzeugt davon. Ich traute dem Braten nicht.

Als Florian und ich nacheinander in den Gerichtssaal geführt wurden, waren wir beide die Einzigen, die angespannt waren, wie es schien. Ansonsten herrschte eine seltsame und für mich bis dahin unbekannt lockere Stimmung. Natürlich gaben wir die gegen uns vorgeworfenen Straftaten auf Anraten unserer Anwälte zu. Und eigentlich ging ich noch immer davon aus, in Kürze ins Gefängnis zurückkehren zu müssen, um meine kommende Strafe abzusitzen. Doch was dann folgte, ließ mich nur staunen.

Die Gerichtsverhandlung lief so entspannt ab, wie ich es bisher noch nie erlebt hatte. Irgendwie wurde ich das Gefühl nicht los, dass der Richter die Straftaten herunterspielte und sie als nicht gar so schlimm ansah. Ebenso der Staatsanwalt, der beinahe lächelnd auf dem Podest saß und keinerlei Fragen an uns stellte. Ich konnte mir dies nur so erklären, dass mein Anwalt tatsächlich sehr gut mit dem Richter und Staatsanwalt auskam und sie uns daher nicht weiter auf den Zahn fühlten.

Überhaupt dauerte unsere Gerichtsverhandlung nicht lange. Als der Richter in seiner Urteilsverkündung Florian und auch mich zu Haftstrafen verurteilte, die zur Bewährung ausgesetzt wurden, konnte ich in diesem Moment noch immer nicht ganz nachvollziehen, warum ich zur Belohnung jetzt wieder in die Freiheit entlassen wurde. Ich war zu diesem Zeitpunkt längst kein unbeschriebenes Blatt mehr. Meine polizeiliche Akte war zentimeterdick. Spätestens jetzt wäre die Gelegenheit gewesen, uns einen Denkzettel zu verpassen. Uns eine Lektion zu erteilen, die sich gewaschen hätte. Doch stattdessen fasste man uns erneut mit Samthandschuhen an. Für mich aus heutiger Sicht völlig unverständlich. Ganz offensichtlich erkannte niemand die enorme kriminelle Energie, die in uns schlummerte. Nach nur gerade mal sechs Wochen in Untersuchungshaft durften sowohl Florian als auch ich nach der Gerichtsverhandlung das Gefängnis als freie Männer wieder verlassen.

Nachdem ich wieder einmal dem Knast und einer langen Haftstrafe entkommen war, nahm ich als Erstes meine Freundin, die bereits voller Sehnsucht vor dem Gefängnistor auf mich wartete, herzlich in die Arme, um mich gemeinsam auf direktem Wege in ein chinesisches Restaurant zu begeben. Dort schlug ich mir nach Wochen mal wieder ordentlich den Bauch voll.

Nachdem ich zum dritten Mal in meinem Leben mit einem blauen Auge davongekommen war, erholte ich mich erst einmal bei einem Urlaub am Starnberger See von den vorangegangenen Strapazen. Dabei ließ ich mich von Sandy davon überzeugen, dass es für uns beide von Vorteil sein könnte, Neumünster den Rücken zu kehren und in die Nähe ihrer Eltern zu ziehen, die bereits zuvor Neumünster verlassen und in eine Kleinstadt gezogen waren.

Da ich damals wirklich die Schnauze voll hatte von dem ganzen kriminellen Scheiß und um meine Beziehung nicht weiter auf die Probe zu stellen, verließen wir Neumünster im Spätsommer 2002 und zogen in die beschauliche Kleinstadt Heide in Dithmarschen. Ich war froh, all das Vergangene hinter mir zu lassen.

Tatsächlich erwies sich die Entscheidung, die Stadt zu verlassen, für mich als vorteilhaft. Denn die nächsten drei Jahre, die wir dort lebten, brachten mir eine noch nie da gewesene Beständigkeit, Stabilität und vor allem Ruhe.

Wir lebten eine harmonische intensive Beziehung, die wir noch mehr vertieften. Sandy war nicht nur meine Liebe, sondern gleichzeitig mein bester Freund. Ich konnte mich absolut auf sie verlassen. Wann immer es ein Problem zu bewältigen gab, war sie sofort für mich da. Auch wenn es die Jahre über gelegentlich zu beziehungstypischen Spannungen kam, so war unsere Beziehung hauptsächlich von gegenseitiger Liebe und Zuneigung geprägt.

Ich liebte ihren Humor. Wir alberten oft herum und konnten herzlich miteinander lachen. Fortan taten wir beinahe alles gemeinsam und klebten regelrecht aneinander. Wir gingen häufig aus, speisten in erstklassigen Restaurants oder unterhielten uns bei einem Glas Rotwein. Wir sahen uns im Kino Filme an, besuchten Konzerte unserer Lieblingskünstler, darunter Stars wie Whitney Houston, Mariah Carey oder Barry White. Und natürlich reisten wir auch viel gemeinsam.

Sandy und ich hatten eine tolle Zeit. Wenn wir nicht gerade mit ihren Eltern, die nur einen Steinwurf entfernt in einem luxuriösen Haus lebten, bundesweit unterwegs waren, unternahmen wir selbst Städtereisen und blieben übers Wochenende. Wir verbrachten entspannte Urlaubstage in schönen Hotels auf Teneriffa oder in der Türkei. Und natürlich ließ ich mir nicht die Freiheit nehmen, auch mal alleine durch Deutschland zu cruisen, wenn mich das Fernweh überkam.

Ich zog mich zu jener Zeit völlig zurück. Ich versuchte die Füße still zu halten, um mich keiner weiteren Gefahr auszusetzen. Ich stand wie immer unter laufender Bewährung und wollte daher nicht riskieren, bei irgendeinem krummen Ding hochgenommen zu werden. Stattdessen arbeitete ich zwei Sommer nacheinander von morgens bis abends als Kellner in einem Restaurant an der nahe gelegenen Nordsee. Auch Sandy war fleißig und half in einem Eiscafé aus. Von unseren Einnahmen ließ es sich hervorragend leben. Wir bewohnten eine riesige Wohnung in einem schicken Einfamilienhaus, die wir uns schön einrichteten. Auch ansonsten fehlte es uns an nichts.

Ich dachte damals ernsthaft daran, mein Hobby, die Liebe zur Musik, zum Beruf zu machen. Schon seit Jahren versuchte ich gemeinsam mit meinem Kumpel Janos in der Branche Fuß zu fassen. Bei einem befreundeten Musiker, der regional bekannt war und professionell als Musiker arbeitete, nahmen wir in dessen Musikstudio ein paar Songs auf. Er hatte gute Verbindungen und vermittelte uns bei einem Stadtfest einen Bühnenauftritt, bei dem Hunderte von Zuschauern zugegen waren.

Nur aus einer Schnapsidee heraus fuhr ich eines Tages ins nahe gelegene Tötensen, um unsere Demo-CD beim heutigen Poptitanen Dieter Bohlen in dessen Briefkasten zu werfen, mit der Bitte, sich bei uns zu melden. Damals lief gerade erst die erste Staffel von „Deutschland sucht den Superstar“ und Dieter genoss zu der Zeit noch nicht den Status, den er heute innehat. Wir waren uns zuvor schon mehrmals in Hamburger Klubs und Cafés über den Weg gelaufen, nur hatte ich zu jenem Zeitpunkt nichts, was ich ihm hätte vorlegen können.

Kurz nachdem ich ihm unsere Demo-CD in den Briefkasten gelegt hatte, sah ich ihn gemeinsam mit den DSDS-Stars bei Thomas Gottschalk in Europas größter Fernsehshow „Wetten, dass ...?“ singen. Dabei machte ich mir keine Illusionen, dass er sich jemals bei uns melden würde. Erstaunlicherweise tat er genau das schon am nächsten Morgen.

Ich war noch im Tiefschlaf, als am frühen Sonntagmorgen mein Haustelefon klingelte und ich Sandy dazu nötigte, den Hörer abzunehmen. Als ich sie mehrmals verwundert nachfragen hörte, wer da am Hörer sei, wurde ich hellhörig. Im nächsten Moment kam sie auch schon ins Schlafzimmer gerannt, um mir aufgeregt mitzuteilen, dass tatsächlich Dieter Bohlen am Hörer war.

Sofort sprang ich ans Telefon. Als ich den Hörer ans Ohr hielt, fiel mir als Erstes die Musik auf, die in voller Lautstärke im Hintergrund lief und mir bestens vertraut war. Da lief doch tatsächlich unsere Demo-CD im Hintergrund!

Im nächsten Moment begrüßte mich Dieter mit seiner gewohnt quäkigen Stimme. Er machte uns Komplimente bezüglich unserer Musik, die ihm offensichtlich zu gefallen schien. Einige der von uns selbst geschriebenen und produzierten Songs fand er ganz passabel, auch wenn er uns in seiner deutlich coolen Art wissen ließ, dass ihm ein Song absolut nicht gefiel und seiner Aussage nach scheiße sei. Speziell einen fand er jedoch hitverdächtig, weshalb wir sein Interesse geweckt hatten.

Wir kamen ins Gespräch, in dessen Verlauf er von mir in Erfahrung bringen wollte, was wir eigentlich von ihm wollten. Ich erzählte ihm, dass wir aufgrund unserer eingeschränkten Möglichkeiten jemanden suchten, der uns dazu verhelfe, in der Musikwelt Fuß zu fassen. Ich ließ ihn wissen, dass wir jemanden wie ihn benötigen würden, der es uns ermöglichen würde, voranzukommen. Ich machte ihm Komplimente und schmeichelte ihm, was ihm wohl gefiel, weswegen er einem von mir erwünschten Treffen spontan zusagte.

Ein paar Tage später kam es dann tatsächlich zu dem erhofften Treffen mit Dieter Bohlen. In einem Restaurant in Hamburg-Eppendorf wartete ich gespannt gemeinsam mit Janos und unserem Freund, dem Produzenten, und dessen Frau auf sein Erscheinen. Ich ging schon felsenfest davon aus, dass er nicht zu dem Treffen kommen würde. Über eine Stunde ließ er auf sich warten, bevor er sich dann am späten Nachmittag die Ehre gab.

Gewohnt lässig machte er sich mit uns bekannt und schnorrte sich als Erstes eine Zigarette. Er ließ uns wissen, dass er in Eile sei und daher nicht genug Zeit hätte, weshalb er gleich zum Wesentlichen kam. Er machte uns den Vorschlag, uns eventuell bei seinem eigenen Plattenlabel der BMG Berlin unterzubringen zu können, die mit uns dann eine Single auf den Markt bringen sollte.

Janos und ich waren so baff, dass wir völlig sprachlos dasaßen und wie zwei Holzköpfe kein Wort herausbrachten. Allerdings wies er deutlich darauf hin, dass dies erst in absehbarer Zeit geschehen würde, dann nämlich, wenn er sich die Zeit für uns nehmen könnte. Im Moment aber, gab er uns zu verstehen, sei er viel zu beschäftigt, um etwas mit uns starten zu können. Daher bat er uns um Geduld. Der mehrfache Millionär ließ sich dann noch sein Mineralwasser von uns bezahlen, bevor er sich freundlich auf bald von uns verabschiedete.

Rückblickend war dies sicher eine Riesenchance, die wir fahrlässig verbockten. Denn anstatt wie vereinbart seriös darauf zu warten, dass Dieter Bohlen sich bei uns melden würde, riefen Janos und ich ihn beinahe täglich auf seinem Handy an und drängten ihn, schnellstmöglich mit uns Musik zu machen. Absolut unprofessionell gingen wir ihm wie Kleinkinder mächtig auf die Nerven, woraufhin er sich sicher irgendwann entschied, doch lieber Abstand von der Sache zu nehmen.

Als wir ihn eines Tages anriefen, um ihm mal wieder in unserer Sache auf die Eier zu gehen, hatte er scheinbar seine Handynummer gewechselt und war fortan für uns nicht mehr zu erreichen. Die Angelegenheit verpuffte dann schnell wieder. Jahre später lief er mir noch einmal zufällig auf dem Jachthafen von Mallorca über den Weg, wo wir kurz Small Talk führten und er scheinheilig von mir wissen wollte, ob aus der Geschichte noch was geworden sei.

Um diesen Lebensabschnitt perfekt abzurunden, war es an der Zeit, Sandy nach sechsjähriger Beziehung endlich das Jawort zu geben. Natürlich musste die Hochzeit am 9. Oktober stattfinden, dem Tag, als wir uns das erste Mal begegneten und exakt im Jahr darauf ein Paar wurden. Ich erinnere mich noch gut daran, dass ich am Tag meiner Hochzeit so nervös gewesen bin, dass ich glaubte, mich übergeben zu müssen. Sandy ging es ähnlich.

Die Standesbeamtin, die uns traute, brach die laufende Zeremonie immer wieder ab, um sich zu vergewissern, ob wir auch tatsächlich zu diesem Schritt bereit seien. Viel zu angespannt saßen Sandy und ich bei unserer Hochzeit auf den Stühlen, so als hätten wir etwas Schlimmes zu befürchten. Doch als man uns endlich zu Mann und Frau erklärte, fiel die ganze Anspannung von uns ab und wir waren überglücklich. Nach einer turbulenten Anfangszeit unserer Beziehung waren wir endlich am Ziel angekommen.

Doch so harmonisch zu jener Zeit auch alles erschien, so tief greifend sollte sich – wie so oft in meinem Leben – schon bald wieder alles verändern. Gefühlt lebte ich die drei Jahre in Heide das Leben eines Rentners. Ich führte ein gesundes, stressfreies Leben, war mit einer wunderbaren Frau verheiratet und auch ansonsten gab es keinerlei Gründe zum Klagen. Ich war Ende zwanzig und scheinbar angekommen. Eigentlich war dies genau die Lebenssituation, die ich mir immer gewünscht und vorgestellt hatte. Doch irgendetwas betrübte mich.

Daher kann ich nicht genau erklären, was mich dazu trieb, nach drei Jahren von jetzt auf gleich Heide wieder zu verlassen und zurück in meine Geburtsstadt Neumünster zu ziehen. Ich musste mir selbst eingestehen, dass ich insgeheim ein Freigeist war. Ein Lebemann, der noch nicht wirklich bereit war, solch eine Art von Leben zu führen, wie ich es führte. Und während meine Frau von Zukunftsplänen und einem Baby sprach, beschäftigten mich immer mehr Gedanken einer Trennung.

Tatsächlich aber glaube ich, dass es einfach nur Bestimmung war, die im Sommer 2006 schließlich dazu führte, Sandy zu eröffnen, dass ich die Trennung wollte. Und als sie mich mit Tränen in den Augen nach dem Trennungsgrund fragte, konnte ich ihr keinen plausiblen Grund nennen. Weder gab es eine neue Frau in meinem Leben noch Geldsorgen noch sonst etwas, was mich auf den Trichter brachte, mich von ihr loszusagen.

Nach wie vor liebte ich meine Frau wie am ersten Tag. Auch hatte sie sich rein gar nichts zuschulden kommen lassen. Dennoch wäre es ihr gegenüber unfair gewesen, sie in dem Glauben zu lassen, weiterhin eine gemeinsame Zukunft haben zu können. Ich konnte nicht mehr mit ihr zusammenleben. Irgendetwas trieb mich fort. Ich musste nach zehn Jahren Beziehung und Ehe einfach wieder für mich alleine sein.

Die letzten Wochen unserer Ehe waren nur ein Nebeneinanderherleben. Viel sprachen wir nicht mehr miteinander. Ich bemerkte, dass sie mir aus dem Weg ging. Ich spürte ihre Enttäuschung. Es war schon geregelt worden, dass Sandy wieder zu ihren Eltern ziehen würde. Und auch ich hatte mich nach einer eigenen Wohnung umgesehen, die zum Einzug bereitstand.

So verbrachten wir unsere letzte gemeinsame Nacht auf einer ausziehbaren Couch inmitten von gepackten Kartons. Wortlos schliefen wir eng umschlungen ein letztes Mal gemeinsam ein, bevor ich am nächsten Morgen Sandy noch dabei half, ihre restlichen Sachen in den bestellten Möbeltransporter zu laden, um mich im Anschluss für immer aus ihrem Leben zu verabschieden.

Kapitel IV: 2007–2015

Eigentlich hatten wir vorher abgesprochen, weiterhin miteinander befreundet zu bleiben, uns gegenseitig zu besuchen und regelmäßig miteinander zu telefonieren. Immerhin hatten wir das Kunststück fertiggebracht, in Frieden auseinanderzugehen, was heute relativ selten vorkommt. Doch die erhoffte Freundschaft sollte nie mehr zustande kommen.

Stattdessen kam es bei beinahe jedem geführten Telefonat zu Diskussionen, die meist in irgendeinem Streit endeten. Auch mein Angebot, mich in meiner neuen Wohnung zu besuchen, nahm Sandy nie wahr. Da Sandy in einer anderen Stadt lebte, bekam ich sie nicht mehr zu Gesicht. Auch liefen wir uns nie zufällig über den Weg. Es war wohl ihre Art, mit der Trennung umzugehen.

Ich dagegen lebte jetzt wie von mir gewünscht alleine in meiner eigenen neuen Wohnung. Und wie man sich vorstellen kann, musste auch ich mich erst einmal daran gewöhnen, nach zehn Jahren Beziehung und Ehe wieder ein Singledasein zu führen. Obwohl von mir in die Wege geleitet, war die Trennung von meiner Frau nicht einfach wegzustecken.

In der nächsten Zeit tat ich nichts weiter, als in meiner Wohnung abzuhängen und mir wie 'ne Tussi pausenlos Liebesfilme reinzuziehen. Obwohl mich meine Kumpels dazu ermutigten, gemeinsam mit ihnen auf Piste zu gehen, um mal wieder so richtig Party zu machen, nutzte ich meinen neu erworbenen Singlestatus nicht aus und blieb an den Wochenenden meist für mich allein zu Hause. Sandy fehlte mir. Und alles, was unsere Beziehung ausgemacht hatte. Selbst ihr niedlicher kleiner Shih Tzu hinterließ ein Loch in meinem Herzen. Doch gab es kein Zurück mehr. Unsere gemeinsame Zeit war unwiderruflich Geschichte.

Irgendwie stand ich in den Monaten nach der Trennung neben mir. Ich wusste nichts so recht mit mir anzufangen. Ich sortierte mich neu und lebte weiterhin mein Leben. Ich frischte meine alten

Freundschaften zu Cem, Florian und Ismael wieder auf, die in den vergangenen Jahren viel zu kurz gekommen waren. Und wie nicht anders zu erwarten, dauerte es nicht lange, bis ich wieder schwach wurde und mein nächstes Ding drehte.

Durch einen Insidertipp erfuhr ich von einem Geschäft, wo auf die Schnelle ein paar Tausend Euro zu holen seien. Ich erzählte Ismael von dem Ding und gemeinsam brachen wir in das Geschäft ein. Wir machten uns unverzüglich daran, den Tresor aufzubrechen. Da es sich um einen nicht allzu großen Wandtresor handelte, hatten wir mit unseren mitgebrachten Brecheisen wenig Mühe, ihn aufzubekommen. Es befanden sich zwar nicht wie erhofft Tausende von Euro darin, aber immerhin so viel Bargeld, um es bei einer anschließenden Party im legendären Hamburger Striplokal, dem „Dollhouse" auf der Reeperbahn, auf den Kopf zu hauen.

An diesem Abend lernte ich auch meine nächste Kurzzeitaffäre kennen. Eine sexy Italienerin mit Wunschkörpermaßen von 90-60-90, die in dem Klub als Servierkraft tätig war. Während Ismael sich gut angeheitert den zahlreich anwesenden Stripperinnen widmete, hatte ich nur Augen für die heißblütige Italienerin. Ich war so scharf auf sie, dass ich sie am liebsten sofort an Ort und Stelle vernascht hätte. Sie aber gab mir zu verstehen, dass ich mir an ihr die Zähne ausbeißen würde und sie eine ganz harte Nuss sei.

Wie zurückhaltend und zäh sie war, bekam ich dann 24 Stunden später zu spüren, als ich sie daheim besuchte und wir unverzüglich im Bett landeten. Obwohl wir beide eigentlich eine Beziehung anstrebten, ging es uns in erster Linie wohl weniger um Gefühle als um heißen Sex. Wir erkannten beide sehr schnell, dass wir keinerlei Gemeinsamkeiten hatten, weshalb es bei unseren Treffen oft wortkarg ablief und wir immer schnell in der Kiste landeten.

Wir trieben es bei jeder Gelegenheit. Sie war so zügellos und unersättlich, dass ich kaum genug von ihr kriegen konnte. Für mich war sie der Fick des Jahrhunderts. Ansonsten aber hatten wir uns wenig zu sagen, weshalb die Liebschaft nach nur einem Vierteljahr wieder verpuffte und wir getrennte Wege gingen.

Eines Abends brach ich gemeinsam mit Ismael in ein Geschäft ein. Beim Verlassen des Ladens konnten wir gerade eben noch vom Tatort fliehen, als wir auch schon im nächsten Augenblick die von Zeugen alarmierte Polizei von Weitem anbrausen sahen. Dennoch wurden wir nur kurz darauf ganz in der Nähe des Tatortes bei einer Routinekontrolle vorläufig festgenommen und mit auf die Wache genommen.

Da sie jedoch keinerlei Beweise gegen uns hatten, mussten sie uns nach ein paar Stunden wieder laufen lassen. Weil aber am Tatort Schuhabdrücke im Schnee hinterlassen worden waren, behielt man unsere Schuhe zur Beweissicherung ein. Barfuß verließen wir im Morgengrauen ihre Wache im tiefsten Winter bei zentimeterhohem Schnee – ohne unsere Schuhe.

Eines Nachts entwendete ich einen kleinen kompakten Tresor, den ich zu mir in den Keller brachte. Nach einigen vergeblichen Versuchen, ihn aufzubrechen, ließ ich fürs Erste davon ab, um ihn am nächsten Tag weiter aufzuhebeln. Ich ließ einen massiven Schraubendreher seitlich in der Tresortür stecken, schob den Safe in die Ecke und knipste das Licht aus, um mich nach oben in meine Wohnung zu begeben und mich schlafen zu legen.

Ich erschrak, als ich frühmorgens in einem heftigem Klingelsturm aus dem Schlaf gerissen wurde. Als ich durch den Türspion blickte, sah ich mehrere Polizisten vor meiner Haustür stehen. Sofort glaubte ich, dass sie wegen des Einbruchs vom Vorabend da waren, um mich zu befragen. Doch als ich ihnen die Tür öffnete, verlangten sie mit einem Durchsuchungsbefehl Zutritt zu meiner Wohnung, um laut Aussage eines Polizisten nach Diebesgut eines zuvor von uns begangenen Einbruchs zu suchen.

Da ich natürlich keinerlei Diebesgut in meiner Wohnung verstaut hatte, ließ ich sie ruhigen Gewissens gewähren. Viel größere Sorgen machte mir, dass der Tresor des gestrigen Einbruchs noch immer in meinem Keller lag. Sie stellten meine gesamte Bude auf den Kopf und fanden natürlich nicht, wonach sie suchten. Daher hoffte ich, dass sie sich nach der Hausdurchsuchung wieder verpissen würden. Doch als einer der Kripobeamten noch einen Blick in meinen Keller werfen wollte, sah ich mein Schicksal besiegelt.

Ich ging mit ihnen in den Keller und öffnete die Tür. Das Licht ließ ich dabei bewusst aus, um den Tresor im Dunkeln hinter die Tür zu schieben. Der Polizei machte ich dabei weis, Gerümpel beiseiteschieben zu wollen, um ihnen mehr Platz zu schaffen. Als ich das Licht dann anknipste, tat ich so, als hätte ich nichts weiter zu verbergen, und gab den Keller zur Ansicht frei.

Während mehrere Polizisten augenblicklich mit der Suche nach Diebesgut begannen, stellte ich mich währenddessen ganz bewusst direkt vor den verbeulten Tresor, wo der Schraubendreher sogar noch deutlich sichtbar an der Seite herausragte. Ich verwickelte die Polizisten absichtlich in belanglose Gespräche, in der Hoffnung, sie vom Safe fernzuhalten, den sie nach Minuten des Suchens noch immer nicht wahrgenommen hatten.

Schweißperlen liefen mir über die Stirn. Ich war felsenfest davon überzeugt aufzufliegen. Doch zu meinem großen Glück hatte keiner der anwesenden Polizisten den Tresor bemerkt. Ich konnte mein Glück kaum fassen, als sie von der Suche abließen und den Kellerraum wieder verließen.

Da sowohl Florian wie auch Cem in der Zwischenzeit geheiratet und eine Familie gegründet hatten, zogen sie es vor, bis auf Weiteres keine krummen Dinger mehr zu drehen. Und da auch Ismael die Lust abhandengekommen war, war ich jetzt darauf angewiesen, jemanden heranzuschaffen, dem ich trauen konnte und der genau wie ich darauf aus war, schnelles Geld zu machen.

Wieder einmal war ich in meinem altem Leben angelangt, ohne dass ich dies wirklich beabsichtigt hatte. Ich hatte tatsächlich geglaubt, den Absprung geschafft zu haben. Jahrelang hatte ich die Füße still gehalten und jetzt fuhr ich wieder dasselbe Strickmuster meiner Vergangenheit. Die Verlockung auf das ganz große Geld war wieder da.

Da ich, was meine Geschäfte anging, außer meinen engsten Kumpels, mit denen ich seit Jahren in immer wechselnder Konstellation Dinger gedreht hatte, niemandem vertraute, fiel es mir schwer, jemanden zu finden, mit dem ich losziehen konnte. So wird es wohl wieder einfach Schicksal gewesen sein, dass als ich eines Abends ziellos durch meine Heimatstadt fuhr, ich ausgerechnet auf meinen alten Knastkumpanen Andreas stieß. Kurz darauf angesprochen, war Andreas nicht abgeneigt, auf die Schnelle ein paar Euro zu machen. Nach nur einigen Minuten hatte ich ihn davon überzeugt, mit mir auf Tour zu gehen.

Natürlich war es auch diesmal wieder so – wie so oft in der Vergangenheit –, dass nachdem ich einige Dinger gedreht hatte, ich jegliche Gedanken an mögliche Konsequenzen verdrängte und gar nicht erst zuließ. Meine letzte Haftstrafe lag Jahre zurück, und die paar Wochen, die ich da in U-Haft verbracht hatte, hatten mir auch keinen Zacken aus der Krone gebrochen. Überhaupt hatte ich mich in meinen vorangegangenen Haftstrafen immer gut aus der Affäre gezogen, weshalb ich wahrscheinlich auch diesmal wieder daran glaubte, das Glück auf meiner Seite zu haben.

Wir nutzten diesmal das Internet, um uns im Vorfeld Geschäfte herauszusuchen, und sahen uns über Google Earth die Gegend an. Doch viel Glück hatten wir dabei nicht. Kurz vor Weihnachten brachten wir endlich einen von Erfolg gekrönten Einbruch hinter uns, bei dem wir beinahe 10.000 Euro erbeuteten.

Als ob ich ahnte, dass es für lange Zeit das letzte Mal sein würde, ging ich mit Andreas daraufhin in einen der angesagtesten Klubs Deutschlands und ließ es so richtig krachen. Wir köpften an diesem Abend mehrere Flaschen hochwertigen Champagner, ließen die Puppen tanzen und flirteten, was das Zeug hielt. Wir hatten jede Menge Spaß. Als wir den Klub in den frühen Morgenstunden verließen, hatte ich eine der besten Partys meines Lebens gefeiert.

Und ich setzte noch einen drauf, als ich nur ein paar Tage später am Silvesterabend gemeinsam mit einer netten Brünetten in einem Klub auf der Leopoldstraße über den Dächern von München bei einem Glas Champagner das neue Jahr begrüßte und wir uns nur kurze Zeit später in meinem Hotelzimmer im Bett wälzten.

Das war es dann aber auch schon wieder mit den angenehmen Dingen des Lebens, und dies für die nächsten 15 Monate. Was dann nämlich folgen sollte, war Horror pur und eine enorme Belastungsprobe für meine Psyche.

Knast Teil IV

Das Jahr 2008 war gerade mal zehn Tage alt, als wir in den frühen Morgenstunden bei winterlichem Wetter im idyllischen Clausthal-Zellerfeld im Oberharz vergeblich versuchten, in ein Geschäft zu gelangen. Mitten in der Innenstadt versuchten wir, eine Tür gewaltsam aufzubekommen, die sich jedoch als zu widerstandsfähig erwies, worauf wir von unserem Vorhaben abließen.

Leider muss uns irgendwer bei unserem Tun beobachtet und die Polizei alarmiert haben. Nur wenige Minuten später traf sie am Tatort ein, um Andreas und mich auf frischer Tat zu ertappen und samt Einbruchswerkzeug festzunehmen.

Während Andreas das große Glück hatte, nach nur einer Nacht auf der Polizeiwache am nächsten Morgen in die Freiheit entlassen zu werden, ging es für mich wieder einmal zu einem Haftrichter nach Braunschweig. Dieser zögerte nach einem Blick in meine zentimeterdicke Akte dann auch nicht lange, mich als Wiederholungstäter unverzüglich in Untersuchungshaft zu nehmen. Die Polizei brachte mich daraufhin in die JVA nach Braunschweig, die für das nächste Vierteljahr mein neues Zuhause werden sollte.

Hatte ich bei meinen vorausgegangenen Haftstrafen immer das Glück auf meiner Seite gehabt, so sollte ich nun schmerzhaft erfahren, was es bedeutete, den wahren Knast zu spüren. Bei zwei Haftstrafen war mir noch die Milde von Jugendstrafen zuteilgeworden und bei meiner dritten hatte ich lediglich sechs Wochen in U-Haft verbracht. Nun befand ich mich in einem Knast mit richtigen Schwerverbrechern.

Drei Monate lang 23 Stunden am Tag durchgehend unter Verschluss. Nur eine einstündige Freistunde zum Beinevertreten. Da diese aber in den frühen Morgenstunden stattfand und draußen winterliche Kälte herrschte, ließ ich auch diese oftmals verstreichen, sodass ich meine Zelle manchmal für mehrere Tage nicht verließ.

Auch hatte ich so gut wie keine Möglichkeiten, mich irgendwie abzulenken. Durch den ständigen Einschluss kam ich kaum mit anderen Gefangenen in Kontakt. Weder Bücher noch einen Fernseher noch ein Radio gab es in meiner kahlen Zelle, sodass ich meist an die Decke starrte oder für Stunden am Fenster hockte, um in die öde Umgebung des Gefängnisses zu blicken.

Durch eine angeordnete richterliche Kontaktsperre drang nichts zu mir durch. Mir kam es vor, als sei ich auf dem Mond gelandet. Die Zeit stand regelrecht still. Da ich auch keine Uhr hatte, musste ich selbst die Tageszeit schätzen. Ich holte mir die fehlende Information von Bediensteten bei der Essensausgabe.

Ich freute mich riesig, wenn ich mal eine zehn Tage alte Tageszeitung in die Finger bekam oder mich mit meinem türkischen Zellennachbarn für kurze Zeit unter der Dusche unterhalten konnte. Laut seiner Aussage war er in seiner Heimat als politischer Flüchtling zu 200 Jahren Gefängnis verurteilt worden.

Noch mehr Freude empfand ich, als man mir nach Wochen der Haft einen Radiowecker lieh, auf dem ich ganze zwei Sender empfing. Der Knast war wirklich der reinste Horror. Die Mahlzeiten waren beinahe täglich ungenießbar und ich bekam kaum ausreichend Schlaf, sodass ich in Braunschweig optisch richtig runterkam.

Ich ließ mir einen Vollbart wachsen, da ich einen spottbilligen Plastikrasierer gereicht bekam, der dafür sorgte, dass ich mir beim Rasieren die Haut aufriss. Und weil ich meinen Bart im Gefängnis nicht pflegen konnte, sah ich kurz darauf wie Saddam Hussein bei seiner Festnahme aus.

Shampoo bekam ich aus einem Kanister gereicht, was glatt als Spülmittel hätte durchgehen können. Nach der Dusche ähnelten meine Haare einem Wischmopp. Nach einer Weile waren diese völlig kaputt und von Spliss übersät. Ich erinnere mich, dass ich einmal, als keine Nagelknipse zur Hand war, ich mir einfach meine mittlerweile zu lang geratenen Fingernägel abbiss und mit einem Buttermesser zurechtschliff.

Andreas sah ich erst nach Monaten bei unserer Gerichtsverhandlung in Clausthal-Zellerfeld wieder. Während er mit einer Bewährungsstrafe davonkam, verurteilte man mich aufgrund meiner vielen Vorstrafen und einer laufenden Bewährung zu einer Haftstrafe von zweieinhalb Jahren. Die Staatsanwältin zog es kurz in Erwägung, mich noch einmal laufen zu lassen. Doch nachdem sie noch einmal einen Blick in meine zentimeterdicke Akte geworfen hatte, sah sie ganz schnell davon ab und schickte mich zurück in den Knast.

Als man mir nach einem Vierteljahr Haft mitteilte, dass ich auf Transport geschickt würde, freute ich mich riesig, da ich annahm, heimatnah nach Neumünster verlegt zu werden. Doch anstatt mich in meine Heimatstadt zu verfrachten, ging es aus Zuständigkeitsgründen noch weiter in den Süden und damit in ein noch viel schlimmeres Gefängnis. Man verfrachtete mich in den Hochsicherheitsknast nach Rosdorf bei Göttingen. Dieses Gefängnis übertraf selbst meine schlimmsten Befürchtungen.

Hier gab es nicht nur eine meterhohe Gefängnismauer, sondern gleich zwei, die dafür sorgen sollten, dass keiner der zahlreichen hier einsitzenden Schwerstkriminellen überhaupt erst an eine Flucht dachte; sie wären von vornherein zum Scheitern verurteilt gewesen. Selbst mich, der ich in der Vergangenheit die Gelegenheit gehabt hatte, einen Einblick in zahlreiche Gefängnisse zu bekommen, machte dieser Knast sprachlos.

Die Sicherheitsvorkehrungen an diesem Ort waren unsagbar hoch. Es gab Wachtürme mit postierten Wächtern, von wo aus diese alles bestens im Blick hatten. Zahlreiche Überwachungskameras sahen jeden Winkel des Gefängnisses ein. Sowohl innerhalb des Knasts als auch zwischen den Mauern patrouillierten bewaffnete Justizbeamte, begleitet von dressierten Polizeihunden. Selbst im Gefängnis sollen versteckte Wanzen angebracht gewesen sein, um so Gespräche von Gefangenen belauschen zu können. Ein Hightechknast sondergleichen.

Ich war auf einer Station mit knapp 15 Häftlingen untergebracht. Es steht außer Frage, dass ich außerhalb des Gefängnisses wohl nie etwas mit diesen Menschen zu tun gehabt hätte. Hier aber musste ich nun zwangsweise auf engstem Raum mit ihnen leben – auf unbestimmte Zeit. Ich hatte zwar keine Probleme und kam gut mit ihnen aus, doch wäre es mir möglich gewesen, wäre ich am liebsten auf Abstand gegangen. Denn durchweg alle von ihnen saßen wegen schwerer Delikte ein und viele hatten offensichtlich einen an der Waffel.

So saß ich eines Nachmittags bei geöffneten Türen gemeinsam mit einem kosovarischen Menschenhändler, einem Typen, der seine Ex-Freundin vor einen fahrenden Bus geschubst hatte, und einem Drogendealer, der mit Hunderten Kilo Kokain gedealt hatte, an einem Tisch und spielte Poker; als Wetteinsatz dienten uns Schokoladentafeln. Für mich, der ich mittlerweile das vierte Mal in den Genuss kam, gesiebte Luft atmen zu dürfen, war das Gefängnis trotz seiner abschreckenden Atmosphäre nichts Neues mehr. Da mir insgeheim bewusst gewesen war, dass sollte ich der Polizei erneut ins Netz gehen, ich wieder in den Kahn wandern würde, und ich auch ständig damit gerechnet hatte, konnte ich den Schalter von jetzt auf gleich auf Knastmodus umstellen.

Mittlerweile war ich 32 Jahre alt und längst zu einem Mann gereift. Ich war durch die Erfahrungen der vorangegangenen Haftstrafen ein wenig abgehärtet und wusste, wie ich mich an solch einem gruseligen Ort verhalten musste – was nicht bedeutete, dass es mir dadurch auch nur im Geringsten leichterfiel.

Hatte ich bei den vorherigen Haftstrafen immer das beruhigende Gefühl gehabt, auf die Unterstützung meiner Familie, meiner Frau oder von Freunden vertrauen zu können, was es mir seelisch erträglicher gemacht hatte, die Gefängnisstrafen durchzustehen, so hatte sich das Blatt nun gewendet. Zum ersten Mal war ich mit der Tatsache konfrontiert, völlig auf mich allein gestellt zu sein.

Abgesehen davon, dass ich in einem Hochsicherheitsgefängnis einsaß, umgeben von Schwerverbrechern, herrschte zu jener Zeit absolute Funkstille zwischen mir und meiner Familie. Der Kontakt zu Sandy war völlig abgebrochen. Und was meine sogenannten „alten Freunde" anging, hatte sich das Verhältnis in den letzten Jahren so weit abgekühlt, dass sich keiner von ihnen in diesen über 15 Monaten Haft hat blicken lassen.

Wie sehr der Knast selbst scheinbar harten Typen zusetzt, konnte ich eines Nachmittags erleben, als ein Mitglied einer bekannten Rockergruppe zum Kaffeetrinken in meiner Zelle aufkreuzte. Außerhalb der Gefängnismauern kannte man sie als stahlharte Typen. Doch wie sehr solch eine Ausnahmesituation selbst einem so toughen Kerl an die Nieren gehen kann, erfuhr ich, als dieser völlig unerwartet plötzlich zu jammern anfing und mit Tränen in den Augen kleinlaut zugab, mit seiner Haftstrafe überhaupt nicht zurechtzukommen.

Jeder, der schon einmal im Gefängnis saß, wird bestätigen können, dass der Knast eine Welt für sich ist. Vieles von dem, was dort passiert, gelangt mit keinem Wort nach draußen. Ein düsterer Ort, an dem man jeden Tag aufs Neue bis an seine äußersten Grenzen gehen muss – sowohl psychisch wie auch physisch ein unsagbarer Kraftakt.

So bekam ich eines Tages zufällig mit, wie ein Häftling, der als Kinderschänder enttarnt wurde, gleich mal eine Abreibung sondergleichen verpasst bekam. Während ein Gefangener vor der Tür aufpasste, dass keiner der zahlreichen Wachen etwas von der Aktion mitbekam, suchten muskelbepackte Mitgefangene seine Zelle auf, um ihn grün und blau zu schlagen. Doch gerade bei Kinderschändern hatte ich das Gefühl, dass selbst die Wärter wenig daran interessiert waren, ihnen groß Hilfe anzubieten oder ihnen beizustehen. Sie standen auf verlorenem Posten und waren ganz unten positioniert in der Knasthierarchie. Hier waren sie weniger wert als Spucke.

Das Gefängnis kann eine Person, die draußen ein solides Leben geführt hat und die zuvor noch niemals straffällig gewesen ist, völlig kaputt machen. Die Psyche leidet enorm. Vielen von ihnen setzte der Knast heftig zu. Bei manchen Neuankömmlingen konnte man zusehends beobachten, wie sie während ihrer Zeit im Gefängnis rapide abbauten, bis sie nur noch als Häufchen Elend durch die Gegend schlichen.

Getrennt von seinen Liebenden zu sein, von seiner Frau, von Kindern und Freunden, von seiner trauten Umgebung, dazu der harte Knastalltag, kann bei manchen bewirken, einen seelischen Schaden davonzutragen. Bei einem labilen Menschen gar so sehr, dass er keinen anderen Ausweg für sich sieht, als seinem Leben ein Ende zu setzen. Das sollte ich eines Nachts hautnah mitbekommen.

Ich erinnere mich daran, wie ich einmal nach Monaten der Haft im Hochsommer bei geöffnetem Fenster einzuschlafen versuchte. Ein Mitgefangener, der direkt unter mir inhaftiert war, weinte so laut vor sich hin, dass wohl kaum jemand im Gefängnis Schlaf finden konnte. Der Weinkrampf, der ihn befiel, führte dazu, dass er minutenlang hemmungslos und lauthals in die Nacht hinein heulte. Da er mich deshalb vom Schlafen abhielt, setzte ich mich auf den Fenstersims und starrte nachdenklich von meinem Fenster über die Gefängnismauern in die Ferne hinaus.

Ich kannte den Typen unter mir zwar nicht, doch tat er mir irgendwie leid. Und während ich ihm von meinem Fenster aus beim Weinen zuhörte, sah ich in der gegenüberliegenden Zelle einen weiteren Gefangenen ebenfalls am Fenster sitzen, der wie ich dem Kummer des Gefangenen lauschte. Als ich mich kurz darauf in mein Bett legte, hörte ich, wie der Mann unter mir sein Mobiliar scheinbar durch die Zelle zog. Dann wurde es plötzlich mit einem krachenden Poltern mucksmäuschenstill. Es war der Tisch, der umfiel, als er sich in dieser Nacht einen Strick knüpfte, um sich am Gitter zu erhängen.

Ich erfuhr es am nächsten Morgen von anderen Gefangenen, die mitbekamen, wie man seine Leiche aus der Zelle trug. Die darauffolgende Nacht bekam ich kein Auge zu, weil ich mir immer wieder vorstellte, dass während ich nur einen Meter über ihm im Bett schlief, dieser unter mir tot am Gitter hing.

Auch für mich, der ich bereits so einige Hafterfahrung vorweisen konnte, war der Knastalltag in diesem Gefängnis kein einfacher. Ich versuchte mich ständig an den Worten meines Vaters aufzurichten, der mir immer wieder dazu geraten hatte, in schweren Zeiten stark zu sein. Doch so einfach fiel mir das dieses Mal nicht.

Ich saß Hunderte Kilometer von zu Hause entfernt in einem Psychoknast ein. Da ich Berufung eingelegt hatte, galt ich noch immer als U-Häftling. Ich durfte weder mit Angehörigen telefonieren noch Besuch empfangen. Über Monate hinweg sah ich niemanden meiner Familienangehörigen.

Die einzigen Menschen, mit denen ich zwangsweise zu tun hatte, waren all die Schwerverbrecher um mich herum. Mit einigen, die ich für einigermaßen normal hielt, hing ich bei geöffneten Türen ab, wenn es uns erlaubt war. Im Sommer vertrieb ich mir die reichlich vorhandene Zeit damit, im Gefängnis Hof-Tischtennis zu spielen.

Ich weiß noch, als ich am Tage meiner Revisionsverhandlung in einen kleinen Gefangenenbus gesetzt wurde, dass dort bereits ein Typ darin saß, dessen Gesicht ich Tage und Wochen zuvor immer wieder im Fernseher gesehen hatte. Als Auftragskiller der sogenannten „Schwarzen Witwe“ hatte er traurige Berühmtheit erlangt, indem er reihenweise die Liebhaber seiner Auftraggeberin hatte umbringen lassen, um an deren Geld zu gelangen.

Auf ihren Befehl hin ermordete er gleich fünf Menschen. Dafür bekam er natürlich die lebenslange Freiheitsstrafe mit anschließender Sicherheitsverwahrung aufgebrummt. Als wir auf unserer gemeinsamen Fahrt zum Gericht kurz ins Gespräch kamen, beschwerte er sich über das schlechte Essen im Knast, als hätte er sonst keine Probleme.

Ich hatte für meine Revisionsverhandlung erneut den Staranwalt aus Hamburg engagiert, in der Hoffnung, dass er mich wie damals schnellstmöglich aus dem Gefängnis holen würde. Doch dieses Mal blieb auch er erfolglos und scheiterte mit all seinen Bemühungen an der strengen Richterin und deren noch sturereren Staatsanwältin. Keine der beiden hatte auch nur im Geringsten die Absicht, mich nach nur sechs Monaten in Haft wieder auf freien Fuß zu setzen. Als ich in den Gerichtssaal geführt wurde und sogleich meinen Anwalt und die Staatsanwältin streiten hörte, begrub ich augenblicklich meine Hoffnung, im Anschluss entlassen zu werden.

Stattdessen wurde mein Urteil bestätigt, was für mich nun hieß, weitere zwei Jahre im Knast schmoren zu müssen. Immerhin versprach man mir, nach über drei Monaten Aufenthalt in Göttingen die restliche Haftzeit in meiner Heimatstadt absitzen zu dürfen.

Eine seltsame Begegnung, an die ich oftmals zurückdenke, war jene, als ich am Tage meines Transports nach Neumünster in eine Zelle gesteckt wurde, in der ein weiterer Gefangener auf seine Überstellung wartete. Er machte einen normalen Eindruck auf mich. Wir verbrachten nicht länger als fünf Minuten gemeinsam in diesem Raum und hielten nur einen kurzen Plausch miteinander. Doch das reichte aus, um mir Worte mit auf den Weg zu geben, über die ich später oft nachdachte und die sich für mich in Zukunft als überaus wertvoll erweisen sollten. Während ich an diesem Tag nur Trübsal blies und alles am Knast verfluchte, saß jener fast schon tiefenentspannt da und versuchte mir mit einem Lächeln im Gesicht weiszumachen, dass aus allem Negativen im Leben auch etwas Positives entstehen könne. Seinen Worten nach war das Gefängnis die beste Universität der Welt und der Ort, wo man die Lehre seines Lebens ziehen könne.

Ich gebe zu, dass ich seine Worte an diesem Tag als etwas sonderbar empfand und nicht genau einordnen konnte. Es sollten noch weitere Jahre vergehen und ich sollte noch eine letzte Haftstrafe zu bewältigen haben, bis ich seine Worte verstand und diesen vollkommen zustimmen würde.

Nach über sieben Monaten, darunter zahlreiche Zwischenstopps in Gefängnissen in Deutschland, erreichte ich meinen nur zu vertrauten Knast in Neumünster, um hier den Rest meiner Haftstrafe abzusitzen. Eine gewisse Erleichterung machte sich in mir breit. Trotz der noch ausstehenden monatelangen Haftstrafe spürte ich, wie es mich ein wenig entspannte, dass dieser Ort mir bestens vertraut war. Ich wusste, was mich dort erwartete. Und wenn es auch seltsam klingen mag, ich fühlte mich dort tatsächlich etwas heimisch.

Justizangestellte, mit denen ich privat befreundet war, verschafften mir einen der begehrten Jobs als Hausarbeiter. Ich verbrachte die kommenden acht Monate damit, Gefangene drei Mal täglich mit Essen zu versorgen, ihre schmutzige Wäsche einzusammeln und den langen Korridor zu fegen. Immerhin hatte ich so das Privileg der ständig offenen Zellentür. Während alle anderen Gefangenen unter Verschluss waren, konnte ich mich in der Anstalt frei bewegen. Meist saß ich bei anderen Hausarbeitern, um mich mit ihnen in deren Zelle bei einer Tasse Kaffee zu unterhalten. Überhaupt tat ich wieder alles Mögliche, um mich irgendwie abzulenken.

Dadurch dass ich viele Justizangestellte vom Privaten her kannte, hatte ich das Gefühl, bevorzugt behandelt zu werden. Sie verhielten sich mir gegenüber fair und meist freundlich. Während andere Gefangene den steinigen Weg gehen mussten, genoss ich einige besondere Privilegien, die anderen Gefangenen strikt verwehrt blieben. Dennoch blieb mein Freiheitsdrang unverändert groß.

Der monotone Knastalltag zermürbte mich. Vor allem deshalb, weil ich noch vor der Haftstrafe zum ersten Mal ernsthaft daran gedacht hatte, mich endgültig aus dem kriminellen Milieu zurückzuziehen, um ein solides Leben zu führen. Doch noch forderte meine Vergangenheit ihren Tribut. Schon bald würde ich eine letzte Haftstrafe bewältigen müssen, die alles Vorherige in den Schatten stellte.

Ich war mittlerweile über 15 Monate im Gefängnis und hätte nach meiner Berechnung jetzt noch über ein Jahr in Haft sitzen müssen. Deshalb dachte ich mir auch nichts weiter dabei, als mich eines Nachmittags während der Essensausgabe mein Abteilungsleiter zu sich rief, um mir beinahe beiläufig mitzuteilen, mich am kommenden Tag aufgrund der erreichten Halbstrafe und guter Führung entlassen zu wollen.

Ich ließ daraufhin alles stehen und liegen, um augenblicklich zu packen. Ich konnte mein Glück kaum fassen. Obwohl keine meiner noch immer parallel laufenden Bewährungen widerrufen worden war, was eigentlich zusätzliche Zeit im Knast bedeutet hätte, durfte ich wieder einmal vorzeitig gehen.

Als ich am nächsten Morgen endlich wieder vor dem Gefängnistor stand, beschlich mich ein seltsames Gefühl. Nicht weil ich wieder in Freiheit war, sondern vielmehr weil dieses Mal das Gefühl in mir aufkam, dass niemand auf mich wartete. Die Situation hatte sich verändert. Ich hatte mich verändert.

Da niemand meiner nahen Angehörigen über meine Entlassung informiert war, ließ ich mich als Erstes mit dem Taxi zum Bahnhof bringen. Von dort aus fuhr ich mit dem nächsten ICE nach Berlin und mietete mich für die nächsten Tage im Radisson-Blu-Hotel beim Alexanderplatz ein, um mich an einem Wellness-Wochenende erst einmal von den Strapazen der vorangegangenen Monate zu erholen.

Ich hatte nun die Schnauze gestrichen voll von krummen Dingern und besonders vom Knast. Ich wollte mein Leben endlich in den Griff bekommen und auf die richtige Bahn lenken. Ich wollte mein Geld jetzt ehrlich verdienen, weshalb es mich nur Wochen nach meiner Entlassung nach Westerland auf Sylt zog, wo ich eine Saisontätigkeit als Kellner annahm.

Ich bekam ein nettes Apartment in Wenningstedt gestellt und lebte den ganzen Sommer über auf der Insel. Da ich in der Saison gutes Geld verdiente, verschlug es mich exakt im Jahr darauf im Frühjahr ins tiefste Bayern, um eine weitere Saisontätigkeit als Servicekraft in einem Gasthaus direkt am wunderschönen Chiemsee anzunehmen.

Beinahe ein halbes Jahr blieb ich in Süddeutschland. Auch dort bekam ich ein schickes Apartment gestellt, von wo aus ich einen traumhaften Blick auf die umliegende Alpenlandschaft hatte. Ich mochte die Arbeit und hatte viel Spaß mit meinen Teamkollegen.

Ich genoss die Nähe zur Natur. Da ich zeit meines Lebens ein freiheitsliebender Mensch war, mietete ich mir an meinen freien Tagen ein Boot und schipperte bei sommerlichen Temperaturen ganz allein über den See oder wanderte in der Bergregion. Oder aber ich fuhr ins nahe gelegene München, um dort auf der Leopoldstraße meinen Kaffee zu trinken.

Ich hatte überhaupt keine Ambitionen, erneut irgendein krummes Ding zu drehen, weshalb es mir unerklärlich erscheint, warum - gerade aus Bayern zurück - ich mich erneut spontan zu einem Ding hinreißen ließ, das mir am Ende noch nicht einmal Beute einbrachte; stattdessen hinterließ ich am Tatort meine DNA, die mich schließlich für weitere zweieinhalb Jahre ins Gefängnis bringen sollte. Obwohl ich zu diesem Zeitpunkt drei parallel laufende Bewährungen am Arsch kleben hatte, ließ ich mich dazu überreden, an einem Einbruch mitzuwirken. Von allen dummen Entscheidungen war diese mit Sicherheit die dümmste.

Die Vorladung von der Polizei ließ nicht lange auf sich warten. Als ich dann vor Gericht erscheinen musste, stritt ich vehement ab, den Einbruch begangen zu haben. Doch alles Leugnen nützte nichts. Der Richter glaubte mir kein Wort.

Er verurteilte mich zu einer Haftstrafe von neun Monaten ohne Bewährung. Ich ging sofort in Revision, insgeheim hoffend, die nächste Haftstrafe irgendwie abwenden zu können. Doch mein

Anwalt machte mir wenig Hoffnung, damit durchzukommen. Man darf nicht vergessen, dass ich mittlerweile für die Justiz ein rotes Tuch war und nicht länger ihr Wohlwollen genoss. Ich hatte verspielt.

Um etwas Zeit zu schinden, damit ich mich auf die nächste Reise, die ich wohl unausweichlich anzutreten hatte, vorbereiten könnte, zog mein Anwalt die ganze Angelegenheit in die Länge hinaus. Dadurch gewann ich beinahe zwei Jahre, in denen ich einem geregelten Leben nachgehen konnte.

Ich erinnere mich, dass nachdem mir klar war, dass ich bald wieder gesiebte Luft schnuppern würde, ich gemeinsam mit Florian aufbrach, um irgendwo noch ein letztes großes Ding zu drehen. Wir waren schon viele Kilometer auf der Autobahn Richtung Süden unterwegs, als wir uns plötzlich ansahen und aus derselben Überzeugung heraus der Meinung waren, dass wir diesen Blödsinn ein für alle Mal hinter uns lassen sollten.

Florian war mittlerweile seit Jahren verheiratet und hatte mehrere Kinder in die Welt gesetzt. Auch von unserem ganzen Lifestyle sowie vom Typ her passte die Einbrecherei irgendwie so gar nicht mehr zu uns. Wir fühlten uns zu alt für diesen Scheiß. Insgeheim war ich froh, dass Florian derselben Auffassung war wie ich. Unverrichteter Dinge fuhr ich an der nächsten Abfahrt ab und wieder zurück nach Hause.

Ausgerechnet zu dem Zeitpunkt, als ich eigentlich mit dem ganzen kriminellen Dasein innerlich abgeschlossen hatte, inmitten einer neuen Beziehung steckte, ehrlich Geld verdiente und alles in den richtigen Bahnen verlief, trudelte Ende 2012 meine Ladung zum Haftantritt ein. Obwohl ich mir die ganzen Monate im Klaren darüber gewesen war, erneut ins Gefängnis zu müssen, traf mich diese Nachricht unerwartet schmerzlich.

Ich empfand sie jetzt als völlig überflüssig, störend und absolut unpassend. Ich benötigte keine weiteren Jahre im Gefängnis mehr, um zu begreifen, was für große Steine ich mir über zwei

Jahrzehnte selbst in den Weg gelegt hatte. Oder vielleicht sollte ich besser sagen was für „Brocken". All die zahlreichen Gelegenheiten und Chancen auf einen Neuanfang, die ich nach meinen Haftstrafen bekommen hatte – ich hatte sie allesamt ungenutzt verstreichen lassen. Ob es mir nun gefiel oder nicht, ich musste ein letztes Mal in den Knast.

Knast Teil V

Da ich jetzt sowieso ins Gefängnis musste, nahm ich die Ladung zum Strafantritt zum Anlass, um dann doch noch ein allerletztes großes Ding zu drehen. Ich wollte die Gelegenheit noch einmal nutzen, ordentlich Reibach zu machen, um mich dann für immer in Rente zu begeben.

Durch einen Insidertipp erfuhren wir von einer großen Eissporthalle, in denen Sportveranstaltungen stattfanden und zahlendes Publikum für eine Menge Einnahmen sorgte. Die Eissporthalle befand sich abgelegen in einem kleinem Kuhkaff mit wenig Einwohnern in einer ruhigen Umgebung. Gemeinsam mit Florian und einem Cousin von ihm stieg ich im tiefsten Winter ohne Probleme bei finsterer Nacht in das Gebäude ein. Wir entwendeten einen kleinen Tresor, in dem wir die Einnahmen vermuteten, und hievten ihn in unser Auto, um den Safe im Anschluss noch in derselben Nacht in Florians Keller aufzuhebeln.

Mehr als ein paar Schlüssel, die im Inneren des Safes lagen, gab der Tresor jedoch nicht her. Doch einer fiel uns allen sofort ins Auge. Oft hatten wir in der Vergangenheit solch einen in den Händen gehalten. Allem Augenschein nach handelte es sich hierbei um einen weiteren Tresorschlüssel. Als ich ihn in die Hand nahm, konnte ich anhand einer Inschrift lesen, dass es sich hierbei um einen Haupttresorschlüssel handelte - was für uns hieß, dass die Eissporthalle wohl einen noch viel größeren Tresor beherbergen musste, in dem die Kohle bunkerte. Und den Schlüssel dazu hielt ich gerade in meinen Händen.

Eigentlich wollten wir umgehend wieder zurück zur Eissporthalle, um den Tresor zu öffnen. Doch weil es mittlerweile früh am Morgen war und das Risiko, ertappt zu werden, somit zu hoch war, ließen wir davon ab und entschieden uns, in der kommenden Nacht erneut dort einzusteigen.

Wovon wir alle drei keinen blassen Schimmer hatten, war die Tatsache, dass der Tresor prall gefüllt mit über 100.000 Euro war, weshalb sich die bereits eingeschaltete Polizei auf die Lauer gelegt hatte, um uns dingfest zu machen.

Als wir in der kommenden Nacht erneut an der Halle aufschlugen, wirkte alles wie in der Nacht zuvor. Alles schien ruhig, weit und breit war keine Menschenseele zu sehen. Während der Cousin im Auto auf uns wartete und Wache hielt, liefen Florian und ich bei zentimeterhohem Schnee auf die Eissporthalle zu. Da ich jetzt auch einen Schlüssel zum Personaleingang besaß, nutzte ich diesen, um uns Zutritt zu verschaffen.

Als ich die Tür öffnete, stoppte ich abrupt. Irgendetwas stimmte nicht. Florian, der hinter mir stand, rief mir zu, ich solle schnell hineingehen. Doch irgendetwas passte nicht. Mich irritierte der Geruch von frisch gekochtem Kaffee, der durch meine Nase zog, wie auch leise Musik, die aus einem Radio gespielt wurde.

Als ich einen zögerlichen Blick nach links in die Halle warf, war da nichts weiter, was mich von unserem Vorhaben abgebracht hätte. Doch als ich dann nach rechts blickte, war es auch schon um uns geschehen.

Gleich mehrere von Kopf bis Fuß uniformierte Polizisten standen hintereinandergereiht dicht an der Wand. In dem Augenblick, als ich sie erblickte, schrien sie laut „Polizei!“. Im nächsten Moment stürzten sie sich auch schon auf mich. Während Florian mit einem schnellen Sprint in ein anliegendes Waldstück flüchtete, konnte ich nicht einmal mehr reagieren. Ich wurde zu Boden geworfen und dabei drückte man mein Gesicht so tief in den Schnee, dass ich kaum noch Luft bekam.

War es an diesem Ort vor wenigen Minuten noch mucksmäuschenstill gewesen, wimmelte es plötzlich an jeder Ecke nur so von Polizisten. Blaulicht erhellte die Nacht und ich sah aus der Ferne, wie Florians Cousin von Polizisten umzingelt und aufgefordert wurde, das Fahrzeug zu verlassen. Auch ihm legte man Handschellen an.

Ich konnte mir im Polizeiauto ein Lachen nicht verkneifen, als nach einer Weile Florian plötzlich völlig durchgefroren von ganz allein aus dem Wald auf die Polizisten zugetrabt kam, um sich zu ergeben. Eine Flucht wäre ohnehin zwecklos gewesen. Ein herumkreisender Polizeihelikopter und dressierte Spürhunde hatten bereits seine Fährte aufgenommen.

Man brachte uns auf eine Polizeiwache, wo man uns getrennt voneinander in Gewahrsamszellen steckte. Als ich am kommenden Morgen beim Verhör durch die Polizei erfuhr, dass wir nur einen Schritt davon entfernt gewesen waren, exakt 116.000 Euro zu erbeuten, musste ich das erst mal sacken lassen. Ich hatte geahnt, dass dort Kohle zu holen sei, aber mit so viel hatte selbst ich nicht gerechnet. Das Geld hätte mir die bevorstehende Haftstrafe mit Sicherheit versüßt. Doch sollte es anscheinend nicht sein.

Ich machte mir zu diesem Zeitpunkt überhaupt keine Illusionen, im Anschluss noch nach Hause gehen zu dürfen, und war gedanklich schon im Bau. Umso überraschter war ich, als mir zum Ende des Verhörs zugetragen wurde, dass ich aufgrund meines Stellungsbefehls in wenigen Tagen ohnehin ins Gefängnis wandern würde, weshalb sie von einer Vorführung beim Haftrichter absahen und sowohl mich wie auch die Jungs im Laufe des Tages in die Freiheit entließen.

Mir blieb jetzt noch genau eine Woche, um meine Angelegenheiten zu klären und mich noch einmal seelisch auf meine nächste Haftzeit vorzubereiten. Doch so richtig vorbereitet auf das, was jetzt noch kommen sollte, war ich nicht. Insgeheim wollte ich die offenen neun Monate, zu denen ich zuvor verurteilt worden war, rasch absitzen, um dann endlich mit meinem neuen, „rechtschaffenen" Leben starten zu können.

Ich deutete das Scheitern meines letzten Einbruchs als Zeichen, dass es nicht mehr sein sollte, und wollte nun unwiderruflich alles hinter mir lassen. Zum ersten Mal dachte ich voller Überzeugung daran. Ich wollte dieses Leben nicht mehr. Und ich konnte auch nicht mehr so weitermachen. Doch so einfach, wie ich mir das vorstellte, war es nun nicht mehr.

Felsenfest ging ich davon aus, bei guter Führung maximal sechs Monate im Knast bleiben zu müssen. Doch was ich bis dahin und auch bei keiner meiner Haftstrafen zuvor jemals in Betracht gezogen hatte, war die Tatsache, dass ich außer der Verurteilung zu neun Monaten noch weitere Haftstrafen, die zu Bewährungen ausgesetzt worden waren, offen hatte.

Ich hatte die vorherige Haftstrafe noch nicht einmal richtig verarbeitet, als ich im Dezember 2012 meine fünfte und letzte Haftstrafe antrat. Ich tat so, als würde ich in ein Hotel einchecken. Florian fuhr mich in die Justizvollzugsanstalt nach Kiel, wo wir uns mit einer kumpelhaften Umarmung auf bald voneinander verabschiedeten.

Da ich in meiner Vergangenheit immer das große Glück hatte, dass keine der laufenden Bewährungen widerrufen wurde, dachte ich auch jetzt nicht im Traum daran, dass dies passieren könnte. Ich verschwendete überhaupt keinen Gedanken daran. In meiner Vorstellung würde ich in einem knappen halben Jahr wieder in den Armen meiner Freundin liegen. Doch es sollte anders kommen.

Mitgefangene, denen ich als mehrfacher Wiederholungstäter mit mehreren laufenden Bewährungen weismachen wollte, nur ein halbes Jahr absitzen zu müssen, waren dagegen nicht so optimistisch wie ich. Und das, obwohl ich ihnen verschwieg, dass ich mich auch noch für den Einbruch in die Eissporthalle vor Gericht würde verantworten müssen. Sie aber wollten wohl meine Illusionen nicht kaputt machen, weshalb sie nichts weiter dazu sagten und mich in meinem Glauben ließen.

Doch kaum war ich inhaftiert, bekam ich die Quittung schwarz auf weiß präsentiert. Ich war noch keine zwei Wochen im Knast, als ich Post von der Staatsanwaltschaft bekam, in der mir mitgeteilt wurde, dass alle meine laufenden Bewährungen widerrufen werden sollten. War ich anfangs davon ausgegangen, neun Monate absitzen zu müssen, waren es nun auf einen Schlag über drei Jahre geworden.

Ich empfand diese Nachricht wie einen Schlag ins Gesicht. Drei Jahre zuzüglich des noch offenen Verfahrens ließen sämtliche Hoffnungen schwinden. Alle meine Pläne schienen mit einem Mal zunichtegemacht. Natürlich hegte ich weiterhin die Hoffnung, wie in der Vergangenheit schnell wieder auf freiem Fuß zu sein, doch noch nie standen meine Chancen so gering. Eigentlich waren sie gleich null.

War es mir zuvor egal gewesen, im Gefängnis sitzen zu müssen, hasste ich mich jetzt dafür. Ich hasste mich, weil ich mich zum wiederholten Male in solch eine beschissene Situation manövriert hatte. Ich hasste mich, weil ich geglaubt hatte, an einem Punkt angekommen zu sein, endlich die Kurve gekriegt zu haben.

Ich hatte zuvor einen festen Job gehabt, in dem ich gutes Geld verdiente. Ich hatte etwas beiseitelegen wollen, um mich mit einem Café selbstständig zu machen. Und dann platzte fast zeitgleich, als ich eine traumhaft schöne Wohnung in Hamburg fand, die ich gemeinsam mit meiner schwangeren Freundin beziehen wollte, die Ladung zum Haftantritt herein, die alles zunichtemachen sollte.

Ich saß zwar wieder im Knast, diesmal aber fühlte es sich an, als säße ich in der Psychiatrie. Der Lärmpegel war unglaublich hoch. Über 500 Gefangene saßen dort ein. Und die meisten von ihnen benahmen sich wie die Irren. 85 Prozent hatten ein Drogenproblem und saßen wegen illegalen Gebrauchs von Betäubungsmitteln ein. Hauptsächlich Junkies und lauter weitere kaputte Typen, mit denen ich absolut nichts zu tun haben wollte.

Typen, die Desinfektionsmittel tranken, weil etwas Alkohol darin enthalten war. Die sich mit irgendwelchen Tabletten vollschmissen, um sich ihre Haftzeit angenehmer zu machen. Die sich mit Nadeln selbst tätowierten. Und bei offenen Türen zu zehnt in einer Zelle saßen, um sich einen Joint zu teilen. Wie Zombies schlichen sie im Anschluss durch die langen Korridore. Ein wirklich verstörender Anblick, wenn man außerhalb der Gefängnismauern nicht mit solchen Menschen in Berührung kommt.

Dass es im Knast so ziemlich alles an Drogen gibt, ist ja längst ein offenes Geheimnis. Nur hatte ich das Problem, ihnen nicht aus dem Weg gehen zu können. Ich fand kaum eine normal tickende Person im Bau. So freundete ich mich mit einem älteren Senior an, der wegen einer Steuerangelegenheit inhaftiert war und draußen eine Firma besaß. Er war mir als Einziger sympathisch. Mit ein paar handverlesenen Typen vertrieb ich mir drinnen die Zeit. Ein führendes Mitglied einer bekannten Rockergang, ein Sinti und Cousin meiner Ex-Frau sowie ein paar Normalos, mit denen ich zumindest ein paar Gespräche auf Augenhöhe führen konnte.

Ansonsten aber versuchte ich für mich alleine zu sein und die Zeit sinnvoll zu nutzen, indem ich viel las, an sportlichen Aktivitäten teilnahm und meine Lebensgeschichte zu Papier brachte. Auf einer Schreibmaschine tippend nervte ich die anderen Mitgefangenen.

Ich bekam einen der begehrten Jobs in der Anstaltsküche und war fortan damit beschäftigt, Tag für Tag im Morgengrauen am Herd zu stehen, um gemeinsam mit anderen Knackis das Essen für alle Inhaftierten im Gefängnis zuzubereiten. So war man zumindest den halben Tag abgelenkt und ich musste mir keine frustrierenden Gedanken darüber machen, wie sinnlos ich meine kostbare Lebenszeit mal wieder vergeudete.

Mir fehlte meine Freundin. Die Tatsache, sie nicht mal eben anrufen zu können oder ihr eine kurze Mitteilung per WhatsApp zukommen lassen zu können, ärgerte mich und machte mich zugleich traurig. Nur ein viertelstündiges Gespräch pro Tag am Haustelefon wurde mir gewährt, um ihre Stimme zu hören. Dass ich ihr keinen genauen Entlassungszeitpunkt nennen konnte, wirkte sich natürlich nicht gerade förderlich auf die Beziehung aus.

Es war vorauszusehen gewesen, dass auch diese Beziehung nicht von Dauer sein würde. Dass sie mich nach einigen Monaten im Stich ließ und sich von mir trennte, kann ich ihr im Nachhinein gar nicht mal übel nehmen. Natürlich war es hart für mich, als sie mir per Brief mitteilte, das Baby verloren zu haben, und sich entschieden habe, nicht auf mich warten zu können. So unfair wie ich mich ihr gegenüber zuvor verhalten hatte, konnte ich ihre Entscheidung irgendwie nachvollziehen.

Sie lebte in Köln und obwohl ich mit ihr eine ernsthafte Fernbeziehung führte, schaffte ich es doch tatsächlich, mich in eine weitere Frau zu verlieben, mit der ich parallel eine Beziehung in Hamburg führte. Überdies hatte ich in ganz Deutschland weitere Gespielinnen und nahm es mit der Treue nicht so ernst.

Ich agierte wie die Raupe Nimmersatt. Ich wachte morgens gemeinsam mit meiner Freundin in Hamburg auf, fuhr dann im Anschluss zu meiner zweiten Freundin nach Köln, um am späten Abend ein inszeniertes Streitgespräch zu führen mit der Absicht, rüber nach Düsseldorf zu heizen, um mit einem heißen Latina-Model die Nacht zu verbringen. Ich war echt skrupellos und ein Schwein in Bezug auf Ehrlichkeit und Treue. Ich belog sie alle, nur um auf meine Kosten zu kommen.

Doch das Karma trifft ja bekanntlich irgendwann jeden. Dass das Kartenhaus ausgerechnet zu dem Zeitpunkt in sich zusammenfiel, als ich im Knast saß, hatte ich mir selbst zuzuschreiben. Als nämlich die eine Freundin aus Hamburg herausbekam, dass ich noch eine weitere Beziehung zu einer Frau in Köln unterhielt, schrieb sie diese über Facebook an, um sich mit ihr auszutauschen. Als sie mich dann alle beide im Knast besuchen kamen, um mich zur Rede zu stellen, brachte ich außer einem dümmlichen Grinsen nichts hervor. Es versteht sich von selbst, dass dies der letzte Besuch war, den sie mir abstatteten.

So war ich nach einigen Monaten Haft wieder Single. Ich nutzte dies zum Anlass, um mir darüber klar zu werden, niemanden mehr mit meinem Scheiß belasten zu wollen. Ich wollte für alles geradestehen und diese eine Haftstrafe so gut es ging hinter mich bringen, komme was wolle. Nur sporadisch verschickte ich noch Besuchsscheine, um meine Familienmitglieder, besonders meine Mutter, zu sehen. Ansonsten aber wollte ich nicht, dass mich jemand dort besuchen kam. Überhaupt kann ich rückblickend feststellen, dass nichts in meinem Leben von Dauer war – außer der immerwährenden, selbstlosen Liebe meiner Mutter. Sie war die einzige Konstante.

Doch fühlte ich mich dieses Mal völlig fehl am Platz. Ich gehörte hier nicht mehr her. Ich war kein Gangster mehr. Diese Phase hatte ich ein für alle Mal hinter mir gelassen. Ich war an einem Punkt in meinem Leben angelangt, an dem ich mich selbst fragte, wie es nur so weit hatte kommen können. Die gesamte Haftzeit über ließ ich die verschiedenen Stationen meines Lebens Revue passieren und kam schließlich zu dem Schluss, dass ich durch die Kloake des Lebens geschwommen bin, um am Ende zu mir selbst zu finden.

Gerade als ich nach Monaten der Haft anfing, sich Hoffnungen auf eine baldige Entlassung zu machen, verpasste man mir einen Dolchstoß, indem ich wegen des Einbruchs in die Eissporthalle zu einem weiteren Jahr Haft verurteilt wurde.

Sechs Monate hatte ich anfangs geglaubt, absitzen zu müssen. Nun waren es insgesamt vier Jahre geworden. VIER JAHRE!!! In allen vorangegangenen Haftstrafen wäre es vom Empfinden her nur zu Recht und zweifelsohne auch verdient gewesen. Doch worüber sollte ich mir denn jetzt klar werden??? Ich hatte es begriffen. Ich hatte es tatsächlich endlich begriffen. Doch diese Einsicht kam nun zu spät.

Zweieinhalb Jahre blieb ich in Kiel. Zweieinhalb Jahre, die etwas mit mir machten, mich veränderten. Der Freiheitsentzug, der Lärm, der monotone Knastalltag und die zumeist kaputten Typen um mich herum zehrten tagtäglich an meinem Nervenkostüm. Dies setzte mir dermaßen zu, dass ich massive Schlafprobleme bekam. Ich tat über mehrere Nächte hintereinander kein Auge zu, sodass ich schon bald an einer Autoimmunerkrankung litt und mir infolgedessen mein Kopfhaar, meine Augenbrauen und meine Wimpern ausfielen. An meinem gesamten Körper entstanden kahle Löcher. Der Ästhetik wegen entschied ich mich dazu, mir eine Glatze zu rasieren, weil mein Kopfhaar nach nur kurzer Zeit so von Löchern übersät war, als hätte ich mein Haupt in ein Säurefass gehalten.

Im Nachhinein bin ich überzeugt davon, dass ich die vorangegangenen Haftstrafen nur deshalb so gut bewältigen konnte, weil mir insgeheim stets klar war, dass ich sie auch verdiente. Ich rechnete damit und es war mir immer bewusst, dass ich früher oder später dafür bluten würde. Doch dass ich ausgerechnet zu dem Zeitpunkt, als ich ein für alle Mal endgültig damit abgeschlossen hatte und ich mich auch gedanklich davon distanzierte, dermaßen leiden musste, war schwer zu ertragen. Ich fühlte mich allein und war permanent traurig und nachdenklich. Doch verdiente ich all dieses Leid, es geschah mir recht. Ich verdiente es, dort zu sein.

Zweieinhalb Jahre verstrichen, in denen ich mir immer wieder wünschte, einen anderen Weg eingeschlagen zu haben. Oft lag ich nachts wach und stellte mir vor, wie mein Leben wohl verlaufen wäre, hätte ich irgendwann die Reißleine gezogen und einen soliden Weg eingeschlagen. Was wohl aus mir geworden wäre, hätte ich damals die Schule beendet, Abitur gemacht und vielleicht sogar studiert. Eine Vorstellung, die mich aufgrund der verpassten Chancen oft traurig stimmte. Wenn es möglich wäre, Zeitreisen zu machen, wäre ich in meine Jugend zurückgereist, um mir selbst den Kopf zu waschen. Zum ersten Mal in meinem Leben empfand ich Scham für meine Vergangenheit.

Heute weiß ich, dass die schwierige Lebenssituation in meiner Kindheit, die Probleme innerhalb der Familie, die chronische Geldknappheit, die Krankheiten meiner Eltern, die Gegend, in der ich aufwuchs, und der Umgang, den ich seinerzeit hatte, nicht gerade zu einer guten Basis beitrugen. Dennoch wäre es mir möglich gewesen, jederzeit auszusteigen und ein rechtschaffenes Leben zu führen. Ich aber erlag schon recht früh dem süßen Leben und verfiel der Leichtigkeit, die es mit sich brachte. Es sollte über ein Vierteljahrhundert vergehen, darunter fünf Haftstrafen und über 2000 Tage in Gefangenschaft, bis ich aus dieser Spirale herauskam.

2000 TAGE!!!!! 2000 Tage in Haft. Kostbare Lebenszeit, die ich völlig unbedacht wegwarf und unwiderruflich verschwendete. Ganze sieben lange Sommer verbrachte ich insgesamt in meinem Leben hinter schwedischen Gardinen. Zeit, die mir jetzt in meinem Leben fehlt. Was ich Schönes hätte erleben können! Was ich Sinnvolles in dieser Zeit hätte anstellen können! Erlebnisse, zu denen es nicht kam, weil ich mein Leben lang damit beschäftigt war, mich selbst zu täuschen, zu belügen und zu betrügen. Weil ich Dingen hinterherjagte, die für mich aus heutiger Sicht völlig belanglos und bedeutungslos sind.

Es gibt Personen, die den Knast gar als „cool" bezeichnen. Ich kann da nur den Kopf schütteln. Ich konnte dem Gefängnis noch nie etwas Positives abgewinnen. Sobald die Pforte hinter einem geschlossen wird, wird einem die Würde genommen, indem man ständig respektlos behandelt wird, wie ein Straßenpenner eingekleidet wird und mit Menschen konfrontiert wird, die man im normalen Leben wahrscheinlich nicht einmal wahrnehmen würde.

Dir wird das höchste Gut des Menschen – die Freiheit – genommen, du wirst in eine miefende Zelle gesteckt und bist ansteckenden Krankheiten ausgeliefert und du musst als Erwachsener bei jeder Kleinigkeit um Erlaubnis bitten. Wenn es überhaupt etwas Positives am Knast gibt, dann einzig und allein die Tatsache, dass du genügend Zeit hast, um dir darüber klar zu werden, dass du in deinem Leben etwas Gravierendes falsch gemacht hast – eine Erkenntnis, die mit keinem Geld oder Gold aufzuwiegen ist.

Die letzte Haftstrafe in Kiel hat einen neuen Menschen aus mir geformt. Als nach zweieinhalb Jahren frühmorgens unerwartet ein Bediensteter in meine Zelle trat, um mir die frohe Kunde zu bringen, dass ich zwei Drittel meiner Strafe erreicht hätte und deshalb am nächsten Tag entlassen werden sollte, nahm ich diese eigentlich überaus freudige Nachricht völlig emotionslos auf. Nur eines schoss mir in diesem Moment durch den Kopf: *Ich habe es überstanden! Es ist vorbei!*

Als ich am kommenden Morgen nach meiner fünften Haftstrafe vor das Gefängnistor trat, setzte zeitgleich strömender Regen ein. Während Passanten schnell nach Schutz vor dem Regen suchten, legte ich meine Sachen ab, stellte mich mitten auf die Straße und stand minutenlang klitschnass einfach nur da und schaute in den grauen Himmel. Ich war wieder ein freier Mann. Zum ersten Mal in meinem Leben.

Manch einer wird es kaum verstehen, dass ich zum größten Teil für die negativen Dinge, die mir in meinem Leben widerfahren sind, mehr als dankbar bin. Sie haben mich zu dem Menschen geformt, der ich heute bin. Ich bin jetzt vorausschauender und vorsichtiger. Vor allem möchte ich nicht mehr so leichtsinnig mit meinem Leben umgehen. Heute lebe und erlebe ich alles viel intensiver und bewusster. Ich weiß das Leben und vor allem die Freiheit zu schätzen.

Die Freiheit ist unbezahlbar, durch nichts zu ersetzen. Ebenso wie Familie, Gesundheit, Freunde etc., die ich heute mehr wertschätze denn je zuvor. Wir haben nur dieses eine Leben und es ist viel zu kostbar, um es sinnlos zu vergeuden. Heute kann ich dem, was mir jener Typ damals mit auf den Weg gab – dass aus allem Negativen auch etwas Positives entstehen kann – absolut zustimmen. Nichts wird sich jemals ändern, wenn man nicht selbst dazu bereit ist. Ich bin den steinigen Weg gegangen, um auf Abwegen zu mir selbst zu gelangen.

Und wenn ich eines mit ziemlicher Gewissheit sagen kann, dann dass ich nie wieder in Versuchung geraten werde, noch einmal ein krummes Ding drehen zu wollen, denn irgendwann …

… muss auch mal SCHLUSS sein.